为了人与书的相遇

风俗与历史观

明清时代的中国与世界

[日] 岸本美绪 著
梁敏玲 毛亦可 等译

广西师范大学出版社
· 桂林 ·

著作权合同登记图字：20-2022-077

图书在版编目(CIP)数据

风俗与历史观：明清时代的中国与世界 / (日) 岸本美绪著；梁敏玲等译. -- 桂林：广西师范大学出版社, 2022.8

ISBN 978-7-5598-5024-9

Ⅰ. ①风… Ⅱ. ①岸… ②梁… Ⅲ. ①中国历史－明清时代－文集 Ⅳ. ①K248.07-53

中国版本图书馆CIP数据核字(2022)第090761号

广西师范大学出版社出版发行

广西桂林市五里店路 9 号　邮政编码：541004

网址：www.bbtpress.com

出 版 人：黄轩庄

责任编辑：揭志勇

特邀编辑：毵　峼

装帧设计：赤　徉

内文制作：陈基胜

全国新华书店经销

发行热线：010-64284815

山东临沂新华印刷物流集团有限责任公司

开本：965mm × 635mm　1/16

印张：21　　字数：254千字

2022年8月第1版　2022年8月第1次印刷

定价：78.00元

序

在梁敏玲、毛亦可两位优秀的年轻学者的帮助之下，我的论文集得以用中文出版，与中国的读者们相见，对此我感到万分高兴，亦深感荣幸。谨此向两位学者、理想国的诸位、应允将中译稿收录其中的译者们、文章写作过程中的相关学会同人、最初刊载拙作的期刊与出版社，以及在本书的翻译出版上给予帮助的各方人士，表达由衷的谢意。

书中所收论文，大部分是这十年间出版的四册《明清史论集》中收录的文章。其中多数由梁敏玲、毛亦可在此次翻译而成，但也有一些文章此前已有中译发表,此次亦将译作收入。此外,还有第二、第三章等原本用中文发表，并未收入《明清史论集》的文章。在将文章收录进本书时，我没有进行内容上的改动，但出于研究状况的进展与文章的清晰化表达等需要，我在少数地方进行了最低限度的修改，还望谅解。

本书收录的文章分为几个部分。第一部与“时代划分论”有关；第二部选取了日常的“风俗”；第三部以明末清初剧烈的变动期为中心，讨论国家意识与秩序问题；第四部是与所有权和审判相关的法制史论文；第五部则是以日本的中国史研究为中心的方法论文章。这些文章看似分散，但从我的学问生活来看，它们就如同一个树干上生长出的枝叶,其中流淌着同根的问题关心。此外，虽然这些内容分为不同的部分，但不同的部分中又散见共通的视角与论点——可谓枝头与枝头之间也彼此关联——这一点或许也能在阅读中感受到。

虽说这些文章有着同根的问题关心，但由于我走过的研究道路并非一条直线，这样的问题关心是在我的研究生涯中逐渐生长而成的。尽管已过去半个世纪，但我的研究是从清代的经济史，特别是从物价问题开始的。这是因为，在思考清代的经济发展时，我并非套用以欧洲历史为基础抽取出来的宏大理论，而是希望依据当时人的想法，具体地厘清他们如何因应变动的经济状况来选择自身的行动。说是“依据当时人的想法”,但要了解数百年前的人们在想什么，这对于外国的研究者来说并不容易。然而，一些在中国人看来理所当然、不值得特别留意的事情，却又正是在外国人的眼里，才会显得饶有趣味。

在那之后，我的关注点分作了几个方向。其中之一是地域社会的日常生活问题。或者可以说,我的关注点从“经济史”转向了“社会史”，但是，当时的人们并不会对经济和社会进行区分。无论是买卖商品和土地，还是与周遭的人们构筑起人际关系，这些行为均是为了过上更好、更安定的生活，它们是浑然一体的。普通人在想什么，他们的目标是什么，试图以此为视角来分析人们的社会性行动，这一方向与 20 世纪 80 年代以来日本的明清史研究中“地域社会论”这一潮流的关注点相重合。“地域社会论”以狭小的基层社会中细枝末节的问题为研究对象，对国家的问题毫不关心，虽然这样的批判屡屡可见，但窃以为，了解当时的人们如何看待地方官、如何想象国家，是思考明清时代的国家统治时一个重要的视角，“地域社会论”的辐射范围绝不狭窄。

此外，与法制史的专家一起，我借由契约文书史料的整理、民事审判相关的共同研究等机会，对明清时代的契约与所有权，进而对围绕土地与人口买卖的审判等问题，总结了自身的思考。只不过，我的关注点与其说是法律与审判制度本身，毋宁说是希望探寻当时的人们——买卖与诉讼的当事人，以及相关的官僚们——想法背后的逻辑。

另一方面，随着海洋史与全球史等不限于一国范围的宏大视角的研究成为学界热点，我也需要在约稿中对这一视角下的研究进行概述。我原本的课题是物价史，它与世界性的白银流通和贸易有着深刻联系，因而我本来就有兴趣在广域性的历史变动中把握中国史的走向。当然，日本史、东南亚史、欧美的历史等，这些专业领域外的学习非常困难，我也并未取得足够的成果，但在这一过程中，我对广域性时代划分的见解逐渐成型。关于书中也在使用的“近世”这一时代划分的用语，虽然在日本的中国史研究中见解多样，并未形成统一的看法，但我认为，通过用“近世”（early modern）这一视角来把握 16 到 18 世纪的世界，各地域的变动的共时性以及各自社会特质的差异性也会变得明晰，故而在若干论文中对“近世”论展开了讨论。我希望在年轻时自明的前提，即唯物论的时代划分论的方法之外，摸索出新的时代划分方式。

在上述不断试错的探索过程中，我也有了更多的机会思考日本过往的历史研究方法。不仅是与我相伴走来的 20 世纪 80 年代以降的学术潮流，还有我的恩师们在战败后数十年间开展的研究，以及 20 世纪前半叶多种多样的研究等，不同时代的研究各具特色。这样的研究史并非单纯的知识积累，相关研究的开展也显示出与时代课题相应的勃勃生机。其中，虽然很多研究在今日看来已成为批判的对象，但我以为，不是只作否定判断，而是理解过去研究者的问题关心，通过此种做法，我们也能有丰硕的收获。如若不想跟着时代变迁随波逐流，而是形成自身的想法，那么此种与过去研究的对话不可或缺。这样一些“方法论”相关的文章，是在我研究经历的后期写作而成的。不同的研究者各有差别，有的研究者会先决定方法论，然后再开展研究，但我的情况则是在具体研究的过程中，才逐渐对自身的方法有所自觉。

如果要总结上面这种一边分出枝叶一边生长过来的问题关心，那应该就是：依据当时人的思考理路去理解明清时代的社会现象，以及将这些社会现象的变化放在广域性的视野下，用比较史的眼光进行把握吧。本书的书名《风俗与历史观——明清时代的中国与世界》，就是希望用简短的文字来表达此种关怀。虽然书中内容反映出我多年以来问题关心的各个侧面，但收录的文章并非晦涩难读的专业论文，而是希望面向更广泛的读者群体，将我自己认为有趣的内容用平易而直率的方式表达出来的作品。

回顾过往接近半个世纪的研究生活，我也觉察到自己过多地涉及了超过自身能力的许多问题。如果在一个领域持续集中用力，或许能够写出更为深刻而充实的著作。但是，包含着这样的反省，我也感到，能够随着自身兴趣一路开展研究，这本就十分幸运，而在这一过程中，我不仅与日本，还得以与中国，乃至东亚，甚至世界的历史研究者们切磋交流，获得学习的机会，这更是让我深怀感激。而且，这些研究能够让以梁敏玲、毛亦可为首的中国史领域的年轻学者们产生兴趣，我亦倍感喜悦。

书中文章多有不成熟之处，望读者批评指正。

岸本美绪

2022 年 1 月 3 日

（梁敏玲译）

目录

第四部　契约与正义

第五部　中国社会与日本的历史学

第一部

“时代划分论”的过去与现在

第一章

“时代划分论”的近况（1980—2000）[1]

本文旨在总结1980年至2000年的二十年之间，以日本为中心的历史学界围绕“时代划分”所展开的议论。将2000年的历史学研究与1980年前后相比，谁都可以看到近二十年来围绕“时代划分”的议论方式发生了很大的变化，只是变化了的不仅仅是时代划分的内容，更在于方法与认识框架。

战后日本史学界围绕“时代划分”展开了激烈的争论，在争论背后研究者们共同拥有某种不言自明的前提。其一，“封建制”“奴隶制”等学术性概念就不用说，甚至“中世”“近代”等本来含义不明确的语词也不仅仅是为了方便而使用，而且是被认为拥有明确的内涵。其二，这些概念被设想为各个地域相继出现的社会发展中的某一阶段。如上前提关于时间的认识基础是：1）时间的推移是从过去流向未来的单一直线式；2）其中人类社会朝着更好的方向日趋“进步”；3）以欧洲历史为基准的模式，被看作是普遍适用的“进步”指标；4）所谓的“进步”，不仅是数量化指标的递增，而且是社会结构发生了可供“划分”的断裂式质变。上述这些认识的一部分，早已经在时代划分论战盛行的过程中遭到了批判，比如对 3）以欧洲为基准模式的怀疑，以及 4）围绕该以什么为“近代化”指标的争论等。但是，上述时代划分法的整体认识基本没有被怀疑，甚至以科学的方法“正确地”划分时代，被视为历史学的重要目标。

近二十年来史学方向的大转变之一，是就“时间”的划分而言，普遍客观的时间认识的可能性受到质疑。不但“世界史基本规律”的机械套用，以及国别史式的历史发展观遭到了批判，时间概念本身的多样性也被强调。直线且定向的时间观念曾经是历史学默认的前提，现在正在被日渐相对化，于是从前的时代划分法也从根本上遭到了相对化的审视。如此一来，“相对化”之后我们该如何重构过去的时间，就成了新问题。因为我们在注意到世界史上的诸社会时间观念之多样性的同时，仍然需要在“我们的”时间概念之中将诸社会置于适当的位置吧。

对时代划分之客观性的怀疑，一方面使得强调时间观念之主观性的批判性论调趋于尖锐化，另一方面在各个国别史内部的实证性历史研究中，为了便利而不加审视地使用“中世”“近世”等词语的倾向也油然而生。上述两极分化中的哪一极都导致“时代划分”积极性的丧失，但是同时也日益彰显出在跨越国家的“广域的”“世界的”范围上重新思考时代划分问题的必要性。只是，面对无法以单一基准予以还原的多样文化共存的“世界”，如何才能以摆脱文化自我中心的公平方式把握“世界史”的共同脚步呢？

本文首先将概论近年来围绕时间多样性的研究动向，然后探讨近年中几个从广域的角度进行时代划分的尝试。要高屋建瓴地总结这样的大问题诚然是困难的，本文只是夹杂个人浅见的一个概论，还祈方家谅解。[2]

一、时间认识与历史像

在1980年前后的历史学潮流大转换以前，支撑战后时代划分论争的历史像和时间像从根本上已受到了相对化的审视。立于此潮流之先的，是以无文字社会为研究对象的文化人类学。比如，在1971年《岩波讲座世界历史30 现代历史学的课题》所收的山口昌男《“第三世界”的历史像——作为行为的历史》[3]一文中，两种记述历史的方法被等价处理了，这两种方法分别是以文字为媒介计算时间间隔的方法，即以一见之下科学式的方法重构过去的“碑文式”历史，以及在祝祭的歌舞中瞬间跨越时间间隔，即依靠集体式身体记忆唤醒过去的“口碑式”历史。在试图利用发展阶段论的框架综合理解世界史的该“讲座”中，山口此文尖锐抨击了“科学性、客观性”的历史学那种缺乏反省的态度，其笔锋给人留下深刻的印象。

其后，对西部非洲作田野调查研究同时结合欧洲、日本作“三角测量”的川田顺造，在一系列论著中不断表现出对无文字社会的时间意识和历史意识的关注。川田顺造以西非的旧莫西王国为例，论述了相对于受王统的长期谱系支撑、具有“历史意志”的王的“时间”，在季节轮回的农耕循环中与数代祖先共同参与的民众的“时间”，以及根据伊斯兰历拥有绝对年代的观念和正确的日期表示法的伊斯兰商人的“时间”等，各种不同的“时间”并存，而且多样的“时间”观念在其拥有者的生活中重叠的状况。[4]川田顺造是1982年创刊的《社会史研究》的四名编者之一（另有二宫宏之、阿部谨也、良知力），可以说在20世纪80年代前后日渐活跃的日本社会史研究中，川田是从文化人类学角度积极参与其中的研究者之一。

山口和川田曾经以尖锐的论争意识予以阐述的时间观念多样性

的问题，在今天已成为普遍的认识。在1999年出版的围绕时间认识的论文集《时间的地域史》所收的各论文，涉及印度、玛雅文明、中世欧洲、中国、伊斯兰世界、近代欧洲、近代日本等多种多样的社会的时间认识。在其序章中，编者佐藤次高、福井宪彦在介绍各论文的同时，指出，“从本卷诸多探讨中，可以确认的一点是对‘时间’的感知和认识实在是丰富而多样，这也显示出人类思维能力的广阔。其中何者为迷信，何者又是科学，还是不予裁决为宜”。[5]编者的这一看法，在现在看来也是相当稳妥的。日本的历史学界所发生的上述变化，无疑与1980年前后以来对年鉴学派的介绍及随之而来的社会史兴盛密切相关。社会史一面与上述的文化人类学结合，同时也与柳田国男、宫本常一战后以来长期积累的民俗学结合，从而深刻带动了日本的历史学界，对于其史学史的意义可参考由二宫宏之等专家所作的整理。[6]在此，作为门外汉的笔者仅想略谈一些与时间认识有关的问题。

谈及年鉴学派的“时间”问题，现在大家都会想到布罗代尔（F. Braudel）的短时段、中时段、长时段的三重时间概念，即如下三重时间层：1）政治事件和个人行动等“传统历史学”所涉及的一年或一个月为单位的时间；2）经济变动局面中所现的数十年为单位的循环；3）社会结构受地理、环境等条件所决定难以显示变化而以数百年为单位的长期持续。[7]个别专家之外的日本史学界知道布罗代尔的名字相对较迟，大概始于20世纪80年代。[8]当时年纪尚轻的笔者，其实无法理解布罗代尔重视长期的社会结构而批判以事件史为中心的政治史式的历史学有何新意可言。因为日本战后占据历史学中心位置的历史唯物论，正是重视“结构”的历史学，与结构发展缺乏关联性的单纯的事件史不值得关注，是我们身边的常识性论调。现在想来，布罗代尔的时间论对日本学界的意义，与其说是在轻“事件”而重“结构”方面，不如说是剔出了时间观念中的定向发展要素，并且相对地将时间切割成三层，可以对三层时间之间的相互关系作更细致的考察吧。如此一来，事件和经济活动不再仅仅被看作结构之必然性发展的推力或阻力，在长期持续的场域中，它们可能只是偶然发生的事件或局面的转变。这样的思考方式，不但对结构史本身，就连事件史和局面变动史，也变得可以更加自由且多彩地进行研究，布罗代尔的时间论无疑对此起到了促进作用。

关注从定向式发展理论切离开来的“结构”，使研究者们的问题关心从直线式贯通人类历史的作为普世坐标轴的“时间”，转向了具有共时性的“空间”上来。但是，这并非表示对“时间”已普遍不再关心，相反，研究者们对各种“结构”内部固有的时间认识方式的关注更加高涨。1980 年前后以来，以“时间”为对象的史学和比较社会学的海外译著和日本研究者的著作不断出版。雅克 · 勒高夫（Jacques Le Goff）的《教会的时间、商人的时间》被翻译并发表于 1979 年《思想》杂志的“社会史”特辑。[9] 其后翻译出版的还有：爱德华 · 霍尔（Edward Twitchell Hall Jr.）《作为文化的时间》[10]、雅克 · 阿塔利（Jacques Attali）《时间的历史》[11]、亨利 · 皮埃奇（Henri Puech）等编《时间现象学》[12]、斯蒂芬·克恩（Stephen Kern）《时间的文化史》[13]、阿兰·科尔班（Alain Corbin）《“时间”的诞生》[14]、麦克 · 奥麦利（Michael O’ Malley）《时钟与人》[15] 等。

在日本，对于从无文字社会到现代社会的时间意识问题，从方法论上予以关注的真木悠介《时间的比较社会学》于 1981 年出版。真木在该书中阐述道：“比较社会学之所以对我们有意义，那是因为……可以将现代世界的自己相对化——即起到超越自己的作用。”[16] 真木把时间这一最难以对自化（für sich）的观念当作分析的对象，其后该研究方向被吸取了丰富的社会史研究成果的“历史社会学”潮流所继承。[17] 论述欧洲从中世末期到现代用时钟计算时间的观念给社会带来巨大变化的福井宪彦《时间和习俗的社会史》[18]，以及从日本民俗史的角度论述时间与空间问题的福田アジオ《时间的民俗学　空间的民俗学》[19]等，也是将现代时间意识与自己相对化的研究动向之产物。

另外与时间意识有关的论文集还有：青木保等编《时间探险》（1981）[20]、川田顺造和坂部惠编《解读时间》（1987）[21]、冈田英弘等编《有历史的文明　无历史的文明》（1992）[22]、松本亮三编《感知的时间与刻画的时间》（1995）[23]、长野泰彦编《时间、语言、认识》（1998）[24]、佐藤次高和福井宪彦编《时间的地域史》（1999）[25]以及桥本毅彦等编《迟到的诞生》（2001）[26]，等等。可以看到关于时间意识，不仅仅在历史学，其他如文化人类学、民俗学、语言学、哲学等多个领域也有丰富的议论。特别是时值2000年的千年纪之际，与“纪年方法”和“末世”相关的研究会和特辑也不少，比如有2000年佐藤正幸参与组织在奥斯陆举办的国际历史学会议的大会议题之一“Millennium, Time and History: The Construction and Division of Time”[27]，以及历史学研究会主编的《末日思想的再生》[28]等。

综观近二十年来日本所出版的围绕“时间认识”的著作，虽然也有个别把人类对时间和空间的认识看作是逐渐扩大的进步主义论者（比如克拉克《空间、时间与人——时空认识的人类史》，1995）[29]，但是大多数论者所持的是在强调时间多样性的基础上尝试对时间进行相对化研究的态度。以此为出发点的话，历史学的“时代划分”问题就不是我们该如何划分历史时期的问题，而是变成了各种各样的社会是如何认识过去的问题。在上述各研究中，涉及广义时代划分问题的主要有川田的系列论著，冈田英弘等编《有历史的文明　无历史的文明》（1992）[30]等著作，佐藤次高、福井宪彦合编《地域的世界史6　时间的地域史》（1999）[31]等，另外石田一良《时代划分的思想》（1986）[32] 主要关注日本从古代至近代的时代划分法，冈崎胜世《从基督教世界史到科学世界史》（2000）[33] 主要论及欧洲从中世到近代的时代划分法，包括古代、中世、近代的三分法等。还有受增渊龙夫（1983）[34] 对中国知识人的历史观所作议论的启发，拙论《风俗与时代观》（1996）[35] 讨论了中国传统史学中的时代划分问题。

关注“时代划分”在多种多样的文化内部的固有意义已成为主潮流，那么从我们自身出发的“时代划分”是否可能呢？对时间客观地联系着过去和现在的确信，曾经是时代划分论的支撑，现在这一确信已日渐稀薄，对历史过往的感觉大致分化成以下两极，其中一极是主张过去之“不可通约性”（incommensurability）的绝对他者论，另一极则是强调超越历史时代的“同时代感觉”论。[36] 这两种倾向在 20 世纪 80 年代以来社会史盛起时已经有所呈现。即在社会史的研究潮流中，一些学者强调近代与之前社会的异质性，对以近代为普遍标准的看法进行了批评和相对化。与之相对的是希望与过往人们之心直接相通的取向，即使是几百年前的人们，也希望能够对他们的境遇感同身受，甚至直接感触到他们的呼吸和体温。这种追求当然可能只是幻想，但是社会史之所以能够得到一般读者——特别是对科学主义历史学反感的读者——的广泛支持，主要原因之一就在于此。

尽管如此，从我们自身出发的“时代划分”尝试并没有被完全放弃，下一节将介绍几个近年的时代划分尝试，同时探讨其特征所在。

二、“半开放系统”与时代划分

在重视各地域内发性发展的历史唯物论看来,各地域所处的“时代”可以根据共同的标准予以区分,同时各地域可以在同一物理时间坐标轴上进行排序,因此也就可以比较地域的“先进”与“落后”。与此相反,近二十年来日本的历史学倾向于怀疑贯穿人类史的普世客观“时间”的存在,对个性独立的各个大小地域内部所拥有的主观性时间的关注,成为研究的主基调。把这一研究方向追究到底,最后只能得到如下结论,即各个地域就像孤立的宇宙相互独立,而不存在共有的坐标体系。

但是实际上,各个地域虽然都个性独具,不过也不是孤立并存的封闭空间。各式各样的地域之间其实存在着多种多样的交往和碰触,比如商业的交流、文化的接触和传播、伴随战争而起的人员移动等。就像川田顺造所指出的莫西王国拥有多重的“时间”中也包含伊斯兰式“时间”那样,时间的构造也是向外部世界半开放的。并且在与外部接触时,地域内部以外部的冲击为契机进行新形式重编的现象也相当普遍。如此一来,各个地域并非自始至终单一重复自己内部的时间观念来计算时间,其历史节奏也重叠于共同的“时间”之上。

不能从孤立的国别史的角度进行时代划分,同时也不能把“世界史”看作原本就是一体化的存在来进行时代划分,那么是否可以将各式各样的地域彼此相互竞争和触撞时所产生的共同节奏当作时代划分的基础呢?在近年来出现的各种时代划分尝试中,其实也包含着这样的问题关心,即关注在对外开放的同时不断进行自我组织和自我重编的“半开放系统”之间的相互碰触。在以固定地域为中心的国别史研究中被边缘化的游牧民和海域商人等移动人群,作为诸半开放系统之间的媒介开始受到瞩目。而事实上，近年来亚洲史时代划分论的焦点，也就在欧亚大陆中部的游牧民众以及欧亚大陆东部和南部的海域世界。以下将以草原世界和海域世界为中心，来探讨所谓在欧亚大陆所发生的广域性变动期的含义。

杉山正明曾指出：“如果想对世界史从根本上予以重新审视的话，那么欧亚大陆中部显得比其他地域和‘文明圈’具有更关键的意义。”[37] 以欧亚大陆中部为震源的世界史规模的变动中，有几个划时代的时期。第一，是从 2 世纪后半到 4 世纪的游牧民从北向南、从东向西的大移动时期。在 20 世纪初，内田银藏、内藤湖南等人对日本史和中国史作时代划分时，已经相当关注以该大移动为契机的欧亚大陆东西部的共同变动。内田银藏在 1918 年出版的《近世的日本》[38] 中略涉中国史的时代划分问题，他把晋朝到唐末看作中世，他指出：“支那历史中秦以前大致相当于西洋历史的希腊，秦汉相当于罗马。其后的三国和晋朝不能抑制北方民族南下进入支那的趋势，以致东晋以后胡人占领中原并建立起国家，这一阶段类似于野蛮人入侵时期的欧洲，保有东南方旧吴之故地的东晋，以及其后继之的宋、齐、梁、陈，与东罗马相类。其间佛教在支那的传播与耶稣教在西洋的传播可以相比拟。”内藤湖南则以后汉到唐末为中世，以宋以后为近世，根据最近葭森健介《内藤湖南和京都文化史学》[39] 所作的分析，内藤湖南的时代划分论是在与内田银藏和原胜郎等日本史学者的交流中形成的。

杉山正明认为，不管对欧亚大陆中部史还是世界史来说，9 世纪都是又一个划时代的时期：“9 世纪，由于内陆草原的维吾尔游牧帝国崩溃，欧亚大陆中部全局进入大变动时期。”一方面是突厥系各族向西移动，开创了土耳其 · 伊斯兰时代。另一方面，唐朝因失去后盾而灭亡，模仿唐朝国家体制的新罗、渤海等周边诸国一齐发生政权更替，以此为契机而加剧的流动化，最终导致 13 世纪蒙古世界大帝国的出现以及欧亚大陆的一体化大融合。

近十来年，与对沃勒斯坦（Wallerstein）世界体系论的“欧洲中心主义”以及中国史学家的中国中心主义这两者加以批评的潮流相呼应，13至14世纪蒙古帝国时代对世界史的意义一直广受日本史学界的强调，同时通过杉山正明、冈田英弘等研究者的启蒙性著作，[40]也被一般读者广泛接受。不过从世界范围来看，阿布-卢格霍德（Janet L. Abu-Lughod）《欧洲霸权之前》[41]应该是论及蒙古时代对世界史之意义的先驱。阿布-卢格霍德带着探讨沃勒斯坦世界体系论的问题意识，以开阔的视野详细论述指出，在16世纪以欧洲为中心的世界体系形成之前，囊括东西欧亚大陆的世界体系在13世纪后半至14世纪初期已经到达顶峰。阿布-卢格霍德所言的“世界体系”，并非沃勒斯坦式的统合于某个单一中心的分工体系，而是由拥有独立内循环的多个体系对等结合并形成的共振体系。该体系大致可分为西欧、中东及东亚这三个亚体系。虽然体系之间的统合显然与蒙古帝国的支配统治深有关联，但是蒙古在该著作中不是被看作世界体系的缔造者，而仅仅是登上世界舞台的众多角色之一。阿布-卢格霍德论述的主眼是各个亚体系内部各具特色的社会经济活动，与之相比，杉山正明的著作《大蒙古的世界》[42]更着重于强调蒙古帝国的政治支配将东西欧亚大陆统合于“同一时间观念”之下所起的作用。

在亚洲作广域性时代划分尝试的另一个焦点，是海域世界。特别是16世纪以后，欧亚大陆的东部和南部的海域世界，取代了欧亚大陆中部曾有的影响力，成为亚洲史共同节奏的发源地。这里将以荒野泰典、石井正敏、村井章介所作的时代划分为例，探讨其方法上的特色。在《亚洲中的日本史》（1992—1993）系列的开头论文《时代划分论》[43]中，三名编者指出他们采取的方针是：“将（日本）列岛地域所受的外来冲击力相对较弱、对外关系得以安定存续的时期看作相对安定期；将在安定期中积聚的矛盾表面化，对外关系的紧张导致地域间交流情况的急速变样，并且地域内部的政治、社会状况也随之密切联动的时期看作过渡期或变动期；在这两种时期的交互脉动中，描述（日本）列岛的历史展开。”据作者说，该方法是一种强调亚洲影响力的日本史时代划分法，同时由于重视亚洲大陆的政治、经济变动，该方法与包含日本列岛的亚洲整体史的时代划分也是相关的。编者们所区分的 10 个时期具体如下（其中奇数为安定期，偶数为变动期）：

第一期（公元前 3 世纪至 3 世纪）：中原的统一和周边地域的觉醒；

第二期（3 世纪至 6 世纪末）：中原的分裂和周边国家的形成；

第三期（6 世纪末至 8 世纪中叶）：律令国家群的登场；

第四期（8 世纪后半叶至 10 世纪中叶）：大动乱和交易体系的生成；

第五期（10 世纪后半叶至 13 世纪初）：日、宋、高丽的贸易时代；

第六期（13 世纪中叶至 14 世纪末）：元军的入侵和倭寇；

第七期（15 世纪初至 16 世纪前半叶）：册封体系的完成和勘合贸易体系；

第八期（16 世纪前半叶至 17 世纪末）：倭寇状况和摸索新秩序；

第九期（17 世纪末至 19 世纪前半）：近世秩序的安定和矛盾的深化；

第十期（19 世纪前半到 19 世纪末）：亚洲的近现代化和民族主义。

可以看到，第二、四、六期等变动期的开端，与杉山正明等学者所指出的 3 世纪、9 世纪、13 世纪以欧亚大陆中部为中心的欧亚大陆规模的变动期，是互相吻合的。尽管 3 世纪以后中国进入分裂期而日本形成了统一国家，9 世纪以后日本出现分权倾向而中国形成了新的集权体制，也就是说以各个变动期为契机所形成的体制并不相同，但是这里区分时期的基准并非社会性质的同质与否，而是一种共同所受的冲击。尽管在该共同冲击下，各地域或生成了类似的体制，或生成了迥然相异的体制。

上述的第八期在日本史方面一般被认为是“近世”的开始时期。关于“近世”（early modern period）一词，20 世纪 80 年代之后出现了新看法，即在 15、16 世纪以来的国际商业热潮和新兴国家的形成等全球性大规模变动中，对各地域的变动进行时期定位。在欧美学界，内陆亚细亚研究者傅礼初（Joseph Fletcher）在遗作《整体性历史》[44] 中对“世界是否存在单一的近世史”予以追问，他指出 16 至 18 世纪的北半球出现了以下共同的变动：1）人口增加；2）历史变动节奏加速；3）“地方”都市作为经济活动中心的成长；4）都市商业阶层的勃兴；5）宗教再兴和宣教活动；6）农村骚乱；7）游牧民的没落。受布罗代尔影响而详细描绘了东南亚海域世界的安东尼·瑞德（Anthony Reid）也在其论文集《近世的东南亚》[45] 序文中对“近世”作为连接地域史与世界史之概念有效性表示认同，他指出“近世”概念也适用于 15 至 18 世纪（或者范围更小的 16 至 17 世纪）的东南亚，其共同的特点是：1）商业活跃化；2）新型军事技术；3）新集权国家的形成；4）依靠经典宗教（天主教、伊斯兰教、佛教等）的权力正当化。瑞德认为东南亚的“近世”不是从欧洲人来航后才开始的，而且即使其“近世”一词仍含有实现近代化可能性的含义，但是他所谓的近代化，与一般所说的西方式近代化相比，具有更广泛多元的意思。

在这样的潮流中，日本史学界虽然注意到“近世”一词与“封建”社会体制所存在的差异，但是仍然长期习惯性地使用“近世”一词来表达“封建社会时期”中的江户时代。现在，“近世”一词的意义显然也需要予以重新思考。16世纪后半叶至17世纪的日本统一及幕藩体制的成立，其实正是在商业活跃化、新型军事技术的导入、新集权国家的形成这一浪潮中实现的。战后日本的中国史学界围绕“宋以后近世说”展开了激烈的论战，但是该论战是围绕中央集权的官僚体制、商品经济和地主的土地所有等中国内部的社会性质展开的。如果不仅是从中国内部的社会性质，而是从与世界史的关联来探讨的话，那么明末清初的激烈变动也可以看作是世界范围之“近世”初期的一个组成部分。在这一激烈变动之后，在东亚和东南亚各地域内部所形成的具有独自个性的社会体系和生活方式，在近代化的时代被看作必须予以克服或者予以保持的“传统”。[46]

上述论点在以16世纪前后为分水岭以及重视与世界史的关联上，与沃勒斯坦的“世界体系论”是相同的。不同的是，沃勒斯坦重视的是欧洲霸权时代的开始，而近年来的研究则侧重从亚洲的角度构筑世界史。沃勒斯坦将16世纪欧洲走向霸权看作世界史的转换点，与此相对，近年来的研究在批判其欧洲中心主义倾向的同时，更重视16至17世纪亚洲近世国家的活力，并且认为欧洲走向霸权是始于18世纪（王国斌 Wong 1997，彭慕兰 Pomeranz 2000，等等）。[47] 而且这些研究（如彭慕兰）指出，欧洲掌握霸权的原因，仅仅是因为英国由于矿物资源丰富等条件而偶然突破了旧有成长形态的瓶颈，所谓欧洲经济的先进性和制度的优越性等通常说法，都是没有根据的结果论性质的臆测。弗兰克甚至指出，18世纪以来的欧洲霸权，只是在边缘的欧洲人利用美洲白银参与以亚洲为中心的世界贸易体系，并且用贸易获取的利润，趁亚洲身陷经济危机时突然取得的胜利而已。[48] 这些议论从学界全体来看的确还只是少数，但是在批判机械套用欧洲模型的国别史式发展论中登场的近代世界体系论，已作为欧洲中心主义的理论受到批判本身，也显示出议论已进入一个新阶段。

在简单介绍了近年来以亚洲为中心的“时代划分论”的新动向之后，本节最后将就这些新动向的特征略抒己见。其一，时代划分的空间单位问题。本节所介绍的“时代划分论”，既不是以孤立的一国为单位，也不是以固定统合的广域体系为单位，而是瞩目于各种各样的“半开放系统”在宽松并存的状态下，面对共同的冲击所呈现出的多样性对应，即重视或分或合的重编运动中所现的共同节奏。该节奏是在时而混合、时而相对自立的诸松散并存的地域之间，偶然相互影响的产物。

其二，正如以日本为中心的亚洲史时期区分不再使用“阶段”，而是用“脉动”一词所显示的，时代的推移不再是朝着同一方向阶梯上升的过程，而是既存系统的松动、崩溃时期与重新生成时期不断重复出现的波状形态。此时到底会生成什么样的秩序，并无必然方向，结局都是偶然的。目的论式的说明和从已知结果追溯原因的结果论式解释，在此受到摈弃。即使同样使用“中世”“近世”等词语，但是定义这些概念的根据不再是国家或社会经济的特质。因此，同一时期的不同地域不必呈现出相似的现象，而具有相同特质的社会也不必从属于相同的历史阶段。也就是说，“中世”“近世”等词语等同于“第一期”“第二期”等没有特定含义，仅仅为了方便起见而使用的称谓。

其三，这些“时代划分论”中，与其他系统的接触和抗争，作为历史变化的要因受到重视，但是所重视的不是先进系统向落后系统的文明传播，或者边缘地区被统合进广域系统等单方向的过程，而是各个既有系统在受到冲击而发生动摇之后，独自地经自我组织生成新系统的过程。不用阶级斗争和革命等语词而用“涨落波动”

（fluctuation）、“复杂系统”（Complex Systems）等新语来描述社会变容的论述，虽然现在还处于比喻阶段，但是已经在某种程度上形象地描绘出了在相互行为中旧秩序崩溃和新秩序生成的面貌。[49]

这样的时代划分论，在重视各地域如何形成独具个性的社会的同时，也强调地域之间存在的广域性关联。即这一做法也重视“对世界史的展望”，只是值得注意的是，这里所谓的“世界史”，并非以“世界史基本规律”或“世界体系”等事先设定的概念为基准进行分析的从固有“世界”出发的“世界史”，而是从各个地域出发，在具体研究其与外部的相互影响关系以及同时相关的变动之后，自然而然地呈现出的广泛关联的结果。不管是傅礼初，还是阿布 - 卢格霍德，对于“被统合的近世史”和“欧洲霸权之前的世界体系”为何存在这一设问，他们都没有明确提供思路严整的答案，其分析基本上停留于对现象的描述。对这样的答案我们也满意吗？或许，“如此即可”就是近二十年来我们取得的成果。与战后根据严密的“科学主义”进行时代划分相比，今天学者的“时代划分论”趋势似乎更接近于内藤湖南和内田银藏等立足于经验式历史观察法的区分论，其原因或许就在于此。[50]

结 语

中国史学家谷川道雄针对20世纪70年代以来中国史研究中的时代划分论争的衰退，屡屡敲响警钟，就其中原因，谷川指出：其一是对历史发展的关心日渐稀薄；其二是史学风格的转变，即与宏观问题相比，研究者们更倾向于对各种现象作微观考察；其三，“时代划分论”的学派已固定化，从而使论争陷入胶着状态。[51]但是战后的历史学，为了突破先入之见的僵硬框架，寻求更灵活地捕捉现实的方法，而从不间断地进行方法革新。今天的“时代划分论”的现状正是该努力的结果，即从为了打破亚洲社会停滞论而借助发展理论开始，到为了否定以历史唯物论为首的国别史式“发展”模式而采用的以更加广阔的世界规模的相互关联为历史分析单位的世界体系论，再到为了批判“发展”模式和世界体系论所隐含的欧洲中心主义，而兴起的文化相对主义的多元历史像。但是，当多元历史像中多种多样的文化被认为具有牢固外壳似的绝对性时，我们的思维就会陷入新桎梏的束缚。

或许我们的认识世界，因文化自我中心倾向的存在而往往被构筑成一种封闭的世界。但是，该世界并非完全首尾一贯自成一体的世界，其内部有松动，有多重性，还有与外部接触时滋生的皲裂，所以只能视之为半对外开放的系统。这些“半开放系统”在彼此之间不断碰撞而产生的巨大波浪中，朝着重新生成的方向运行，这就是本文所论及的新时代划分论的大致形象。相信通过对具体的碰撞进行一笔一画的描绘，终究能使足以成为时代分水岭的大图案得以浮现。这里所存在的时代划分法，已经不同于先验的普遍主义理论，而是从历史研究的现场出发，显得更加灵活且更加实用的时代划分法。

补 记

本文原载于历史学研究会编的论文集《历史学方法的转变：现代历史学的成果和课题，1980—2000》(《歴史学における方法的転回　現代歴史学の成果と課題　1980—2000》，青木书店，2002)。

历史学研究会曾在1975年前后就20世纪60年代的历史学研究动态，以及在1982年就20世纪70年代的研究动态邀请多名执笔者予以总结并刊行了数卷论文集。2002年又刊行了20世纪80年代和90年代这二十年的历史学研究动态，对比之前两次的论文集，可以明显感受到这二十年间历史学潮流所发生的巨大变化。

笔者在此论文集中负责撰写《总论：“时代划分论”的近况》，但是在不久前的1998年，笔者刚刚写过《时代划分论》的论文，为了避免旧调重弹，在此希望仍然以“时间论”为焦点，大胆地作些更加宏观的议论，即主要想探讨“世界史范围内是否存在可以通用的时代划分”这一问题。的确，现在的历史学，已经不像从前那样认为存在普遍性客观性坐标轴的时间，以及可以普遍地客观地划分“时代”的基准。那么，世界史范围内通用的时代划分是否不可能呢？在我们断言“不可能”时，难道没有把各个文化系统看作是各自封闭的状态吗？这些是本文想予以探讨的问题。当然我们不能接受外在设定的所谓普遍性客观性基准，但是多样的文化系统互相接触互相影响的过程中，应该会产生广域的共通旋律吧。关注这一点，或许我们会饶有趣味地发现可以在世界史范围内通用的时代划分法。

本文中所用“半开放系统”一词，或许其他研究者很少使用，但是笔者很喜欢这一词语。该词语来源于1988年1月夏威夷学会上偶遇的罗伯特·因尼斯（Robert Innes）的说法。罗伯特·因尼斯关于17世纪日本海外贸易的博士论文*The Door Ajar*虽然未出版，但是评价很高。笔者不明白Ajar的含义，向他请教，他说就像汽车没关好的门。该回答给笔者留下了深刻的印象。该词义与经济思想史研究者小林升在研究欧洲重商主义时所用的“开放系统”一词类似。所谓“开放”，并非指完全融入外部系统从而完全丧失了内部系统，而是在意识到内部系统存在的同时又不完全封闭的“开放系统”感。虽然不同的地域，门户开放的程度不同，但是“半开放”

状态以及伴随“半开放”状态所产生的内与外的紧张，在笔者所研究的 16—18 世纪的东亚各地域是共同的。在这个意义上，或许这一词语特别适用于近世（16—18 世纪），但本文将其作为更加一般性方法的问题，试图用来表达如下视点：并不是追求通用于全世界的普遍性客观性基准的固定范式，也不认为世界是由诸多彼此互不关联的封闭系统机械集合而成，而是提供一种重视相互影响的、动态的视点。

（陈永福译）

注释

1 本文原载于历史学研究会编，《歴史学における方法的転回　現代歴史学の成果と課題　1980—2000》，青木书店，2002。

2 关于“时代划分”的方法，笔者另有比较系统的整理，可参考岸本美绪，《時代区分論》，《岩波講座世界歴史 1　世界史へのアプローチ》，岩波书店，1998。

3 山口昌男，《「第三世界」における歴史像：行為としての歴史》，《岩波講座世界歴史 30　現代歴史学の課題》，岩波书店，1971。

4 川田顺造，《無文字社会の歴史》，岩波书店，1976（岩波现代文库，2001 年再版）；川田顺造，《「歴史への意志」をめぐって》，冈田英弘等编，《歴史のある文明、歴史のない文明》，筑摩书房，1992；川田顺造，《歴史の語りにおける時間と空間の表象》，长野泰彦等编，《時間、ことば、認識》，ひつじ书房，1998；川田顺造，《アフリカ社会の「とき」》，佐藤次高、福井宪彦编，《地域の世界史 6　ときの地域史》，山川出版社，1999。

5 佐藤次高、福井宪彦编，《地域の世界史 6　ときの地域史》，山川出版社，1999。

6 二宫宏之，《戦後歴史学と社会史》，历史学研究会编，《歴史学の現在 3　戦後歴史学再考：「国民史」を超えて》，青木书店，2000。

7 布罗代尔，《長期持続：歴史と社会科学》，井上幸治编，《フェルナン・ブローデル》（费尔南・布罗代尔），新评论，1989 所收（原著，1958）。

8 笔者是通过沃勒斯坦（Immanuel Wallerstein）著作（沃勒斯坦，《近代世界システム》I、II，川北稔译，岩波书店，1981）初识布罗代尔的名字。布罗代尔《物質文明、経済、資本主義》翻译出版于 1985 年（みすず书房），笔者根据同年出版的汤浅赳男的介绍（汤浅赳男，《文明の歴史人类学：「アナール」、ブローデル、ウォーラーステイン》，新评社，1985）了解其大致内容。另外，井上幸治（井上幸治编，《フェルナン・ブローデル》，新评论，1989）曾指出：“布罗代尔对日本的法国史研究者来说，是难以被广泛认可的历史家。”

译者注：上述沃勒斯坦与布罗代尔著作的中译本分别为《现代世界体系》与《十五至十八世纪的物质文明、经济和资本主义》。

9 雅克・勒高夫（Jacques Le Goff），《教会の時間、商人の時間》，新仓俊一译，《思想》663 号，1979（原著，1960）。

10 爱德华・霍尔（Edward Twitchell Hall Jr.），《文化としての時間》，宇波彰译，TBS ブリタニカ，1983（原著，1983）。

11 雅克・阿塔利（Jacques Attali），《時間の歴史》，藏持不三也译，原书房，1986（原著，1982)。

12 亨利·皮埃奇（Henri Puech）等编，《時間現象学》，神谷干夫译，平凡社，1990—1991（原著，1980)。

13 斯蒂芬·克恩（Stephen Kern)，《時間の文化史》，浅野敏夫译，法政大学出版局，1993（原著，1983)。

14 阿兰·科尔班（Alain Corbin)，《時間·欲望·恐怖：歴史学と感覚の人類学》，小仓孝诚等译，藤原书店，1993（原著，1985)。

15 麦克·奥麦利（Michael O' Malley)，《時計と人間：アメリカの時間の歴史》，高岛平吾译，晶文社，1994（原著，1990)。

16 真木悠介，《時間の比較社会学》，岩波书店，1981。

17 佐藤健二，《歴史社会学の作法：戦後社会科学批判》，岩波书店，2001。

18 福井宪彦，《時間と習俗の社会史：生きられたフランス近代へ》，新曜社，1986（ちくま学芸文库，1996年再版)。

19 福田アジオ，《時間の民俗学·空間の民俗学》，木耳社，1989。

20 青木保等编，《文化の現在》7（代表编者：大江健三郎、中村雄二郎、山口昌男)，《時間を探険する》，岩波书店，1981。

21 川田顺造、坂部惠编，《ときをとく：時をめぐる宴》，リブロポート，1987。

22 冈田英弘等编，《歴史のある文明·歴史のない文明》，筑摩书房，1992。

23 松本亮三编，《感じられた時間と刻まれた時間》，花传社，1995。

24 长野泰彦编，《時間·ことば·認識》，ひつじ书房，1998。

25 佐藤次高、福井宪彦编，《地域の世界史6 時間の地域史》，山川出版社，1999。

26 桥本毅彦、栗山茂久编，《遅刻の誕生：近代日本における時間意識の形成》，三元社，2001。

27 Sato, Masayuki, "The Construction and Division of Time: Periodisation and Chronology" in Proceedings of the 19th International Congress of Historical Sciences, Oslo, 2000.

28 历史学研究会编，《再生する終末思想》，《歴史学の現在5》，青木书店，2000。

29 克拉克（Grahame Clark)，《空間·時間そして人類：時空認識の人類史》，服部研二译，法政大学出版局，1995。

30 冈田英弘等编，《歴史のある文明　歴史のない文明》，筑摩书房，1992。

31 佐藤次高、福井宪彦编，《地域の世界史6 時間の地域史》，山川出版社，1999。

32 石田一良编，《時代区分の思想：日本歴史思想序説》，ぺりかん社，1986。

33 冈崎胜世，《キリスト教的世界史から科学的世界史へ：ドイツ啓蒙主義歴史学研究》，劲草书房，2000。

34 增渊龙夫,《歴史家の同時代史的考察について》，岩波书店，1983。

35 岸本美绪,《風俗と時代観》,《古代文化》48 卷 2 号，1996。

36 强调历史之“他者”性质的有：高桥哲哉,《歴史　理性　暴力》,《現代哲学の冒険 3　差別》，收入同氏《逆光のロゴス》（未来社，1992），岩波书店，1990；上村忠男,《歴史的理性の批判のために》，岩波书店，2002；等等。论及“同时代感觉”的有：坂本多加雄,《市場 · 道徳 · 秩序》（创文社，1991）等。高桥和坂本虽然政治立场迥异，但是两人都对客观主义发展观的史学持批判态度。成田龙一曾指出，围绕“历史教科书”产生对立的“社会史派”和“修正主义派”，都是采用“历史建构主义”的“并非单纯对立而是相互交织的关系”（成田龙一,《「歴史」を教科書に描くということ》,《世界》689 号，2001）。

37 杉山正明,《中央ユーラシアの歴史構図：世界史をつないだもの》,《岩波講座世界歴史 11　中央ユーラシアの統合》，岩波书店，1997。

38 内田银藏,《近世の日本》，富山房，1919（平凡社东洋文库，1975 年再版）。

39 葭森健介,《内藤湖南と京都文化史学》，收入内藤湖南研究会,《内藤湖南の世界：アジア再生の思想》，河合文化教育研究所，2001。

40 杉山正明,《大モンゴルの世界：陸と海の巨大帝国》，角川书店，1992；杉山正明,《クビライの挑戦》，朝日新闻社，1995；杉山正明,《遊牧民からみた世界史》，日本经济新闻社，1997；冈田英弘,《世界史の誕生》，筑摩书房，1992。

41 阿布–卢格霍德（Janet L. Abu-Lughod）,《ヨーロッパ覇権以前：もうひとつの世界システム》，佐藤次高等译，岩波书店，2001。

42 杉山正明,《大モンゴルの世界：陸と海の巨大帝国》，角川书店，1992。

43 荒野泰典、石井正敏、村井章介,《時代区分論》，同氏编,《アジアのなかの日本史 1　アジアと日本》，东京大学出版会，1992。

44 Fletcher, Joseph, “Integrative History: Parallels and Interconnections in the Early Modern Period, 1500-1800”, *Journal of Turkish Studies* 9, 1985.

45 Reid, Anthony, ed., *Southeast Asia in the Early Modern Era: Trade, Power, and Belief*, Cornell University Press, 1993.

46 岸本美绪,《構造と展開》,《岩波講座世界史 13　東アジア · 東南アジアにおける伝統社会の形成》，岩波书店，1998。

47 Wong, R. Bin, *China Transformed: Historical Change and the Limits of European Experience*, Cornell University Press, 1997. Pomeranz, Kenneth, *The Great Divergence: China, Europe and Making of the Modern World Economy*, Princeton University Press, 2000.

译者注：中译本分别为《转变的中国：历史变迁与欧洲经验的局限》以及《大分

流：欧洲、中国及现代世界经济的发展》。

48 安德烈·贡德·弗兰克（Andre Gunder Frank），《リオリエント：アジア時代のグローバル·エコノミー》，山下范久译，藤原书店，2000。

译者注：中译本为《白银资本：重视经济全球化中的东方》。

49 三谷博，《「革命」の「理解」は可能か：複雑系をヒントに明治維新を考える》，《中国—社会と文化》15 号，2000。

50 关于内藤湖南，除了内藤湖南研究会的论文集（内藤湖南研究会编，《内藤湖南の世界：アジア再生の思想》，河合文化教育研究所，2001）之外，杂志《古代文化》分两次讨论中国史时代划分的特辑（46 卷 11 号，1994；48 卷 2 号，1996）中也多有论及。此外日本史研究方面，朝尾直弘《「近世」とはなにか》（朝尾直弘编，《日本の近世 1 世界史のなかの近世》，中央公论社，1991）在介绍内田银藏、内藤湖南论点的同时，指出有必要回到原点重新探讨时代划分的方法。历史社会学中也有筒井清忠编《日本の歴史社会学》（岩波书店，1999）分析了这些“时代划分论”。日本中世史家保立道久在 2000 年历史学研究会大会上有“对东亚历史的宏观认识，最终还是内藤比较正确”的发言（保立道久，《現代歴史学と「国民文化」：社会史、「平安文化」、東アジア》，《歴史学研究》742 号，2000）。被视为时代划分论战之代表示例的“京都派”与“历研派”的对立，现在基本对研究者没了束缚，也可以说是例证之一吧。

51 谷川道雄，《中国史の時代区分論をめぐって：現時点からの省察》，《史林》，68 卷 1 号，1985；谷川道雄，《中国史上の古代と中世：内藤湖南への回帰》，《古代文化》45 卷 8 号，1993。

第二章

发展还是波动?

——中国"近世"社会的宏观形象[1]

"early modern period"这一词语，在欧洲史中一般是指从文艺复兴、宗教改革到产业革命，即15、16世纪到18世纪末三百多年的时间。如果我们试着在图书馆检索一下带"early modern"这一词语的书名，就会知道从20世纪80年代以来书名中带有"early modern"这一词语的著作出版数量急剧增加。以往这三百年被作为"modern"的一部分，如今它作为一个具有独自意义的时代重新引起了人们的关注。目前不少西方学者围绕在欧洲以外地区"early modern"这一时代划分是否也有意义进行讨论，但他们采用的"early modern"概念不尽相同，因此结论也因人而异。[2]

"early modern"这一词语，现在日本学界一般翻译为"近世"。但目前日本的中国史学界，关于"近世"一词的内容似乎还没有形成一致的看法。"近世"从什么时候开始？"近世"是"早期近代"还是"晚期传统社会"？中国的"近世"与欧洲的"近世"有什么异同？在中国历史上"近世"这一时代划分到底有什么意义？在今天的报告中，我并不企图对这些大问题提出"正确"的答案。在这里我想讨论问题如下：1）"近世"这一词是经过怎样的途径作为中国史上的时代划分术语而固定下来的？2）目前“近世论”所面临的主要方法问题是什么？3）我们怎样能够描绘出中国“近世”的宏观形象？我对这些问题的看法还未成熟，如蒙各位不吝指正，我将十分感激。

一、“近世”和“近代”

在这一百年来日本的中国史学界，“近世”一词被广泛使用。较早地将“近世”这个词用于中国史研究的学者就是因此而著名的京都大学的内藤湖南（1866—1934）。“近世”这一词当然不是内藤发明的，在中国古典文献中出现过，不过在那里只是一般地指“在时间上离现在较近的时代”。可是内藤将“近世”这个词用作具有特定内容的历史学术语。也就是说，内藤注意到从唐向宋的过渡期间，出现了政治体制上的中央集权化、商品经济和城市的发达、庶民地位的提高、学问艺术上的革新等变化，因此把宋代看作是可以与欧洲文艺复兴时期相比的“近世”的开始时期。[3]在内藤看来，中国历史大致上可以作如下划分，东汉以前为“上古”、五胡十六国至唐代为“中世”、宋代以后为“近世”。内藤在他的时代划分论中似乎没有把“近世”和“近代”这两个词区别开来，比如他在1928年的论文《近代支那的文化生活》中把“宋代以后平民主义发展的时代”叫做“近代”。

被认为形成于1910年前后的内藤的这一学说，并不是孤立出现的，同一时期在京都大学有内田银藏（1872—1919）等学者提出了用同样的标准，把日本17世纪初期（就是德川幕府成立时期）看作“近世”的开始时期的学说。也就是在内田看来，从16世纪末到 17 世纪初期日本出现了下述现象：第一是在文化方面，儒学得到嘉奖，从中国进口的书籍以及出版书籍非常多；第二是在经济方面，城市的工商业发达起来，货币经济渗透进来，人民的生活水平有所提高；第三是在政治体制方面，由于丰臣秀吉、德川家康等的统一事业的完成，小领主割据和反复征战的局面被克服，建立了中央集权式的体制。[4] 从中可以理解，内田所考虑的"近世"内容与内藤的想法非常相像。内藤的中国"近世"论和内田的日本"近世"论是相互影响而形成的。[5]

他们都希望在中国和日本的内部找到一个不单单是王朝交替、政权交替反复重演的社会、文化的宏观发展过程。借用柯文（Paul Cohen）的说法，我们可以说内藤和内田都是希望"在东亚发现历史"（discovering history in East Asia）。就这样在 20 世纪初期，通过内藤和内田的研究，在日本历史学界"近世"这一关键词首次亮相。下面我来归纳一下他们的近世论的特征。

第一，重视社会、文化的宏观发展，把它作为思考历史的基本线条。这是明治以来日本的新史学与以王朝政权交替、"一治一乱"反复重演的观点来看历史的方法不同的特征。可是同时与其后有影响力的马克思主义的历史唯物论相比，可以发现他们划分时代的标准，相比马克思主义者所重视的生产方式，更重视文化和政治体制，即相当于马克思主义者所谓的"上层建筑"的部分。他们重视的是包括政治和文化在内的综合的社会"风气"的发展。他们的学术潮流之所以被称为"京都文化史学"，在于他们对社会文化发展的重视。

第二，他们的"近世"论在拿"文艺复兴"为例这一点上是以欧洲为模式的，但他们没有把东亚的历史看作是"落后的""特殊的"东西，反而强调其先进性和并行性。当然可能有人会批评说，他们希望在东亚的历史中"发现"的东西最终不是和西洋的文艺复兴一样的吗？在这一点上，他们的历史观也许可以说还是以西洋为标准的。可是他们关心的不是东西方的“不同”而是“共同点”，因此他们的议论没有表现为以西洋为标准来指出亚洲的落后和特殊性的西洋优越主义的样式。“为什么亚洲落后于欧洲？”这个问题不是他们所关心的。

第三，与这个问题相关，还可以举出一点，就是内藤和内田对历史的大分段在中国是10世纪，在日本是15—17世纪的“近世”开始时期，他们较少关心19世纪的“西洋的冲击”所带来的断裂。这一点上可以看出他们的想法与明治初期福泽谕吉和田口卯吉等的“文明史观”不同。福泽等人倾向于对以儒教为代表的东亚传统持否定态度，对明治以后的“文明开化”比较重视，而内藤等人的议论则是试图在东亚的传统自身中寻找出先于或与西洋并行的历史发展过程。内藤等人的历史观，与希望克服有漫长历史的传统、吸收新文明的东亚改革家的革新热情之间，的确有难以共鸣的一面。

第四，内藤和内田的近世论分别以中国和日本为对象，但同时具有超越国家的文化交流的视点。内藤原来就提倡应该不以本国史为中心，而应从以中国为中心的东亚的视点来把握日本史。内田在议论日本的“近世”成立时，也将具有“近世”特征的宋学的传入作为一个重要的因素。不局限于“一国史”框架的内藤的历史观，从当今的历史学来看，也许可以被评价为具有先进的因素，可是在当时的政治局势下蕴含着一个大问题。内藤对重视文化交流赋予了巨大的意义，强调中国文化具有包容力，可同时也会形成这样的误导：“外族”的入侵对中国文化的发展并不是一种不幸，倒是起到了积极的作用，从这一观点出发，日本对中国的统治从宏观的角度来看也就不一定是必须否定的了。[6]

在清末中国也引进了“近世”这一词，作为新的历史学术语。

关于在清末民初如何使用“近世”和“近代”这些词是一个非常大的问题，姑且留作今后的课题。在这里只是以1901—1902年左右的梁启超的史论为例来看一看。就西洋史而言，当时梁启超已经接受把历史分为上世、中世、近世三个阶段，认为近世是15世纪后半期即文艺复兴时期以后阶段的看法，认为它是一个定论。那么对于中国史，“近世”这个词是怎么使用的呢？其实梁启超用“近世”这个词的用法并不固定，有时（比如在《论中国学术思想变迁之大势》［1902］中）把“明亡以后”作为“近世”。而在其他场合（比如在《中国史叙论》［1901］中），把“从乾隆末年以至于今日”作为“近世”。在比较明确地指出了时代划分理由的《中国史叙论》中，梁启超把中国历史上的秦统一以前定为“上世史”，从秦统一到清代中期的2000年定为“中世史”，乾隆以后定为“近世史”，并作了如下的论述。“上世史”是中国国内的竞争时代。从秦统一到清代中期的2000年的“中世史”是中国和亚洲各民族交涉竞争的时代，是中央集权制度趋向完成的“君主专制政体全盛之时代”。而乾隆以后的“近世史”是“中国民族合同全亚洲之民族，与西人交涉竞争之时代也”，同时“君主专制政体渐就湮灭，而数千年未经发达之国民立宪政体，将嬗代兴起之时代也”。这一变动实在是2000年未曾有的，是划时代的。在这里，西洋的冲击以及与之相伴的专制政体的瓦解成为代表“近世”特征的一个指针。而把“明亡以后”称为“近世”的看法，是以思想史上批判专制的动态作为一个指针的，因此与把君主专制政体的消灭作为“近世”指标的想法是一致的。

梁启超在1899年写的《东籍月旦》一文中涉及桑原骘藏的新著《中等东洋史》（1898），[7]介绍其内容如下：“此书为最晚出之书，颇能包罗诸家之所长，专为中学校教科用，条理颇整，凡分全史为四期：第一上古期，汉族膨胀时代；第二中古期，汉族优势时代；第三近古期，蒙古族最盛时代；第四近世期，欧人东渐时代，繁简得宜，论断有识。”从此看来，桑原以“欧人东渐”为开端的“近世”概念可能给梁启超以某种启发。但梁启超的分期方法与桑原的方法不是完全一致的。桑原以从秦到明的帝政时代分为中古（秦—唐）和近古（五代—明）两个时代，但梁启超则强调 2000 年来“君主专制政体”的连续性。桑原专门叙述明末以来欧洲势力侵略亚洲的不可抗拒的趋势，但梁启超注意的却是以西洋冲击为契机而在中国内部发生的政治改革之动向。梁启超的历史分期方法与他克服 2000 年来专制主义的传统、建设国民立宪政体的政治主张有密切的关系。[8]

在 20 世纪初的日本和中国，“近世”这一词的用法除了上述的内藤、内田和梁启超学说以外当然还有很多。[9] 不过大致上可分为两大类：一个是试图在传统社会中发现与欧洲文艺复兴以后同样的“近世”发展过程的想法；另一个是试图在受到 19 世纪西洋的冲击，传统社会被否定克服的过程中寻找到作为新时代的“近世”的想法。这并不是日本和中国的历史认识的不同，在日本和中国内部，都存在着这两个方向。无论在中国还是在日本，试图革新社会的实践运动都倾向于结合后者，因为革新的热情往往是与将过去看作一片黑暗的认识互为表里的。

下面我将简单地讨论 20 世纪前半期“近世”“近代”这两个语词的用法之变迁。据大陆学者方秋梅的研究，“近代”这个词在 20 世纪 20 年代以前的中国文献中很少出现，但 20 世纪 20 年代以后“近代”一词渐渐为中国知识人所乐于使用，在 20 世纪 40 年代探讨清末以后历史的著作大多以“近代史”为名（方秋梅 2004）。同样的情况在日本也存在。据柳父章所说，[10] 在日本“近代”一词的普及比“近世”为晚，经过 20 世纪前半两次流行期，逐渐为日本人所接受，然而其作为历史学术语在学界通用则是 1950 年以后的事。两次流行时期之一是 1910 年前后，主要在文艺方面“近代”一词成为热烈讨论的对象。另一个流行时期为二战前后，战中不少知识人所关注的“对近代的超克”，到了战败以后一转成为“对近代的憧憬”。那么，“近代”“近世”这两个词的内涵到底有什么不同？在20世纪前半期，这两个词含义的不同不如现在那么明显，但“近代”一词似乎带有与“近世”不同的特别的语感。

第一，“近代”这个词比“近世”有更为“新”的、“西洋化”的语感。内藤等所谓的“近世”已经被认为是传统社会的一部分，但“近代”一词给东亚知识人以一种“他者”的印象。“近代”一词在日本开始普及的时候，往往与“西欧”“科学”“文艺”等有关外国或者西方新思想的语词结合起来使用。[11]“近代”一词使当时人联想到19世纪西洋冲击以来他们所面临的西方文明的巨大压力。

第二，“近代”一词倾向于作为形容词而被使用。在傅斯年1928年的文章《历史语言研究工作所之旨趣》中，“近代”一词的用法给我们提供了典型的例证：“司马迁（中略）能有若干概念比19世纪的大名家还近代些”，“亭林、百诗在很早的时代已经使用最近代的手段（下略）”等。[12]虽然在时代划分论中“近世”一词仍占主流，可是“近代人”“近代国家”等语词中使用的一定是“近代”而不是“近世”。“近代人”这个词指的与其说是“生于近代这个时代的人”，不如说是“有近代性质的人”；生于20世纪的人也不一定是“近代人”，通过自我变革才能够成为“近代人”的。就这样，“近代”一词渐渐取代“近世”而成为“modernity”的主要译词，尽管当时人对其内容的看法不尽一致。

第三，“近代”一词比“近世”带有更强烈的价值倾向。这并不意味着所有的人肯定“近代”的价值。不少人认为亚洲的困境起因于欧美式“近代”的入侵，而主张抵抗或者克服“近代”。但无论东亚知识人憧憬“近代”还是嫌恶“近代”，“近代”这个词在他们心里引起了某种强烈的感情。

“近代”一词这样的语感，与上述“近世”论两大类之中的后者——重视西洋冲击、追求变革的改革派之看法——颇有一致之处。在改革派（包括马克思主义者）的时代划分论中，“近代”一词渐渐取代“近世”而占优势，可以说是十分自然的现象。1933 年出版的李鼎声《中国近代史》是时代划分论中明确地将鸦片战争作为“近代”开端的先驱性著作，作者在绪论中说明这个分期方法的意义如下：“（与一般的分期方法不同）我们在这里却是以自鸦片战争直到今日为中国近代史的领域。我们不以明末清初为近代史的开头而将近代史发端于鸦片战争，其理由是很简单的：明末清初不过为两个朝代的交替期，不能代表一个历史的大转变期；而鸦片战争却是中国开始为国际资本主义的浪涛所冲击，引起社会内部变化的一个重大关键。从鸦片战争后，中国才日益走上殖民地化的途程，在国民经济、阶级阵容以及文化思想上，都表现了巨大的转变。”[13] 李鼎声这本书立足于反帝国主义反封建的立场，用历史唯物论的方法来叙述鸦片战争以后的历史，对 20 世纪 40 年代共产党根据地中国近代史的编写有不少影响。[14] 代表根据地历史学的范文澜《中国近代史》（上册，1946）等也从鸦片战争开始叙述近代史。随着这些著作的普及与经典化，以鸦片战争为近代史开端的分期方法在大陆固定下来，“近世”一词很少为历史学者所使用了。[15]

在管见的范围内，战后台湾历史学界似乎也不大用“近世”这个词。[16] 不用“近世”一词也许是汉语圈的共同特点。

与汉语圈不同，日本学界一直到现在仍有很多学者用“近世”这个词，特别是在日本史方面将自 16 世纪后半期（织田信长统一事业的开始）到 1867 年（德川幕府的灭亡）的三百年左右称为“近世”的分期方法十分普遍，几乎为所有人所接受，尽管对于“近世”概念的内涵有多种多样的看法。[17] 中国史方面的情况与此有些不同，战后日本学界围绕中国史上的“近世”发生过激烈的争论。[18]这场争论发生在20世纪50年代到60年代，对立的两派被称为“京都派”和“历研派”。“历研派”的“历研”是历史学研究会的简称。“京都派”中心人物宫崎市定的时代划分法基本上继承内藤湖南的学说，东汉以前为古代，三国时代到唐末五代为中世，宋代以后至清代为近世，中华民国以后为最近世。而从历史唯物论的观点批判他们的“历研派”则把唐末五代以前作为古代奴隶制时代，从宋代至清代中期作为以地主制度为基础的中世封建制时代，他们不使用“近世”这个词，把鸦片战争以后称为“近代”。在京都派看来，从宋代到清代是类似于欧洲文艺复兴以后的近世；可是在历研派看来，从宋代到清代则是相当于欧洲中世的时代。这场论争立足于方法论的不同，也就是说在划分时代的标准是重视社会文化还是重视生产方式上想法不同，可是同时他们也代表了上述20世纪初期以来历史认识的两大潮流的冲突，即在传统社会的内部发现“近世”（modernity）还是在传统社会的瓦解中寻找“近代”（modernity）之间的冲突。这一分歧与对中国革命的态度有关。对于试图否定和克服传统社会的中国革命，历研派表示了强烈的共鸣，而京都派并没有这样。

这场争论没有得出明确的结论，于20世纪70年代偃旗息鼓了。可是在日本的历史学界这两大潮流的不断冲突与融合，结果使“近世”和“近代”这两个词在时代划分中同时保留了下来。在日本，不仅在日本史研究而且在中国史研究中，虽然并不是所有的学者都接受，不过古代—中世—近世—近代—现代这样的五分法得到了相当广泛的承认。“近世”和“近代”这些词原来在意思上没有什么区别，可是通过这样的时代划分论的展开过程，其内涵逐渐被看作是不同的东西。也就是说“近代”主要指19世纪以后的时代，而“近世”这一词既与中世不同，也与19世纪以后的近代不同，在欧洲即是指相当于“early modern”那段时期，这样的认识普及起来。

二、“近世论”所面临的问题

在当今日本学界，对时代划分问题已经不如过去那么有强烈兴趣了。“古代”“中世”“近世”“近代”等时代划分术语虽然还常常使用，可那是一种为了方便起见的用法，认真地讨论时代划分问题已经被认为过时了。我也赞成这个倾向，认为不存在唯一正确的时代划分法。可是同时我对意大利的历史思想家克罗齐（Croce）说的一句话很有同感，他说：“思考历史就是为它划分时代。”时代划分是与本人的历史观有密切关系的，绝不是一个无可无不可的问题。至少作为历史学家，他有必要说明自己使用的时代划分术语的意义，以及使用的理由。不过，与时代划分的争论很火的 20 世纪 50 年代至 60 年代相比，现在的历史学的状况发生了巨大的变化，划分时代本身面临着很多困难的问题。现在时代划分论所遇到的难题，来自下面几个方面。[19]

第一是怎样处理世界史上的共同性和多样性这个问题。以往作为划分论基础的有关发展阶段的共识，现在逐渐瓦解了。当时“京都派”和“历研派”虽然互相争论，但是他们有意识无意识地共有有关历史的发展方向的想法，也就是说在中国也可以寻找到与欧洲同样的社会发展过程的想法。“京都派”将宋代比作近世文艺复兴时代，而“历研派”把宋代比作欧洲中世封建制的时代。正因为如此，在两者之间发生了宋代是中世还是近世的争论。可是现在以欧洲为模式的历史观本身受到质疑。可以说他们试图在中国内部“发现历史”，可是在那里发现的“历史”是什么呢？他们最终不是只想在中国内部发现与欧洲历史相似的东西吧？我认为这样的批评确实有道理。可是如果接受这一批评的话，就无法避免产生出一个新问题，到底应以什么为标准划分时代？我们怎样才能摆脱西洋模式来构想多元历史呢？

第二是历史的连续性和断裂性这个问题。“近世”这一概念之所以被认为暧昧，原起因于它处在我们时代感觉上的中间位置上。“近世”属于“过去的时代”还是属于“我们的时代”？“近世”到底是传统时代的最后阶段，还是未成熟的“近代”？多数学者强调“近世”和“近代”之间的断裂，但有些学者却提倡我们应该重视“近世”和“近代”的连续性。我们应该怎样处理时代划分当中的连续性和断裂性的问题呢？

第三是划分时代时如何设定空间单位这个问题。过去认为中国史和日本史以国家为单位划分时代是理所当然的。可是近年来这样的“一国史”的历史观变得不是那么不言而喻了。促使我们重新审视“一国史”历史观的重要因素很多，其一是20世纪80年代前后给予世界历史学界相当大的冲击的沃勒斯坦（Wallerstein）的世界体系论。他把16世纪以后的历史描述为以西欧为核心，以拉丁美洲、非洲和亚洲等为边缘的广域经济结构（世界体系）的成长的历史。他认为编入这一世界体系中的各国的历史，如果被分隔成很多片段来议论的话，是没有意义的，必须作为系统整体的历史来考察。[20]最近对他的理论中的“欧洲中心”论的倾向的批判越来越多，可是如何在时代划分中引入超越一国史的全球化视点，是我们应该认真对待的课题。其二是施坚雅（Skinner）的大区域（macro-region）学说，他认为妥当的空间单位是将中国分为八个部分的各个地区，虽与沃勒斯坦的看法完全不同，但他的学说对中国史学界给予的影响也相当大。[21]

总而言之，作为20世纪历史学特征的“发展”观念和“国家”

的框架都变得值得推敲，这一点是近年来历史学的特征之一。而近年来时代划分论面临难题的起因也就在这里，大概是因为以“国家”为框架的“发展”观念正是支撑着时代划分论的基础。

那么我是在什么意义上使用“近世”这个词的呢？我这十多年来用“近世”这个词来表示16至18世纪的世界全球化的动向，试图把明代后期至清代前期的中国作为其一部分来把握。对“近世”一词的这个用法，与以从宋到清中期为“近世”的看法不一定相同。但在这里我并不企图讨论“近世”在什么时候开始这个问题，而试图提出我描述“近世史”宏观形象时所使用的一种隐喻性观念，来请各位指教。

三、发展还是波动？——中国“近世”社会的宏观形象

我所谓的“近世”一词指的是16至18世纪这一时期，那并不是因为当时中国与欧洲early modern时期的国家体制和社会经济存在方式相同，也不是因为我认为当时中国已经被编入了以欧洲为中心的世界体系中。与之相反，我的想法是基于这样一种认识，即各具特色的地域互相影响，从而共有16至18世纪那一时代的激荡节律。

在这里所讲的“节律”有波动的形象，与直线式的进步模式不同。过去发展阶段论倾向于认为，社会经济本来应该向一定的方向发展。当然历史上有发展不顺利乃至倒退的局面，但这种局面被认为是不正常的、起因于外国入侵或者统治阶级反动政策的现象。与此不同，我想试图用某种波动的隐喻（metaphor）来描写中国“近

世”社会的宏观形象。这个“波动”观点的特点有二：第一是重视跨越国境的广域交流，第二是注目于景气、风俗等较为模糊的长期变动局面。这些特点可能令人想起布罗代尔（F. Braudel）在其经典著作《地中海与菲利普二世时代的地中海世界》中采用的空间范围与变动局面（conjuncture）概念，但我直接受到启发的并不是布罗代尔的著作而是日本历史学界的一些动向，在这里列举若干例子。

第一是日本史研究中“跨越国境”反思日本史的潮流。三位日本史学者共同编辑的系列论文集《亚洲中的日本史》（1992—1993）可说是这个潮流的代表性成果之一。在这个系列的第一卷，编者们（荒野泰典、石井正敏、村井章介）从亚洲视野给日本列岛的历史做了时期划分，其标准为日本列岛对外关系的“相对安定期”和“过渡期乃至变动期”之间的“脉动”。这个脉动的重要原因当然是中国大陆的政治、经济变动，因此他们对日本史的时期划分与中国（以及整个东亚）的时期划分有密切关系。具体地说，他们把从公元前3世纪到19世纪的东亚历史分为10个时期，其中有关明清时代的时期划分如下：

第六期（13世纪中叶至14世纪末）：元军入侵和倭寇；

第七期（15世纪初至16世纪前半叶）：册封体系的完成和勘合贸易体系；

第八期（16世纪前半叶至17世纪末）：倭寇状况和摸索新秩序；

第九期（17世纪末至19世纪前半）：近世秩序的安定和矛盾的深化；

第十期（19世纪前半到19世纪末）：亚洲的近现代化和民族主义。

这些时期中，奇数时期是相对安定期，而偶数时期是过渡期乃至变动期。他们提出的广域性脉动的学说，可说是日本历史学界早就存在的“东亚世界论”之继承和发展，对中国史研究也会给予很大的启发。[22]

第二是宫崎市定对中国历史上“景气变动”的注目。他在1977—1978年出版的概论性著作《中国史》（岩波书店）里比较系统地提出他的景气变动论，指出“凡在经济现象中直接影响到一般民众之生活者，莫如景气好坏之重要”（上册，第4页）。据他说，古代（太古至汉代）是景气上升时代，中世（三国至唐末五代）是停滞下降期，近世以后景气变动周期趋于短期化，其中高峰期为北宋、元初、明代弘治年间、清代中期等。所谓的治世和乱世之别实际上与景气变动有密切关系，并不仅仅在于统治者的能力。宫崎的景气变动论似乎是受到当时法国隆盛的年鉴派之经济变动史研究的影响，但与中国传统知识人的风俗变动观也有某些暗合之处。[23]

下面我将从宏观的视点来对16到18世纪的东亚历史（大致上相当于荒野等时期区分中的第八、第九期）作一素描。[24]我们知道16世纪的中国因“北虏南倭”而大伤脑筋。在中国大陆东侧的外围地区有一大片不断处于战争和纠纷状态的地域，仿佛把中国团团包围起来。从蒙古人反复入侵的北方边境到女真人纠纷不断的辽东、众多领主展开激烈战争的战国时代的日本、倭寇猖獗的中国东南沿海，还有东南亚各地区在国王和有实力人物之间发生着激烈的对抗。中国的周边地区，在这样的战争状态持续不断的背景下，于16世纪出现了全球性的国际商业热。当时在中国生产的生丝等手工业产品在全世界拥有销售渠道，作为交换，美洲大陆和日本出产的白银流入中国。成为国际商业舞台的中国周边地区聚集着各种各样希望通过交易获利的民族。汉族人、蒙古人、女真人、朝鲜人、日本人，还有葡萄牙人、荷兰人、英国人等欧洲人，都加入到那些频繁举行的交易中，同时也构成了一个为获得交易之利益而粗暴抗衡的舞台。在那里投入的军事费用更使该地区的交易热升温。因此与苦于沉重税赋、景气呆滞的中国内地互为表里，在中国的外围商业活跃、战争不断的地区形成一条带状地带，在那里接连不断地涌现出一些新兴的军事政权。在辽东努尔哈赤统一建州女真是在 1588 年，在日本列岛丰臣秀吉实现统一是在 1590 年，这一同时代性绝不是偶合。在东南沿海，从 16 世纪中叶的王直开始到 17 世纪前半期的郑芝龙，接连出现垄断海上贸易的势力，其中若干已达到了号称东海海域的海上王国之广泛的支配能力。在东南亚 16 世纪也有很多新兴国家以海港城市为据点，以海上贸易为经济基础成长起来。东南亚史专家安东尼 · 瑞德（Anthony Reid）把军事力量和经济力量相当集中的这些东南亚新兴政权称为“绝对主义国家”（absolutist states）。

在此一百年前，15 世纪的东亚、东南亚的广域秩序由于以明为中心的朝贡关系呈现比较安定的状态。进入 16 世纪以后，在明的周边地区具有军事和经济实力的新兴政权产生，并互相对抗，这个广域秩序瓦解了。广域秩序的瓦解和商业国家的成长过程在 16 世纪的欧洲也可以见到。虽然罗马教皇的权威于 14 世纪开始衰退，但神圣罗马帝国代表的那个普及于全欧洲的基督教共同体的理念仍根深蒂固。可是在国际商业发展中，随着西班牙和葡萄牙、荷兰和英国、法国等大西洋沿岸的各国扩大经济和军事力量，通过基督教的权威来统合欧洲的理念也瓦解了。文艺复兴和宗教改革也可以认为是伴随着这样的变化发生的事件。

明代后期以后的中国处于随着国际商业的发达而涌现出新兴政权、旧秩序不断瓦解的世界性潮流中。成为 17 世纪以后历史主体的，正是在这样的局势中产生、强大起来的，并在竞争中获胜得以生存的国家。欧洲绝对主义诸国家是这样，日本的德川政权是这样，清朝也是这样。在中国的东北成长起来的清朝绝不应该看作是依存于狩猎采集的落后的奴隶制国家，倒是应该看作是一个通过参与人参和皮毛的国际贸易而形成的商业性、军事性政权。

这些国家克服了16世纪的动乱，于17世纪以后摸索着试图建立新的秩序。我想强调的是，这些国家建立起的体制并非互相类似的，而具有相当不同的特征。欧洲的绝对主义诸国家和日本的德川政权、中国的清朝，我把它们都叫做16世纪动乱中成长起来的近世国家，可是那不是因为这些国家特征相似。当然如果想找出相似的一面是很简单的。比如说这些国家都是中央政府具有强大力量，带有集权特征。可是另一方面，不同点也很多。而我觉得近世这个时代有趣的地方，正在于此。

试图建立新秩序的这些国家面临着一些共通的问题。我曾把它命名为“后16世纪的共通问题”，下面简单地介绍一下。第一是民族（族群）、宗教问题。16世纪的国际商业发展、人口的流动、新兴宗教的兴起和传播营造了一个众多民族和宗教混合的社会局势，近世国家是以什么样的正当化理论来处理这些多样性，实现国家整合的呢？对这个问题的答案并不一致。在入关以前已经具有满洲、蒙古、汉的复合国家特征的清朝在入关后进一步发展了这些特征，营造了一个多民族、多宗教、多语言的具有广大版图的国家。而欧洲的绝对主义国家和日本却在实现民族的同一性、宗教与语言的同一性方向上推进国家建设。

第二是社会组织问题。16世纪的动乱时代是政权互相抗衡的时代，同时也是整个社会涌现出各种集团并互相抗衡的时代。怎样统治这样的各个集团，建立一种统一的安定的政治制度呢？关于这一点，答案也不相同。日本和欧洲比如法国完善了由出生的家庭来决定身份的世袭制身份制度。可是在清代中国，虽然有八旗那样的世袭集团，但整体上由科举等制度而造成的社会地位的流动性非常强。

宗族那样的血缘团体的社会性力量虽然很强大，但那不是与国家性身份制度相关的，只不过是民间的互相扶助的集团而已。

第三是市场经济和财政问题。16 世纪急速成长起来的国际贸易和市场经济成为新兴政权的重要财源，可同时带有引发战争和社会不安、动摇政权的危险。怎样驯服这如同危险的猛兽一样的市场经济来确保财源呢？在这一点上，答案也是不同的。有国家直接参与商业并从中获得财富的欧洲重商主义国家；也有对商品经济比较自由放任，同时将土地税作为主要财政基础的清朝；还有抑制土地买卖和人口流动以确保土地税收入的日本等。

这些答案的不同点造就了近世各个国家的多彩个性。各个地域的答案不同，可是各个地域却面临着共通的问题，在这个意义上它们应该说是“一个时代”。那么，哪个答案是正确的呢？从 19 世纪以后欧美掌握了世界霸权这个阶段来回顾的话，也许我们可以认为正确的答案是一目了然的。就是说欧洲特别是英国的答案是正确的，其他的多多少少有些错误。但是近年来的历史学家正试图逐步摆脱那种由结果来判断过去的看法。认为产业革命发生在英国是一种偶然，发生在其他地区也不足为奇。如果这样来考虑的话，近世各国所具有的各种特征就值得我们从新的关心点出发，把它们作为后 16 世纪各个地区针对共通问题使出浑身解数得出的答案来进行一番重新审视。

今天由于能力有限，我只能对明末清初的东亚进行一个素描，而没能涉及其他时期的历史，比如从宋到明初，或者 19 世纪以后的“近代”历史。但我认为，这种“波动”性历史观在研究其他时期的历史时也会有一定意义。这个“波动”性历史观可说是我对本文第二部分谈到的三个问题——目前“近世”论所面临的问题——提出的尝试性回答。1）各个地域面临的问题有共同性，但答案有多样性，我们不应该用现代的观点太轻易地下判断说哪个对哪个错；

2）各个地域的答案当然是以既存的社会经济情况为基础条件的选择，但并不是必然而然的发展，而是有创新性意义的摸索；3）各个国家（比如清代中国、德川时代的日本等）各有个性，但其成立过程和独特性质只有在我们从更广域的视点来做分析时才能充分地阐明。

我觉得，当此21世纪初的新变动期，“后16世纪的共通问题”会以新的面貌重新出现。如何处理民族纠纷和宗教纠纷来营造一个安定的公平的国家秩序，如何调整国家与民间团体的关系，如何应对全球化经济来实现经济繁荣，当我们从这样的观点出发重新审视后16世纪的世界时，当时各个国家经过反复尝试而琢磨出的独自的答案是依然值得我们认真研究的。

注释

1　本文原载台湾师范大学历史学系，《近世中国的社会和文化（900—1800）》，台湾师范大学历史学系，2007。

2　比　如：Reid, Anthony, "Introduction: A Time and a Place", in Anthony Reid ed., *Southeast Asia in the Early Modern Era,* Cornell University Press, 1993；J. A., "The Problem of the 'Early Modern' World", *Journal of the Economic and Social History of the Orient,* Vol. 41,1998, pp.248-284, Struve, L. ed., *The Qing Formation in World-Historical Time,* Harvard University Asia Center, 2004；Eisenstadt, S.N. and Schluchter, W., "Introduction: Paths to Early Modernities—A Comparative View", *DAEDALUS,* Vol.127（3）, 1998, pp.1-18.

3　内藤湖南，《支那論》(1914)，《內藤湖南全集》第 5 卷所收，以及《概括的唐宋時代観》(1922)，《內藤湖南全集》第 8 卷所收，筑摩书房，1969—1976。

4　内田银藏，《近世の日本／日本近世史》，平凡社，1975，页 157—162。

5　关于他们之间的交流和"京都文化史学"派的形成，参看：葭森健介，《內藤湖南と京都文化史学》，内藤湖南研究会编，《內藤湖南の世界》，河合文化教育研究所，2001。

6　围绕这个问题，战后日本有不少讨论。作为代表性著作，参看：增渊龙夫，《歴史家の同時代史的考察について》，岩波书店，1982；谷川道雄，《戦後の內藤湖南批判について》，内藤湖南研究会编，《內藤湖南の世界》，河合文化教育研究所，2001。

7　《桑原隲藏全集》，第四卷，岩波书店，1968。据傅斯年 1918 年的文章《中国历史分期的研究》(《傅孟真先生集》全六卷，"上编　甲、论学类"所收，台湾大学，1952)，"近年出版历史教科书，概以桑原氏为准，未见有变更其纲者"，因此得知，桑原的分期方法似乎在民初中国有相当大的影响力。傅斯年在这篇文章中批评桑原分期标准之不统一，而专以汉族盛衰为准，把从南宋灭亡到清末这"全为胡虏之运"的时代认为是"近世"。

8　佐藤慎一在题为《中国有没有宋近世说？》（中国に宋近世説は存在したか？）的论文中，探讨梁启超等清末知识人对宋代的看法而指出：清末知识人大多数将"两千年来之君主专制体制"认为是一个连续的时代，很少人关心到君主专制时代内部的时代划分问题（佐藤慎一，《中国に宋近世説は存在したか？——清末知識人の宋代イメージ》，《中国－社会と文化》20，2005）。

9　不少学者以民族关系为标准划分时代，这也是十分重要的问题，但由于时间不够，在这里姑且不谈，仅就以国家社会的宏观变化为准的分期方法而进行分析。

10 柳父章，《翻訳語成立事情》，岩波书店，1982。

11 我们试着在东京大学综合图书馆所藏1930年以前出版的书中检索一下带“近代”一词的书名，就会感到“近代”这个词当时带有的西洋风的语感。但对此尚未做过实证性研究，所以在这里只能记下我笼统的印象而留待日后研究。

12 这些例子转引自方秋梅，《“近代”“近世”历史分期与史学概念》，《史学史研究》2004年第3期，第二节。

13 李鼎声，《中国近代史》，光明书局，1933。

14 马金科、洪京陵编，《中国近代史学发展叙论》，中国人民大学出版社，1994，页425。

15 近年在大陆有一些学者用“近世”一词，比如：社会经济史学者唐力行（《商人与中国近世社会》，浙江人民出版社，1993），以及陈学文（《明清社会经济史研究》，稻乡出版社，1991）都以16世纪为“近世”发端；陈来（《中国近世思想史研究》，商务印书馆，2003）探讨了宋代以后的历史；等等。

16 当然，台湾学界也有用“近世”一词的例子，比如“中研院”近代史研究所主办的“近世中国经世思想研讨会”“近世家族与政治比较研讨会”等。

17 关于日本史研究上“近世”概念所包含的问题，参看：朝尾直弘，《近世とは何か》，朝尾直弘编，《世界史のなかの近世》，中央公论社，1991。

18 关于对这场争论的介绍，参看：宫泽知之，《宋代農村社会史研究の展開》，谷川道雄编，《戦後日本の中国史論争》，河合文化教育研究所，1993。

19 王国斌在他几篇文章中周到地讨论目前中国史学面临的难题，其中有不少部分对时代划分论也有启发性意义：Wong, R. Bin, *China Transformed: Historical Change and the Limits of European Experience,* Cornell University Press, 1997；“Between Nation and World: Braudelian Regions in Asia.” *Review,* Vol.21（6），2004。

20 Wallerstein, E., *The Modern World System: Capitalist Agriculture and the Origins of the European World-Economy in the Sixteenth Century,* Academic Press, Inc., 1974.

21 Skinner, G. W., “Regional Urbanization in Nineteenth Century China.” In G. William Skinner ed., *The City in Late Imperial China,* Stanford University Press, 1977.

22 荒野泰典、石井正敏、村井章介，《時代区分論》，荒野泰典等编，《アジアのなかの日本史Ⅰ　アジアと日本》，东京大学出版会，1992。

23 关于中国传统知识人的“风俗”观念与历史观的问题，我在《「风俗」与历史观》（《新史学》13-3，2002）中提出过初步的看法。本文作为第三章，已经收入本书。

24 下述内容是我在《東アジア・東南アジア伝統社会の形成》（《岩波講座世界歴史13》，岩波书店，1998）、《“后十六世纪问题”与清朝》（《明清史研究》20，韩国，2004）等文章中的大意，因此史料依据和参考文献等在这里从略。

第二部

风俗与时代观

第三章

“风俗”与历史观[1]

2001 年我拜访“中研院”历史语言研究所参加评鉴委员会时，得知生活礼俗史的研究是史语所的重点项目之一，不少学者热忱地进行有关生活礼俗的丰富多彩的研究。正好是十年前的 1992 年，《新史学》杂志出版了“生活礼俗史专号”，杜正胜教授在一篇题为《什么是新社会史》的文章中指出：历史不仅有骨骼而且有血肉，可是过去的历史研究着重于“骨骼”部分，就是说，重视政治、经济、外交、军事等方面，而对于人民的生活、礼俗、信仰与心态等“血肉”部分，难免有缺少之憾。所以历史研究由“骨骼”进而增益“血肉”，应是 20 世纪末历史学的普遍要求。[2] 我全面地赞成杜教授的卓见。

今天我想讲的也是“风俗”的问题，但是报告的内容不是明清时代的风俗如何，而是“风俗”这个概念本身。“风俗”这个词对我们来说带有一些表面性的、变动无常的语感，即使可说是社会的血肉，也不可说是骨骼。虽然如此，对明清时代的士大夫来说，“风俗”乃至“士风”是有关社会秩序的十分重要的关键词之一，这是我们都不可否认的。那么，什么是“风俗”？“风俗”一词，在日本的中国史学界不少学者已经注意到。1977 年，我第一次对“风俗”

概念感兴趣，是通过森正夫先生关于明末清初风俗变化的研究所引起的。[3] 战后日本的明清史研究者用马克思主义方法来研究阶级斗争时，往往利用地方志“风俗”卷中的抗租记事等，但很少人注意到“风俗”概念本身，森先生可说是注意到明清“风俗”概念的先驱。关于其他时代，宫崎市定先生等早已有“后汉风俗”“宋代士风”等研究，[4] 但是我那时候还没怎么注意。后来，有些法律史研究者也讨论过“风俗”与习惯乃至习惯法的关系。[5] 滋贺秀三先生认为“[我们]不能因中国人说过‘风俗各处不同’而断定不同地方存在着不同的习惯法。‘土俗、土例、俗例、土风’等类似的词语同样不等于西欧法律传统意义上的习惯或习惯法。与这种具有规范意义的‘custom’相对应的词语，在传统中国的词汇中本来不存在”。[6] 对这些日本学者的看法，梁治平先生有过这样的评论：“在乡民的生活世界里，当那些‘约定俗成’成为风习的惯例最后被作为‘规’‘例’接受下来的时候，它们纵然不能够杜绝争执与纠纷，也未能被整齐划一地适用，却足以为日常生活世界提供一个秩序的轮廓了。”[7]“风俗”到底是“praxis”，还是有“law”的侧面呢？关于这个问题我今天不谈论，可是我认为这是个十分有趣的问题。

最近，研究近代史的一群年轻学者也注意到清末的“改良风俗”的运动。[8] 比如吉泽诚一郎先生提出的一个问题是：“‘风俗’这个旧的修辞为什么装进新的内容在清末时期再度流行呢？”

关于“风俗”一词已经有相当多的研究。总的说来，日本学者从来注意的与其说是“风俗”的“长期持续”的“心态”的侧面，不如说是其变动无常的、包含矛盾的侧面。今天我讲的内容可能有屋下架屋之嫌，加上对讲汉语的学者来说，“风俗”的概念一定会是不言而喻的，可是从外国人来看，“风俗”一词还有相当复杂的、丰富的内容值得研究。“风俗”这个概念的特点在哪里？明清时代的学者为什么认为“风俗”是社会秩序与历史变迁的关键？他们的看法能不能给我们的历史学以某种启发？我这种还未成熟的看法，希望能得到各位教授的指教。

一、“风俗”的含义

有关“风俗”的意义，在中国自古以来就有些人做过解释。

关于“风”，《诗经·大序》说：

风，讽也，教也。……风以动之，教以化之。……上以风化下，下以风刺上，主文而谲谏，言之者无罪，闻之者足以戒。故曰风。

那么，“俗”是什么？应劭《风俗通义·序》云：

风者，天气有寒暖，地形有险易，水泉有美恶，草木有刚柔也。俗者，含血之类，像之而生，故言语歌讴异声，鼓舞动作殊形，或直或邪，或善或淫也。圣人作而均齐之，咸归于正；圣人废，则还其本俗。

应劭对“风俗”一词的解释大概基于《汉书·地理志》的如下叙述：

凡民函五常之性，而其刚柔缓急，音声不同，系水土之风气，故谓之风；好恶取舍，动静亡常，随君上之情欲，故谓之俗。孔子曰：“移风易俗，莫善于乐。”言圣王在上，统理人伦，必移其本，而易其末，此混同天下一之虖中和，然后王教成也。

一直到明清时代，“风俗”的语义，跟古代人的这种看法，没有太大的不同。把“风俗”的概念跟我们较为熟悉的西方词语“culture”“civilization”“custom”等比较起来，我们可以发现“风俗”概念的几个特点：

（一）多样与普遍

“风俗”的概念里面，我们可以发现它包含了对多样性的认识和对普遍性的指向。这双重侧面可说是“风俗”概念的一个特色。请让我解释一下。传统的风俗论一方面强调“风俗”因自然条件的不同而不同。风俗扎根在乡土,所以“百里不同风,千里不同俗”(《汉书·王吉传》)。因此人应该“入境问俗”，地方官上任时需要“体问风俗”。从这方面来说，“风俗”好像在拥护地方固有文化的正当性——我们有我们的风俗，谁能改变我们的做法？

但从另一方面来说，古代人讲“风俗”的目的并不在于提倡文化相对主义，而在于“移风易俗”。“圣人作而均整之”，“圣王在上，统理人伦，必移其本，而易其末”。“风俗”应该向一个普遍的目标而变化。好的风俗应该保存，但坏的风俗应该纠正。谁判断风俗的好坏呢？这不是地方人而是君子，乃至圣人。

把“风俗”的概念跟西方的“civilization”“culture”“custom”等词语比较起来，我们发现了令人感兴趣的不同之处。“civilization”“culture”等词语到 18 世纪左右才有了重要意义，其历史远不如“风俗”概念的历史悠久。可是这些词语在近世（early modern）欧洲的历史上发挥关键性的作用，这是不少学者已经注意到的。[9] 在这里只举两三个例子。

德国社会学者埃利亚斯（Norbert Elias）指出：文明（civilization, Zivilisation）、文化（culture, Kultur）等概念表现着这二三百年来

欧洲诸国家的自我意识。法文和英文里面“文明”是十分重要的词语，但在德文，“文明”不如“文化”一词重要。据他说：

> “文明（化）”（civilization），表示某种过程，或者至少某种过程的结果。这句话意味着不断活动的、不断“向前”进步的东西。德文中“文化”的现代用法有另一个运动方向。这句话意味着……表现一个民族特色的艺术作品、书籍、宗教或者哲学体系。“文化”的概念有“限定范围”的作用。

据埃利亚斯说，“文明”概念使民族国家的界限不分明，强调人类共通的理念。这就是法国、英国等先进国家的自我意识。相反，“文化”概念强调各民族的独自性与民族之间的不同。这表现像德国那样的后进国家的防卫性自我意识。[10]

“习惯”（custom）是英国历史家汤普森（E. P. Thompson，1924—1993）关于18、19世纪英国劳动人民的研究中，最重要的概念之一。“习惯”一方面接近于明确的“法”，另一方面接近于比较模糊的“文化”。但总的说来，“习惯”在18世纪有“好”的语感，地方民众抵抗新的社会变化时，往往以旧的习惯为他们正当性的基础。据他说，“习惯”这个修辞“是为反对上层阶级的强制与控制起见而出现的必要性防守”。[11]

值得注意的是，这些西方语词之所以成为近世时期的关键词，跟这时期欧洲主权国家的形成过程有着密切的关系。国家与国家之间的竞争以及集权化与地方社会之间的矛盾，都促使人们采用某种观念来主张自己生活方式的正当性与优越性。各个国家与各个社会阶层都有了相当敏锐的自我意识了。

与此对比，中国的“风俗”概念没有“文明”那样直线式进步的含义，也没有“文化”“习惯”那样的对抗外部影响的防卫性意识。

那么“风俗”这个词语代表的是什么人的自我意识呢?我认为,“风俗”概念在某种程度上反映当时为政者或者士大夫的社会观:他们不得不承认现实社会的多样性,采取“烹小鲜”式态度来慎重地对待社会问题,同时他们的最终目的应该是在普遍的立场上来谋求天下万民的幸福。

(二)文教与朴素

“风俗”一方面意味着具体的地方性习惯。地方志的风俗卷包括有关岁时、冠婚丧祭、占候、方言等的详细叙述。可是“风俗”的含义并不限于这些具体的行动方式本身。“风俗”概念的核心却在于,人们通过这些行动方式表现出来的精神质量。换句话说,“风俗”就是从“人们精神的性质”这种角度出发,被评价的某个地方或者某个时代的整个行动方式。

那么,人们用什么标准来判断风俗的好坏呢?我们来看看地方志中有关风俗的评语。表现“好”风俗的字眼是“淳”“醇”“美”“厚”“朴”等,表现“坏”风俗的是“薄”“恶”“陋”“漓”“浇”“偷”“浮”“粗”“鄙”“野”“淫”“奢”“黠”等。首先看“坏”的风俗是什么。在表现“坏”风俗的字眼中我们看得出来两个不同的种类——一个种类可以说是“城市式恶俗”(“薄”“漓”“浇”“偷”“浮”“淫”“奢”“黠”),另一个种类可以说是“农村式恶俗”(“陋”“粗”“鄙”“野”)。从这里我们可以知道,判断风俗好坏的标准是不太单纯的。礼仪的洗练与知识的增加,的确是好风俗的一个条件。粗野固陋的村夫不能形成好风俗。可是,跟城市的奢侈浮薄的风俗比较起来,农村人的天真与朴素却是值得称扬的。“移风易俗”的目标并不是单纯的“文明化”,也不是单纯的“回到自然”,而是把教养、礼仪、天真的良知等各种要素综合起来实现的“一团和气”的理想秩序。各个时代的风俗论有独自的特点，比如，明末人对城市的“淫奢黠敖之俗”批评得特别厉害而怀念过去农村的朴素生活。[12] 相反的，清末时期的“改良风俗”运动通过启蒙性活动谋求人智的增进。[13] 但关于实现稳定的社会秩序这一个目标来说，两者是完全一致的。

（三）个人与社会

形成“风俗”的是谁？“风俗”如何变化？对这个问题，明末人宋应星（1587—约 1666）作出了简明扼要的回答：

> 风俗，人心之所为也。人心一趋，可以造成风俗，然风俗既变，亦可以移易人心。是人心风俗，交相环转者也。[14]

关于人心与风俗之间的“交相环转”的关系，清初上海人叶梦珠也有所讨论：

> 士风之升降也，不知始自何人。大约一、二人唱之，众从而和之。和之者众，遂成风俗，不可猝变。迨其变也，亦始于一、二人而成于众和。方其始也，人犹异之，及其成也，群相习于其中，油油而不自觉矣。[15]

宋应星、叶梦珠等人的这些洞察，令人深思“风俗”这个概念的不可思议的性质。“风俗”这个东西，恰似实际的“风”摸不着边。风俗的形成“不知始自何人”，而既然形成之后，“油油而不自觉”。但不自觉之中，“风俗”强有力地控制着个人。叶梦珠接着上文说：“要之，移风易俗之权，必操之自上，则不劳而效速。”的确，为政者会比普通的老百姓较容易地改变风俗，但是实际上连君主宰相也抗不住大势所趋。“风俗”归根究底是基于各个人的行为，但在各个人来说，是作为一种无可奈何的客观条件来控制个人的行动。个人和社会之间这种分不开的关系，正是现代社会学者所注目的、努力理论化的热点。[16] 我认为：中国传统知识人的风俗论的焦点也在这里。他们不是“方法上的个人主义者”。他们熟悉社会风俗是多么强有力地控制着个人。同时，他们也不是“结构主义者”。他们知道社会并不是超越个人的结构，而说到底不外乎个人行为的集合。

明末清初学者们有关“风俗”的讨论中，我们特别明显地看到这种社会认识所造成的一种独特的紧张感觉。

二、顾炎武“风俗”史观

众所周知，顾炎武（1613—1682）《日知录》卷十三收录了他关于历代王朝风俗的一系列的讨论。他对历史的观点在《日知录》中到处可见，但大部分是比较片段的评论。卷十三的历史风俗论可以说是他历史观比较系统的阐明。为什么他是以“风俗”为中心来素描中国历史的呢？

顾炎武的历史风俗论的内容是十分有名的，所以我不敢班门弄斧来解释其内容，但在最低限度内介绍他的论点。在“周末风俗”里面他指出：春秋战国之交，风俗为之一变。在春秋时期（公元前770—前476），犹有“尊礼重信”“宗周王”“严祭祀，重聘享”“论宗姓氏族”“宴会赋诗”“赴告、策书”等好风俗，但这些制度风俗，到了战国（公元前475—前221）就一扫而光，“邦无定交，士无定主”，

“不待始皇之并天下，而文武之道尽矣”。到了西汉，这个风俗也没有变化，“史之所录，无非功名势利之人，笔札喉舌之辈”，但是到了东汉“其风俗稍稍复乎古”。

关于“两汉风俗”，他说：东汉光武帝“尊崇节义，敦厉名实，所举用者莫非经明行修之人，而风俗为之一变”。到了东汉末期，朝政紊乱，可是党锢人士实践仁义，拼命奋斗，所以“三代以下，风俗之美，无尚于东京者”。后来曹操不顾有德与否，只谋求能干的人才，所以“国士不以孝悌清修为首，乃以趋势求利为先”，“风俗又为之一变”。

接着顾炎武在“正始”条中，对魏末正始年间（240—248）的名士批判得特别厉害。他们“弃经典而尚老庄，蔑礼法而崇放达”的态度，作为高尚的思潮受到六朝时的人的欢迎。可是由于他们破坏风俗的言论，“国亡于上，教沦于下，羌、戎互僭，君臣屡易，非林下诸贤之咎而谁咎哉”。他们通过清谈，不仅亡国而且亡天下。亡天下是什么？就是使天下无父无君，而入于禽兽的世界。

后来，士大夫的忠义之气，到了五代几乎消灭，可是在宋初渐渐恢复。仁宗在位时（1023—1063），“风俗醇厚，好尚端方”，“中外荐绅，知以名节为高，廉耻相尚，尽去五季之陋”。可是神宗朝的王安石（1021—1086）专门提拔奉承他的人，排斥批评他的人，因此士大夫互相竞争，攀附党争的弊病在此发生了。王安石“移人心，变士习”的弊病比他“新法”给予老百姓的弊病，还严重得多。

上面概括的顾炎武的历史观，以风俗的长期波动为中心来描写春秋以来的历史。他对各个时代、各个人物的评价可以说是当时正经士大夫比较普通的看法。下面我们将指出顾炎武风俗史观的几个特点，跟我们今天普通的看法比较一下。

（一）历史的进行方向

在明末人慨叹风俗变化的叙述中，我们常常发现一种一直衰落的感觉。比如明末松江人范濂说：

> 风俗自淳而趋于薄也，犹江河之走下而不可返也。自古慨之也。[17]

顾炎武也跟当时一般学者一样，倾向于景仰古代。但是我们应该注意，他景仰古代、学习古代的目的不外乎是实现未来的理想统治。即使目前的趋势遏止不住，可是这种趋势通过人的努力一定可以反转。他说："观［西汉］哀、平之可以变而为东京，五代之可以变而为宋，则知天下无不可变之风俗也。"（"宋世风俗"条）"谓后人之事必不能过前人者，不亦诬乎？"（"水利"条）

他的历史观既不是进步史观也不是衰落史观，但是也不可以说是循环史观。进步史观、衰落史观和循环史观都有"必然"的感觉。有位美国学者曾指出，历史有预先决定的必然的运行方向这种观念是欧洲历史观——从希腊到历史唯物论——所共有的一个特点。[18] 顾炎武的风俗史观与此不同。他所关心的不是历史的必然的运行方向，而是如何改变现状这种实践上的问题。未来的方向是不确定的，可能好，可能坏。为实现尽可能好的结果，人需要向历史学习，了解历史的趋势。好好了解历史的趋势，才可以采用最适当的方法来控制历史的潮流。

他的历史学有强烈的实践性，但跟马克思主义不同，他的历史学的目的不在于阐明历史的发展规律，而在于在历史当中直接寻找教训。马克思主义历史学强调发展阶段之间的本质性不同，过去的问题已经不是今天的问题了。相反的，当时中国学者在历史当中发现的是，跟他们面临的问题是同样的、共同的问题。据增渊龙夫先生（1916—1983）说：中国传统历史学的方法是“在历史当中发现当代的现实，用历史来确认现在的问题——历史与现实之间有这种精神性的交流作用，通过这种交流作用他们才能够自觉一贯历史而持续的主体力量——就是说，支撑历史与现实，同时对抗历史与现实的主体力量”。[19] 与顾炎武的同时代人中的一些学者，比如王夫之（1619—1692），强调古代与当代的不同，严厉地批评要把古代的政策硬套于当代的复古主义者。对于王夫之这种反复古主义的主张，侯外庐先生（1903—1987）等大陆学者曾给予很高的评价，认为是“用近代启蒙主义者的眼光来提出历史进化观的破天荒的创见”。[20] 但值得注意的是，王夫之也并不是否认向古代历史学习的必要。他说，当代学者不应该把古代的政策硬套于当代，而应该学“先王之精意”。“先王之精意”是什么？据他说：

> 古先圣王之仁育而义正者，精意存乎象外，微言善其变通，研诸虑，悦诸心，征之民而无怨于民，质之鬼神而无恫于鬼神，思之慎而言之讷，恶容此吮笔濡墨求充其幅者为哉。[21]

在什么程度上可以采用古代的具体政策呢？——对这个问题，当时学者的看法会各种各样，但在历史当中寻找教训这一点来说，顾炎武、王夫之以及其他学者可说是完全一致的。

（二）人物史与风俗史

历史当中寻找教训这个态度使中国的历史学带有强烈的道德主义色彩。顾炎武的历史学也不例外。他的风俗史论里的各个人物、各种政策都被放在价值判断的框架中。但值得注意的是，顾炎武的关心并不在于跟历史的动向无关的各个人物、各种政策本身。顾炎武的风俗史论并不是像战前日本小学修身课的课本，对一个一个历史人物分别地加以道德性称赞或指责，而其重点在于讨论各人行为给予社会风俗带来什么影响这点上。顾炎武的确十分重视光武帝、曹操等重要人物，这是因为他们——不管其方向的正与不正——发挥了改变风俗的作用。

顾炎武风俗史论中几乎没有老百姓的影子，虽然如此，他的历史不是王公将相的历史而可说是以“风俗”为主人公的一种社会史。顾炎武、王夫之等历史观的焦点被放在个人的主体力量和整个社会变化之间的接点。他们采用的不是个人与社会的单纯的两项对比。任何个人不能像“设计师”那样容易地改变社会。整个社会的“势”或者“风俗”在个人来说是几乎无可奈何的。可是整个社会的“势”到底是个人行为的集合。一个人一个人的行为集合起来一定会挽狂澜于既倒。特别在“亡国”的时代,“匹夫之贱”也有保天下之责任。

（三）法制与风俗

为什么顾炎武在素描中国历史时，不以国家盛衰或者法律制度为骨骼，而以风俗这种模糊不清的东西为基本线索呢？关于这点，顾炎武似乎是十分自觉的。风俗的好坏，当然跟国家的盛衰有关，但两者不一定完全一致。比如，虽然西汉武帝时代可说是国力强盛时期，可是顾炎武对西汉风俗的评价相当低。相反的，虽然后汉末期和宋代靖康之变前后，国家濒于险境，但是他认为这些时期的风俗十分“美”，因为有忠义之士辈出其间。秩序的最终根据不在国家而在民间风俗，所以“易姓改号”未必意味着“亡天下”。

关于法制，他说:“法制禁令，王者之所不废，而非所以为治也。其本在正人心，厚风俗而已。”[22] 在《日知录》中，顾炎武讨论历史上各种各样的制度的功过。但他所注目的不是制度本身，而是各种制度给予社会风俗的影响。众所周知，顾炎武主张“寓封建之意于郡县之中”，批评过度中央集权化，但这不可以说是对皇帝专制本身的批评。[23] 他评论秦始皇（公元前259—前210）取缔恶俗的政策时，说：

> 秦之任刑虽过，而其坊民正俗之意固未始异于三王也。汉兴以来，承用秦法以至今日者多矣。世之儒者言及于秦，即以为亡国之法，亦未之深考乎？[24]

另一方面，他称扬“封建”式政策的理由也不外乎其移风易俗的效果：

> 汉文帝诏置三老、孝弟、力田常员，令各率其意，以道民焉。夫三老之卑，而使之得率其意，此文景之治所以至于移风易俗，黎民醇厚，而上拟于成康之盛也。[25]

顾炎武的经世论，跟当时一般儒学者不同，基于极其渊博的历史知识。虽然如此，他的历史论最终归结于“坊民正俗”“移风易俗”式的陈腐道德论，这不是十分遗憾的事情吗？但是我们考虑到他经历的时代情况时，可以了解他对国家、制度等的可靠性会有严重的怀疑。国家、制度等到底是脆弱不可靠的，那么社会秩序的最终基础在哪里？换句话说，我们今天不怎么谈伦理风俗，这是不是因为我们无意识中以为国家以及制度是社会秩序的十分可靠的、不容怀疑的基础？

三、风俗概念与今天的历史学

在今天报告的最后部分，我将简单地讲，为什么“风俗”一词如此强烈地吸引我。这大概因为我对16到18世纪中国的社会秩序问题，特别对于当时知识人对社会秩序感到的不安感觉一直深感兴趣。“风俗”这一词在中国史上什么时代都有的十分普通的词语，但是我觉得在一些时代，人们对“风俗”的关怀特别强烈，比如后汉与明末清初。我认为，“风俗”概念的流行与知识人对社会秩序感到的不安感是表里一体的。

很有趣的是，有一位西洋思想史家富永茂树先生指出：“在欧洲，围绕习俗的议论层层辈出于17、18世纪之间。”据他说，当时欧洲的论者把“习俗”认为是比“法”更深的、更根本的社会规范，比如：“法是被制定的，风俗是被灌入的（inspiré）。后者更多与一般精神相关，前者更多与个别制度相关。”（孟德斯鸠，1689—1755）“法的作用被限于外部，限于人的行为。只有习俗才能浸透于意志的内部而支配之。”（卢梭，1712—1778）“习俗是国家繁荣的真正基础。即使没有法在，习俗也没有什么不可能。但没有习俗，法几乎不能发挥作用。”（塞尔万，1737—1807）[26] 这些讨论与顾炎武风俗论之间的类似，不知是不是一种偶合？这些有关习俗的讨论似乎随着欧洲民族国家的确立，趋于平静。我对西洋史方面是外行的，所以今天关于西洋习俗观念不复说了。可是中国的风俗概念与西洋有关风俗的概念之间的比较，是不是相当有趣的研究课题呢？

在今天报告的开头我提了问题，就是明清时代学者对风俗的看法能不能给我们的历史学以某种启发？对这个提问，我想回答“Yes”。实际上，跟二三十年以前的历史学比较起来，今天的历史学在一些侧面上却接近于顾炎武时代的风俗史观。不知大家觉得怎么样?

第一，历史目的论的框架不如过去那么强了。不仅仅是马克思主义的发展阶段论，而且历史进步的概念也已不是自明之理了。在进步史观的框架中，前一个时代比后一个时代在本质上低级些，超越时代的界限直接在过去的时代寻找自己的问题，可能犯时代错误的过失。但对中国的士大夫来说，超越时间的“同时代”感觉是十分普通的事，不如说，这就是他们在历史当中寻找教训的前提。最近我看到几本“同时代感觉”洋溢的书，[27] 其中跟“风俗”问题最有关的，是一本题为《明清之际士大夫研究》[28] 的书，该作者赵园先生是 1945 年出生，1969 年北京大学毕业的中国文学研究者。这本书讨论的是明清鼎革时期的社会气氛，与当时士大夫关于他们时代的评论。她特别注意到的是，当时士大夫的极端道德主义，和与此表里的士大夫舆论的苛酷，等等。这本书给予读者一种十分痛切的感觉。这种切肤之痛的感觉从哪里产生?这可能与作者的现实“体验”有关(页 549),但大概因为作者自己也通过体会传统士人的“同时代感觉”来直接进入当时士大夫的生活世界，倾听他们的声言。

第二，“风俗”概念给予我们的启示之一是有关社会秩序或者社会变动的说明方法。一般来说，从“合理的个人”出发的说明模式与从“结构”出发的说明模式，可以说是说明社会秩序、社会变动的两大方法。但是我们可以用这种方法来解释明末清初相当激烈的社会变动吗?我觉得这些模式都有界限。像宋应星所说那样的“人心风俗，交相环转”的情况，跟今天的时髦一样，很难有合理的说明。实际上人行动时，往往模仿别人的行动而行动。有时候通过这种过程可以形成比较稳定的秩序，但在明末清初这种雪崩式行动方式产生了“人心莫测”的形象。

现代社会学理论中，一些学者努力克服“方法上个人主义”与

“结构主义”的两项对立，为说明社会秩序的形成和变动起见，寻求新的理论。有些理论注目“habitus”等无意识的习惯，另有些理论着重于“自己组织性”（self-organization）或者“循环回归性”（reflexiveness）。两者的出发点都不在个人也不在结构，而在“关系”本身。[29] 据有些学者的洞察，研究这种关系时，普通通用的抽象理论不再存在，而只通过详细的历史性观察才可以了解社会是什么。[30]

中国传统学者用“风俗”一词，表现的是社会秩序的这种十分不可思议的侧面。虽然是摸不着边的东西，可是除了这个“人心风俗”以外，再没有社会的“骨骼”可靠。我们可以注意到，传统中国文人谈社会秩序时，常常用“脉”的比喻。比如韩愈（768—824）说：“天下者人也。安危者肥瘠也。纪纲者脉也。”“善医者不视人之瘠肥，察其脉之病否而已矣。”[31]“脉”跟“风”一样，是看不见的东西，但据他们说这些流动的、互相感应的系统才是社会形成的基础。像杜正胜教授讲的那样，过去的社会理论专门处理骨骼方面，未来的学者能否用社会科学的眼光来深入地研究“风”和“脉”在社会秩序中的意义呢？

第三，顾炎武、王夫之等有关风俗的讨论中，在我们看来很难接受的是他们提倡的伦理内容。顾炎武破口大骂“无父无君”的竹林诸贤；王夫之把“中华—夷狄”“君子—小人”“男—女”这三对概念认为是人绝对不可混淆的三大区别。如果王夫之坐在这里，我一定立即被赶出去，因为我是夷狄、小人而且是女性。顾炎武、王夫之等人思想的这些部分，可以说是他们思想的“糟粕”。但我认为：在一个人的思想当中，把“精华”和“糟粕”分开来解释的这种做法，其实是进步史观的一个表现。我想关注的是，他们思想的重点与其说在于“哪种秩序是比较好的”，不如说在于“如何不陷入‘禽兽世界’”这个问题上。“禽兽世界”就是失去规范的状态——西文的

“anomie”，“如何不陷入‘禽兽世界’”这是人类普遍的问题，特别在 17 世纪前后，这成为全球规模的共通问题。顾炎武、王夫之正是霍布斯（Thomas Hobbes，1588—1679）的同时代人，这可能不是偶合。霍布斯的政治思想在我们看来也是不太民主的，但这可能是他强烈的危机感的反映。他们提出的问题，一直到现在也不失为社会科学上拥有深刻意义的基本问题。我们能否把顾炎武、王夫之等人的风俗论放在世界秩序思想的潮流中来重新考虑其意义呢？

今天我以“风俗”一词为中心，提出了一些粗浅的看法。我想特别强调，“风俗”概念的相当丰富的含义，跟现代社会科学理论有某些暗合之处。我注意到“风俗”这一概念，与我年来小小的志愿有关。我们研究中国历史时，采用的方法性概念大都是从西方进口的。我并不是反西洋主义者，但对这种情况一直觉得有点遗憾。我们能不能从像“风俗”那样中国固有的概念中来提炼出新的、有普遍意义的方法性概念呢？如大家能慷慨地给予指教，我将感到十分荣幸。

注释

1 本文原为“中研院”历史语言研究所2002年5月24日“新史学讲座”演讲稿，后收入《新史学》13卷3期，2002。

2 杜正胜，《什么是新社会史》，《新史学》3卷4号，1992年12月，页97—98。

3 森正夫，《一六四五年太倉州沙溪鎮における烏龍会の反乱について》，收入山根幸夫等编，《中山八郎教授頌壽記念明清史論叢》，燎原书店，1977。森氏有关明末风俗的论文还有：《明末の社会関係における秩序の変動について》，《名古屋大学文学部三十周年記念論集》，1978；《明末における秩序の変動再考》，《中国——社会と文化》10号，1956。

4 宫崎市定，《漢末風俗》(1942)，收入氏著《アジア史研究》，第2册，同朋舍，1963；宫崎市定，《宋代の士風》(1964)，收入氏著《アジア史研究》，第5册，同朋舍，1978。

5 滋贺秀三，《清代中国の法と裁判》，创文社，1984；寺田浩明，《清代土地法秩序における「慣行」の構造》，《東洋史研究》48卷2号，1989。

6 滋贺秀三，《清代诉讼制度之民事法源的考察》，收入滋贺秀三等著，《明清时期的民事审判与民间契约》，法律出版社，1998，页76。

7 梁治平，《清代习惯法——社会与国家》，中国政法大学出版社，1996，页196—197。

8 李孝悌，《清末的下层社会启蒙运动 1901—1911》，“中研院”近代史研究所，1992；吉泽诚一郎，《天津の近代：清末都市における政治文化と社会統合》，名古屋大学出版会，2002。

9 西川长夫，《国境の越え方》，筑摩书房，1992。该书论述了欧洲和日本“文明”“文化”概念的历史。

10 诺贝特·埃利亚斯（Norbert Elias），《文明化の過程：ヨーロッパ上流階層の風俗の変遷》，赤井慧尔等译，上册，法政大学出版局，1977，页70—71。
编注：中译本为《文明的进程：文明的社会发生和心理发生的研究》。

11 E. P. Thompson, *Customs in Common: Studies in Traditional Popular Culture*, The New Press, 1993, pp.1-6.

12 参看：森正夫，《一六四五年太倉州沙溪鎮における烏龍会の反乱について》，《明末の社会関係における秩序の変動について》，《明末における秩序の変動再考》。

13 参看：李孝悌，《清末的下层社会启蒙运动 1901—1911》；吉泽诚一郎，《天津の近代：清末都市における政治文化と社会統合》。

14 宋应星，《野议　论气　谈天　思怜诗》，上海人民出版社，1976，页40。

15 叶梦珠，《阅世编》，上海古籍出版社，1981，页 83。

16 比如诺贝特 · 埃利亚斯的“Figuration”，参见：诺贝特 · 埃利亚斯，《文明化の過程》上下，赤井慧尔等译；诺贝特 · 埃利亚斯，《社会学とは何か》，德安彰译，法政大学出版局，1994；诺贝特 · 埃利亚斯，《諸個人の社会文明化と関係構造》，宇京早苗译，法政大学出版局，2000。布尔迪厄（Bourdieu）的“habitus”，参见：布尔迪厄，《ディスタンクシオン》，石井洋二郎译，藤原书店，1990；布尔迪厄，《実践感覚》1、2，今村仁司等译，みすず书房，1989、1990。日本若干社会学者的“自己组织性”，参见：今田高俊，《自己組織性：社会理論の復活》，创文社，1986；吉田民人，《情報と自己組織性の理論》，东京大学出版会，1990；等等。编注：上引布尔迪厄两部著作中译本为《区分：判断力的社会批判》与《实践感》。

17 范濂，《云闲据目抄》，卷二，《风俗》，“笔记小说大观”本，新兴书局，1960，页 2625。

18 罗伯特 · 奈斯比（Robert Nisbet），《歴史とメタファー：社会変化の諸相》，竪田刚译，纪伊国屋书店，1987。

19 增渊龙夫，《歴史家の同時代史的考察について》，岩波书店，1983，页 101。

20 侯外庐，《中国早期启蒙思想史》，人民出版社，1958，页 128。

21 王夫之，《宋论》，中华书局，1964，页 181。关于“先王之精意”，参看：斋藤祯，《王夫之の歴史観について：その宋代新法改革論をめぐって》，《アジアの歴史と文化》3 号，1999。

22 《日知录集释》，卷八，《法制》，世界书局，1972，页 189。

23 《顾亭林文集》，卷一，《郡县论一》，中华书局，1959，页 13。

24 《日知录集释》，卷十三，《秦纪会稽山刻石》，页 305。

25 《日知录集释》，卷八，《法制》，页 189。

26 富永茂树，《風土、習俗、一般精神：モンテスキューと比較社会論の展開》，收入樋口谨一编，《モンテスキュー研究》，白水社，1984。

27 比如：坂本多加雄，《市場、道徳、秩序》，创文社，1991。该书的主题是明治时代日本几位思想家的秩序构想。作者在《序》里表明他的态度如下：“明治人所面临的问题在一定程度上是今天我们自己的问题。本书以这种同时代性感觉为基础。”见同书，页 vii。

28 赵园，《明清之际士大夫研究》，北京大学出版社，1999。

29 参见注 16 所引诸文献。

30 埃利亚斯的《文明化の過程》等著作（原著在 20 世纪 30 年代执笔），可说是这种社会学研究的先踪。

31 韩愈，《韩昌黎集》，中国书店，1991，页 181。

第四章

名片的效用

——明清时代士大夫的交际[1]

名片不可等闲视之

对现代的日本工商业人士来说，名片是在工作上建立人际关系的必需品。根据在丸谷才一小说中登场的哲学教授丰崎洋吉的说法，“初次见面之际，毕恭毕敬地交换名片”这种风俗，是将“互酬”这一支撑日本社会的大原则清晰展示出来的习惯。[2]回溯名片一词的源流，会发现它源自中国。[3]在明清时代的士大夫社会中，名片也在人际关系的形成上扮演了重要的角色。众所周知，把舞台设置在明代后期的清代中期小说《儒林外史》细致入微地描写了被科举重压所摧残的知识人的生态。然而，翻阅这部小说的读者也会注意到，与所谓“科举的重压”相反，登场人物几乎不进行科举考试的学习，而是将大部分能量耗费在了彼此的交际之上，与此同时，出现在这种交际描写中的名片（当时一般称之为“名帖”）也成为不可或缺的小道具。

在现代日本，虽说名片对人际关系的建立十分重要，但因为名片的写法不好而导致商业谈判无法成功，或者成为同伴间笑料这类事情，基本是无法想象的。然而，在明清时代，名片的写法会对事情的成功与否产生影响，甚至还关系到人格的评价。下面从《儒林外史》中引用几则事例。

（1）在讨伐贵州苗族中取得战功的汤总兵，想给两个吊儿郎当的儿子找位家庭教师，以下是他拜托生员萧柏泉将他的相识、贡生余有达介绍给汤家时的事情。萧柏泉与汤家的长子要出门到余有达的住处扬州，萧柏泉想让长子在名片的自称处写上“晚生”，长子却说“半师半友，只好写个‘同学晚弟’”，没有听从萧柏泉。无奈之下，只好将写有“同学晚弟”的名片奉上，余老师看了之后将其放在桌上，说道：“老先生大位，公子高才，我老拙无能，岂堪为一日之长？容斟酌再来奉覆罢。”次日，面对询问结果的萧柏泉，余有达无情拒绝，说：“他既然要拜我为师，怎么写‘晚弟’的帖子拜我？可见就非求教之诚。……汤府这一席，柏泉兄竟转荐了别人罢。”此后，余老师告知朋友此事，笑道：“武夫可见不过如此。”[4]

（2）新科举人唐二棒椎与他的朋友、生员虞华轩商量道：“就是我前科侥幸，我有一个嫡侄，他在凤阳府里住，也和我同榜中了，又是同榜，又是同门。……他昨日来拜我，是‘门年愚侄’的帖子，我如今回拜他，可该用个‘门年愚叔’？”……虞华轩仰天大笑道：“从古至今也没有这样奇事。”唐脸色大变：“……你虽世家大族，你家发过的老先生们离得远了，你又不曾中过，这些官场上来往的仪制，你想是未必知道。我舍侄他在京里不知见过多少大老，他这帖子的样式必有个来历，难道是混写的？”虞说道：“你长兄既说是该这样写就这样写罢了，何必问我！”唐说：“你不晓得，等余大先生出来吃饭，我问他。”在询问余有达老师时，老师气得青筋暴起，怒气冲冲地说：“这话是那个说的？请问人生世上，是祖父要紧，是科名要紧？”……“如何才中了个举人，便丢了天属之亲，叔侄们认起同年同门来？这样得罪名教的话，我一世也不愿听！二哥，你这位令侄，还亏他中个举，竟是一字不通的人；若是我的侄儿，我先拿他在祠堂里祖宗神位前先打几十板子才好！”[5]

他们的名片写法到底哪里不行了呢？正确的名片写法又是怎样一种形式呢？当时的人们为何会如此拘泥于这个在如今看来很细微的问题呢？明末，慨叹名片之奢华而建议在官衙内进行名片改革的许乐善如此说道："事虽渺小，亦风俗之一端。"[6]当时，"风俗"一词指的是作为社会秩序根基的人们的行动样式。实际上，正如下文所见，明清时代的人们对名片的关心，是非常强烈的。正是在对如此细微问题的拘泥方式之中，常常会尖锐地铭刻着某种社会的特质。本文通过明清时代的名片问题，尝试窥探当时社会关系的一个方面。在进入正题之前，先简单概述一下明代以前名片的变迁。

一、名片的变迁

（一）从竹木到纸

关于中国名片的历史，管见所及未有专论。清代历史学家赵翼在《陔余丛考》卷三十"名帖"中所记内容，即使在现在来说，也可算是最为集中讨论中国名片历史的文章。[7]关于中国的名片（名刺、名纸、名帖）的起源，从宋代开始已经有一些随笔有所论及，其定义方式有着多种说法。假设把"不管用什么材料，在上面写上自己的名字，以寻求交际为目的，并将其呈递给对方的物品"视作名片的话，在汉代以前就可以看到与此相对应的物品。参考赵翼《陔余丛考》、钱大昕《十驾斋养新录》、俞正燮《癸巳存稿》、俞樾《茶香室丛钞》等清代学者的文字，可概略如下。

在西汉，与后世的名片相对应的物品是“谒”。例如，《史记》卷九十七“郦生陆贾列传”中记录了这样一个故事。日后成为刘邦部下的郦食其在首次请求与刘邦会面时，因看门人传达了刘邦拒绝会面的说辞而将其怒斥，看门人由于太过恐惧而没拿住“谒”，他慌张地将它捡起，再度向刘邦传达。而见于《史记》和《汉书》中的“谒”，唐代的注释者均称其“如今日之刺”。虽然无法了解“刺”一词从何时开始使用，但在东汉初王允的《论衡》中，有“通刺”一词的用例。[8] 而在《后汉书》中有记载，一位名叫祢衡的人为了谋求出人头地的门路来到都城许下，没有可去的地方，日子一天一天过去，怀中“刺”上的文字被擦得看不见了。[9] 凡此种种，不胜枚举。

为什么称为“刺”呢？关于这个问题，有人关注其材质、形状，认为以前削竹子刻姓名而称之为刺的物品，在纸发明出来后，被取代而使用纸，[10] 而俞正燮则认为是从询问意见（“刺取”）之意而来。总而言之，可认为是在纸张尚未普及之时写在木片等上的内容，逐渐变成用纸张来写。正如在三国魏的时代“爵里刺”这一用语的使用，[11] 也有在名片上写有爵位与出生地的情况。根据记录宋代名片内容的笔记，既有在名片中写上官职的，也有写上出生地的，还有只写姓名或只写名的，情况多种多样。[12]

元代出版的日用百科全书《新编事文类要启札青钱前集》卷九“诸式门”中，通过辅以图片的方式记录了名片的写法。据此：“凡名刺用好纸三四寸（笔者注：元代的一寸约为三厘米）阔，左卷如箸大，用红线束腰，须真楷细书；或仓卒无丝线，则剪红纸一小条，就于名上束定亦得。凡卑见尊者，名刺以小为贵。”[13] 若在服丧期间，则将其右卷，不把名片的上下裁剪整齐，而用白色的绳子或者白色的纸张捆绑起来。关于名片的写法，明代中期（15 世纪）以前的这类指南书也都大致记载了同样的内容。

（二）由白而红，由小而大

从明代中期开始，名片的形态出现了很大的变化。变化之一，是名片的大型化与精美化。被认为写于 16 世纪后半叶的郎瑛《七修类稿》卷十七中，作者根据本人的亲眼看见，叙述了如下情况：

> 予少年见公卿刺纸不过今之白录纸二寸，间有一二苏笺，可谓异矣……今之用纸，非表白录罗纹笺则大红销金纸，长有五尺（笔者注：一尺约为三十一厘米，五尺的话实在太大，或为尺五，即一尺五寸之误），阔过五寸，更用一绵纸封袋递送，上下通行，否则谓之不敬……可谓暴殄天物，奢亦极矣！[14]

几乎有同样观察的田艺蘅如是说："殊不知其纸皆小民之皮肤也。白者其骨髓，红者其膏血。剥民之皮以书己之名，以充显贵之美观，何忍心害理如是哉？"[15] 这一时期的官僚们就是这样不购买纸张，而将其作为徭役的一种，让庶民为他们置办。通过在高级绢织物上用金线刺上名字与花纹的奢侈名片向严嵩和张居正等当权者阿谀奉承，这样的事情流传在不少随笔之中。尽管一部分官僚努力推动名片的简朴化，但在明末的奢侈风潮之中，名片的精美化亦甚嚣尘上。从整体上看，明末的名片有"由白而红，由小而大"[16] 的变化，而到了清代，不如说是翰林院等精英官衙的部分官僚特别使用白色的名片，除此之外，一般是红色名片。明末的这类精美名片，受到来华欧洲人的注意，在利玛窦和曾德昭的著作中，还留下了对明末名片的观察。[17]

（三）自称与头衔

而另一个变化发生在名片的自称之上。关于此处“自称”的所指，需要进行若干说明。在当时的名片写法中，最需要注意的是在自己名字上所附的一种自称。举例来看，在亲戚之间，对方是同辈同族的情况下，写作“族弟某”，不写姓只写名。例如，姓宋名江的话,写作“族弟江”。对方是外祖父母的话,姓氏不同所以写作“外孙宋江”。在这种情况下，“族弟”“外孙”等，通过与对方的关系展示自身位置的，就是自称。如果不是亲族关系的话，例如对方是乡里有势力的人,就写上“里生宋江”等,对师长则写作“学生宋江”等。在明代中期以前，自称的写法是“子婿”“学生”等，这些写法比较单纯明快地展示出自身相对于对方所处的位置。与此相对，在此之后，“治生”“晚生”“侍生”等此前没被使用过的自称登场，甚至还有“晚侍教生”“通家眷年弟”等，通过种种组合，名片的自称呈现出复杂的展开过程。

关于这些自称的使用方法，将留待下一节讨论，这里先简单看看自称的复杂化是从何时开始的。生活在 16 世纪的顾起元在《客座赘语》卷七“南都旧日宴集”中，如此叙述南京的宴会招待方式：“南都正统中延客，止当日早，令一童子至各家邀云‘请吃饭’……其后十余年，乃先日邀知……再后十余年，始先日用一帖，帖阔一寸三四分，长可五寸，不书某生，但具姓名拜耳……再后十余年始用双帖，亦不过三折，长五六寸，宽二寸，方书‘眷生’或‘侍生’某拜，始设开席。”[18] 因此，“眷生”“侍生”等自称恐怕在 15 世纪末或者 16 世纪初开始被人们所使用。此外，也有随笔指出，15 世纪后半叶弘治年间，在书信和名片中，自己的姓名上并未附有“晚生”“侍生”等自称。[19] 可以推测，这些自称与前述名片的精美化在同一时间发展了起来。

需要注意的是，这样的“自称”与现代所说的“头衔”有着很大的差别。本来，现代的名片之所以会被重视，是因为通过名片能顺利整理大量在工作中结交之人的相关信息，为此，职业方面的头衔与工作单位的地址、电话号码等客观信息是重要的。如果是学者的话，也有写上博士等学位的情况。但是，明代名片的自称不是如“举人”“生员”这类科举功名或者“礼部侍郎”“苏州知府”这类官职，不是这些与对方无关的妥当的客观头衔。这样的头衔与籍贯、地址等基本不会写在明末时的名片上。当时名片的核心，是“晚生”“眷侍生”等表示对方与自己的相对关系的、乍看上去比较暧昧的自称。

当然，这并不意味着当时的人们不关心官阶、科举功名、籍贯等方面。何止如此，当时的人们还对这样的信息表现出了无休止的关心。然而值得留意的是：第一，对当时的人们来说，重要的与其说是“头衔”，毋宁说是“人”；第二，这些头衔与籍贯是用于衡量对方与自身关系的手段。这也许有些难以理解，那就试着对比一下现代日本人一般情况下在工作方面使用名片时的情景吧。初次见面与对方交换名片，如果拿到“××株式会社营业部第一课长　铃木某”这样的名片，对我们来说一般情况下重要的与其说是“铃木某”氏这样的个人，毋宁说是“××株式会社营业部第一课长”这样的头衔吧。也许会与铃木氏在个人关系上变得亲近——而实际上，不用说通过学阀等建立的个人关系在日本社会扮演着重要的角色——但是，一般说来，在这种工作方面的关系上，我们会通过公司组织中的角色与对方交往，即使因人事变动而出现人员替换，公司间的相互关系仍旧得以持续。

与此相对，明末的交际是具体的，而且是全人格式的人与人之间的直接交往。这里所说的“全人格式的”，并不必然意味着肝胆相照的诚实交往。与权势人物缔结关系以求爬上社会阶梯的露骨的利害打算——所以，权势消失后转眼就结束交际——在当时来说是普遍情况。此处想说明的是，当时的交际，不会依据头衔进行工作交际与私人交际的区分。人们的社会性活动所具有的诸侧面，并未按照这样的形式分离开来。官阶之所以重要，并不是因为对他们来说官职之上公共性质的交往很重要，而是因为官职是明确表现出此人在整体社会性上的“出众之处”的最大指标之一。人们会综合斟酌对方的官阶、科举功名、籍贯、朋友关系、教养、声望以及其他要素，粗略估算对方与自己的上下、远近距离。而将如此诸般考虑浓缩成若干文字,汇集而成的就是“乡侍生”“年家眷晚生”等自称。如果弄错了这个估算方式，交际中将会出现巨大的障碍。另一方面，对方接受名片后，交际也就成立了，名片的自称，表现的是包含着某种策略的人际关系的形成本身。当时的名片不会像今日这般印刷几百枚然后分发，而是必须逐一根据对方情况进行手写的理由，也就很明确了吧。

二、名片的写作方法与使用方法

（一）正确的名片使用方式

那么，当时的社会中，正确的名片使用方式是怎样的呢？虽然后世的外国研究者无法轻易理解一些微妙之处，但笔者还是尝试在此处概略总结一下浅见。

首先，从名片使用者的阶层来说，并不限于有为官经历或科举功名的人。当然，完全不识字的一般农民或者劳动者使用名片进行交际的行为难以想象，这样的例子管见所及也未有发现。但是，明末的指南书记载了通过名片和书信进行交际的方式，书中多处将对方分为商人或医师、风水师、占卜师等不同情况进行记载，可以想象，这些人也构成了使用名片的交际社会的一部分。在《儒林外史》中，优伶等也会使用名片。[20] 在科举精英的周围，不管这个范围多暧昧，能够读写文字、能够进行某种程度上的知识性会话的阶层，其范围都是相当广泛的。也可以说，他们对“正确的书信写作与交际方法”的知识需要，促成了这样的指南书的大量出现。

至于名片使用的纸张，虽然会有如前所述那般高级官僚使用从人民处征收的高级纸张的情况，但一般来说人们是在店铺中购置的。《儒林外史》中，有新录取的生员匡超人（名迥）与在杭州认识的景兰江一起去拜访前礼部尚书之子生员胡三公子的情景。书中该处有如下的描写。匡道：“我还不曾拜过胡三先生，可要带个帖子去？”景道：“这是要的。”于是两人一同到了香蜡店，购买了一枚帖子，借了柜台上的笔写上了“眷晚生匡迥拜”，将其放入怀中然后离去。[21]

关于名片用纸的价格，尽管千差万别，但前述郎瑛曾感叹16世纪中叶名片的奢侈，说道“一拜帖五字而用纸当三厘之价”。[22] 银三厘按当时的米价大约是五百克，恐怕对我们来说，接近于购买结婚披露宴上贺礼用的豪华祝仪袋的感觉吧。[23] 从明末到清初，正式的名片使用六折的“全帖”，简略的场合使用短册型的“单帖”。初次见面时使用全帖，无须顾忌的熟人之间使用单帖，如此这般，视情况而分别使用。

虽然也有因有事而让仆人等送去名片的情况（后述），但一般来说，名片是在拜访时自己拿去的。像今日这样见到对方之后再递交的情况比较少，一般是交给对方家宅的看门人。《清俗纪闻》卷九中，将初次拜访他人时的礼仪记载如下（片假名的注音假名是原书所见，记载的是中国南方的发音）：

> 初次到人家访问时，须持红纸名帖（ミンテ）至门前。如是地位高之贵人家，有名为门子（メンツウ）之看门者，可向其投（テウ）递名帖，求其转达:“某特来拜望。”门子接名帖后即向主人禀报。主人如肯会见，则吩咐请到厅（テイ）。门子出来说：“请（ツイン）进上座”，并领至厅上。此时，主人有出迎相见者，亦有先将客人请到厅上然后出堂相见。主人出来后，客人一揖说：“久仰高名（キウニャンカウミン），特来拜识（テライバイシ）。”[24]

而见于《儒林外史》等小说中的拜访情形，也几乎如出一辙。如前所述，当时的名片不是意味着提供该人的头衔或地址这类数据，而是一种交际的申请。因此，不接受名片而将其返还对方的事情也时有发生，这表明不能按照对方设想的关系进行交往。一种是后述例子所见，名片的自称有所僭越，以此为理由退回的情况。另外，是面对身份差距太大之人要求面见而送来的名片，以“王冕乃一介农夫，不敢求见；这尊帖也不敢领”等理由婉拒的情况。[25]甚至，还有可疑人物号称是亲戚而要求面见的时候，以“衙门有公事，不便请见，尊帖也带了回去罢”等让仆人转达并谢绝的情况。[26]不管怎样，接受名片这一行为，都意味着承认了与对方关系的形成。

（二）自称的要点

接下来再看看名片的写法。当时，名片或者邀请函、简单的书信一类总称为“帖子”，形式上没有很大差异。不过，当中不写对方的名字和传达的内容，基本只写自己的名字（以及“自称”）的称为“名帖”。从前面的例子来看，名帖上写有“眷晚生匡迥拜”等，在这里面，写法上会出问题的就是“眷晚生”等自称的部分。以下，引用明末的指南书中简明陈述这种区别用法的一些文字。

> 凡帖用于亲戚，则写眷生、弟，或眷侍教生、弟。用于平交，则写侍生，或侍教生、弟。交厚者加通家二字。用于乡里，则加一乡字。用于长辈，则写晚生、教下生。用于卑幼，则写知生、友生。用于朋友，则写辱契生、辱爱弟。如宗生，乃同姓所称。宗末，乃本族尊长所称也。此类原因人而施，不可拟定一局，悉随宜用之。[27]

> 凡请平交则用侍教生、侍教弟，相知则通家弟、知爱生、知爱弟。有亲者则用眷某生……凡请同会朋友……自具会小弟、通家眷生、眷侍教弟、通家眷小弟。凡请先生……自具曰辱教爱门生、门下生。亲受业者曰门下生……晚辈请尊长用晚生、晚侍教生。有亲眷用眷晚生、眷侍教生。今人只用眷晚生……凡请晚辈，依古式则写侍生，今人眷生通用，自谦者亦称侍教生，或用通家生……[28]

这些书籍所叙述的内容似乎毫无规则且杂乱无章，但仔细阅读的话，便能知道当中具有某种程度的规则性。即是说，可以将这种规则性视为以自己为中心的上下关系与远近关系的组合。

社会学家费孝通曾经指出，不同于由具有清晰范围的团体所构成的西方社会，中国社会可以想象成以每一个个人为中心，在其周围由近及远逐渐淡去的同时扩散开去的、“如水的波纹一般”的人际关系的重合。[29]据此，试想一下以某个人为中心而扩散开去的人际关系吧。当中最为中心的，是父母与子女，以及兄弟姐妹关系，该处适用于最近因而最严格的长幼尊卑的上下伦理，这是不需要名片这种物品的，被设想为直接的共同性关系。从该处稍微扩大开去的地方，可以定位是与伯／舅、侄／甥等同族、姻戚的关系。名片的世界从这里开始。这时的自称，同辈的话称愚弟、愚兄，不同辈的话称愚叔、愚侄，女婿的话称愚婿等，基本上是亲族称呼照原样使用，然后附上谦逊之字（愚、劣、不肖等）。然后范围再扩大，在亲族性的上下关系变得不太清晰的位置开始，名片的自称出现了难度，也生出了妙趣。

“生”这个字，是除去近亲或者无须顾忌的朋友关系外，使用最为广泛的字，在此之上，各种各样的字被形容性地附加了上去。虽然常常有对亲族之外的人用“弟”字的情况，但从上下关系来看，“弟”是面对同辈或者晚辈时所使用的字，而且有种直率地表达亲密的感觉，因此即使是上位者向下位者递名片时，在不是特别亲近的情况下，使用“生”的时候也很多。本文最初引用的《儒林外史》中（1）的例子，“晚弟帖”之所以不适当，就是因为面对将来师事的先生，使用“晚弟”未免太过草率而失礼。

虽然附加在“生”字上的字多种多样，但可以大致将其区分为表示上下关系之字与表示远近关系之字。作为表示上下关系的基本字,最为常用的是“晚”和“侍”。正如可以通过上述指南书推测的，“侍生”用于对方是对等或者在此之下的情况，“晚生”用于尊敬对方为上位者的情况。因为“晚”这个字表示的是相对于对方在辈分上处于晚辈，而“侍”则是侍奉在旁之意，虽然在我们的感觉看来，很难说哪一个字更为谦逊，但从长年的使用习惯来看，“晚生帖”和“侍生帖”被人们认为有着明确差异的感觉，所以对当时人来说，“晚生”与“侍生”的差异，绝非无关紧要的问题。

16 世纪中期的松江府（今上海市）人何良俊愤慨于当时风俗之乱，在随笔《四友斋丛说》中，留下了关于礼节规矩的各种各样饶有深意的观察。试在其中引用一例。

> 余尝元旦至各衙门投刺，刺上书“侍生”。时杜拯为文选郎中，独不受谒，令皂隶送还原帖。因旧规，小九卿衙门属官

> 皆送晚生帖也。余曰:“我与彼同是朝廷侍从之臣,且科贡皆正途。即我岁贡时,不知此辈曾入学否。夫取科第固有幸不幸,其学业未必尽能出我上。岂有白头一老儒,向新进小生处称晚生耶?此则某所未能也。[30]

要理解这段轶事,需要相当的解说。作为当时的文人,何良俊虽是名望高隆、见识广博的名人,但科举不顺,只通过贡生的资格,当上了当时的副都南京的翰林院孔目这个小官。其时,吏部、户部等六部和都察院等九个中央机关总称为大九卿衙门,与此相对,翰林院、太常寺等小机关称为小九卿衙门。小九卿衙门的官僚对大九卿衙门的官僚,有送上谦逊的“晚生帖”的习惯。明末是一个进士地位非常高的时代,贡生出身的小官何良俊颇为自豪于自己的才能与识见,对得不到正当评价一事不得不感到不满。他对世间不问实质的学力与年龄、人品素养,只凭进士就备受赞扬的轻薄风气感到郁愤,这种郁愤渗透在了《四友斋丛说》的各处,这则轶事也可以说是其中之一。

不仅此例,在明末,“晚生”还是“侍生”,是关系到士大夫面子的大问题。徐学谟的《世庙识余录》记载了16世纪后半叶南京的国子监祭酒沈坤从管理运河的官僚处收到“侍生帖”而激怒,在船上大吵大闹之事。虽然沈最后还是因为其度量之小而遭到非难,成为士人的笑柄,但亦可从中得知,名片的自称绝非细微的问题。

作为与上下关系相关的自称,在“晚生”“侍生”之外,也可以适当使用“教生”“学生”“下生”等。明末之人赵维寰指出,当时中央官僚,包含捐纳出身者在内,不使用“教生”,而专门使用“侍生”。他说道:“自圣贤以及刍荛工瞽,苟有一言合道,一事可法,虽王公大人亦将折节请益。而以区区腐鼠,遂谓天下无可受教见解,亦何陋也。”[31]

这些自称，除了通过“侍教生”“晚学生”等形式组合使用之外，还可以冠以“眷”“乡”“通家”等专门表示远近关系的词语，创造出各式各样的变化。“眷”本来指的是处于亲族关系中的人，但也可以用在尽管不是实际的亲戚，却受到与亲属同样眷顾这一理由之上。“乡”对同乡之人使用，而“通家”则表示出两家人世代交好的长久交往。从明末到清初，对对方亲近性的表达，不问实际交往的亲密程度而逐步升级。赵维寰提到，当过南京吏部尚书的同乡人郑晓与维寰的祖父通刺之时，因为不是近亲，没有使用“眷”，而称“侍教生”，“先生去今未远，要见尔时古道尚存”。根据他的说法，在此之后“骄浮日炽”，如若同省则称“眷”，甚至还会加上“通家”。不曾交往，初次见面的外人也互通“通家眷晚生”等名片，这成了司空见惯的事情。[32]

（三）同年与盟弟

除上述外，在当时名片的自称中，重要的还有“门生”“年弟”等师生关系相关的自称，以及“盟弟”“社弟”等结社相关的自称。这与当时的人际关系的建立方式相关，是饶有深意的问题，在此处也稍作提及。

一般来说，传授学问的老师和他的学生之间，有着终生不变的上下关系，学生对老师来说称作“门生”。只不过，在当时官场中具有重大意义的，并不是这样的与实际接受教导的老师之间的关系，而是科举考试之时成为主考的官员与中式者之间的关系。科举考试的主考官称为座主，面对提拔自己的座主，中式者自称门生。在此之后，即使门生获得成功，取得比座主更高的位置，门生对座主依旧终生行师生之礼，建立“父子般”的关系。而如若说座主如父，中式者如子，那么中式者们就成为兄弟，这样的关系称为“同年”。

同年之间，会使用“年弟”这一自称。在此之后，不论官职高低仍旧具有“兄弟之义”。而且，这一关系会通过如称呼与自己父亲同年的中式者为“年伯”的方式，借由实际的血缘关系扩大开去。在当时的自称之中，附有“年”的称谓中有很多就是从这样的“同年”关系中产生出来的。

与实际接受教导的师生关系和同门关系相比，主考官与中式者在此之前并不相识，在他们的关系中，血缘性的情谊本不是从一开始就存在的。但是，这一关系在官场的人脉建立中发挥的作用却极其巨大。这也是因为，实际上学生长年接受教导的老师中的大多数，是在科举考试中总是无法中式的属于生员阶层的贫苦知识人，他们为了攒取生活费而给孩子们上课，这些人连地域社会中的名士都不是，更谈不上是在官场中拥有一点人际网络的人物了。从人脉形成的功用来看，这样的受业之师，其意义微不足道。与此相对，被任命为科举主考官的是政府的高官，在数百人的同年中式者之中也包含着大量将来可能官居高位之人。通过座主、门生与同年的关系，不费丝毫功夫就能瞬间形成满布官场的人脉，没有理由对其不作利用。而有必要形成关系的话，情谊自然会随之而来。

在明末，科举考试同年中式者的“同年”称谓，逐渐扩大其使用范围。同时授命为中央官的官僚们、同时获得吏职的胥吏们、同时在内廷供职的宦官们，也会相互称呼对方为“同年”“年兄年弟”。[33] 在跨越了科举难关成为官僚的人们看来，胥吏和宦官之辈称呼“同年”等的做法可谓僭越之甚，是应该感慨的风俗。但是，当时社会上对人脉形成的需要压过了这样的批评，从而创造出了各式各样“同时”性的缘分。

附带一提，本文开头引用的《儒林外史》的（2）的例子中，“门年愚叔”这一自称为何会招来余老师的怒气呢？要回答这个问题，有必要思考当时的伦理感觉中各种人际关系的重要程度的差异。对余老师这种顽固的道学家来说，人本来的最重要关系是亲族间的关系。门生、同年关系等，与亲族关系相比不过是次要的。即使碰巧有亲族之人在官场中获得成功，也应该严肃保持并优先考虑亲族内部辈分尊卑、年龄长幼的上下关系。仅因为科举中式就洋洋得意地在亲族中间称“同年”（也就是说，“同年”的同辈式的关系优先于叔父与侄子这一亲族式的上下关系）等，是本末颠倒、愧对先祖的。这真是相当复杂的事情。

除了以科举考试中式为契机的“同年”关系，还有以“社”“盟”为媒介的结合，这是具有明末地方社会特色的士大夫间的相互关系，值得我们注意。16 世纪后半叶开始，在江南的城市社会中，在生员阶层的下层知识人中间，称为“某社”的结社开始兴盛起来。在这些结社中，有以诗歌、书画等兴趣为目的的结社，也有以练习准备科考的文章为目的的结社。在明朝灭亡前夕，像著名的“复社”那样的政治性结社也出现了。复社有着巨大的影响力，拥有三千名成员。加入这些社的人们，相互称对方为“社兄”，名片上的自称也为“社弟”。

在明清交替的动乱期中，比“社”更为紧密的盟兄弟性质的结合也出现了，“盟”字被广为使用。生动描写了明清交替时期太仓州（现在上海市的一部分）状况的《研堂见闻杂记》中，有如此记载：“明季时，文社行，于是人间投刺，无不称社弟。本朝始建，盟会盛行，人间投刺，无不称盟弟者。”[34]

“同年”也好，“社”“盟”也罢，明末这一时代，是社会整体的人脉形成之需要在加强，人们抓紧各种各样的因缘积极建立人际关系的时期。名片的精美化和自称的复杂化，与这一社会的整体动向并非毫无关系。下一节将把名片的变化置于明末到清代的社会变动中进行考察。

三、从明到清

(一) 明末这一时代——自由与从属

从整体上看，明末的自称用法可以说在相对于对方卑下化自己的同时强调亲近感这一方向上，逐渐走向夸张。在上述“晚生”“侍生”等基本形态之外，明末的名片还出现了五花八门的新奇自称。16世纪后期文坛中心人物之一的王世贞在随笔《觚不觚录》中，根据其他随笔和自己的亲眼所见，记录了以下的名片自称之例：曰“门下小厮”，曰“渺渺小学生”，曰“通家治下牛马走”，曰“将进仆”，曰“未面门生”，曰“门下沐恩小的”，等等。王世贞说道“此皆可呕秽，不堪捧腹”。[35]面对握有权势之人，熟不拘礼地谄媚与自我推销，不顾一切地希望建立关系的态度——这样的风潮对当时的高识卓见者来说，是很难受的事情。然而，笔者无法不在此处真切感受到了“明末式”的精神状态与行动样式。

明末这一时代，是明初以来的社会秩序发生激烈动荡的时期，在过往的研究史中，也将其视作中国史上的一个重大的变动期。16世纪以降的中国，商品经济发达，城市繁荣，通过出版等信息产业的活跃化，人们的知识世界也在急速扩大。正如何良俊所云，虽然以往“百姓皆怕见官府，有终身不识城市者”，但是“自四五十年来，赋税日增，徭役日重，民命不堪，遂告迁业。昔日乡官家人亦不甚多，今去农而为乡官家人者，已十倍于前矣。昔日官府之人有限，今去农而蚕食于官府者，五倍于前矣。昔日逐末之人尚少，今去农而改业为工商者，三倍于前矣。昔日原无游手之人，今去农而游手趁食者，又十之二三矣。大抵以十分百姓言之，已六七分去农”。[36]受到以税收和佃租的掠夺为基础的城市经济力的吸引，农村人口流入城市，这种人口流动是明末独具特色的显著现象。在这种经济力的支撑下，科举中式的绅士与官僚、围绕在他们身边的商人与下层知识人、优伶、占卜师等知识性的服务业者形成的社团以城市为中心，不仅在一个城市的内部，还联结了多个城市，前所未有的活跃的交际活动在渐次展开。

从彼此相识的狭小村落，到陌生的人们在熙熙攘攘中你来我往的广阔城市空间——不难想象，此种生活世界的扩大，增加了名片的必要性。从受到血缘、地缘羁绊束缚的农村社会，到由自立的个体形成的实力主义的城市社会，或许能在这里设想出一种朝向"近代"的巨大历史进步。然而，有必要注意的是一种悖论式的事态：与"个人的自立""自由平等的市民社会"相反，明末社会的流动化造成了血缘性或疑似血缘性集团的积极形成，也造成了阶层的差别感与从属关系的强化。在扩大的生活世界中，人们直面的毋宁说是激烈的竞争与没落的危机，以及与之相伴随的不安感觉。为了在竞争社会中免于没落而谋求上升，人们不外乎与权势之家缔结关系而进入其庇护之下，或建立稳固的伙伴式结合而互相扶持。与不安感互为表里的这种人际关系的形成热潮，上到官场上层部分的派阀形成，下到地方社会基层部分的贫民的奴仆志向、青少年的盟约关系，覆盖了整个社会。这就是明末这一时代的状况。

名片的精美化、大型化，以及自称的复杂化、夸张性——这种在明末逐渐升级的倾向，本身虽然只是细小之事，但可以说它反映出了此般人际关系形成热潮中投机性的侧面。超越明朝的统制而进行的投机性人际关系的形成，在官场表现为激烈的派阀斗争，在地方社会表现为乡绅等自立势力的成长和竞争。处于末期的明朝，就如同失去平衡的船只，在迷失方向的前行中走向灭亡。

（二）进士功名的评价低下

明末社会独具特色的绅士威信，以及以绅士为中心的人际关系的形成热潮，随着清朝对中原的占领而退潮。从名片的使用方法来说，可以在清朝警惕民间私人性结合关系的形成而禁止“座主、门生”与“社盟”关系，以及“门生”与“盟弟”等名片自称有所减少的现象中，看到其中一个变化。顺治十四年（1657），皇帝下令，乡试、会试的考官与中式者之间严禁称为“师生”，[37] 允许称为师生关系的只限于面对实际习得学问的受业之师。[38] 顺治十七年，公布“不得妄立社名，纠众盟会，其投刺往来，亦不许用同社同盟字样”这一“结社订盟之禁”。[39]《研堂见闻杂记》中，有“至康熙初年，朝廷以法律驭下，严行禁革（社、盟），此风遂改。于是不称同盟而称同学矣”[40] 的记载。而且，王士祯在《分甘余话》卷二中，也谈及名片上禁称“社盟”以来，北京的名片变得专门使用“年家眷”这一自称。[41]

清初的另一个重大变化，是进士在交际中的地位下降。根据叶梦珠的《阅世编》，在明末，进士出身的乡绅在进行交际时，除却亲戚和长久交往的友人，对一般士人使用“眷侍生”名帖，而当士人面对进士出身的乡绅时，则不论科举中式的时期与年龄，均使用“眷晚生”的名帖。但是，进入清朝后，即使是进士出身的乡绅，除却非常年长与官职很高之人，使用“侍生”名帖的情况不再出现，即使在偶尔使用的罕见场合，就连市井胥吏这般身份低下之人，也会将其视作傲慢之举而予以批判，这成为一般的情况。另一方面，生员向进士出身的乡绅呈递名片时，如果对方不是非常年长与官职很高之人，则会不屑递上“晚生”帖。[42]

根据该书，在明末“进士”这一科举功名在交际礼仪上具有决定性的重要意义，与此相对，在清代与科举功名相比，官职的高低在交际礼仪中变得重要起来。而且，与科举功名和文官地位相比，武官的地位获得了相对的提升，这也可以说是清初交际中的一大特色。譬如，在明代，连生员都对总兵（上级武官）呈递“侍教生”帖，不会轻率地使用“晚”字。与此相对，在清代，生员阶层即使面对总兵的下级官员副总兵和参将，也必定称“晚生”或“治生”。

总而言之，经过了明清交替，伴随科举功名而来的威信大打折扣。松江府的乡绅董含感叹清初绅士连衙门差役也要讨好，正如他所云，“衣冠扫地”，[43]绅士曾经被认为是隔绝于普通老百姓的存在，但在清初时期，他不考虑自身的地位却开始采取卑躬屈膝的行动。此般绅士权威下降的原因，虽然可以归结为清朝的强权镇压，但同时也应该留意的是，本来明末绅士的威信本身，也存在着因投机性人际关系的形成热潮而泡沫般膨胀的一面。泡沫伴随着王朝交替的混乱而崩溃，与此同时，绅士威信出现了相对下降的状况，这毋宁说也是一种自然的走向吧。

（三）名片的“复古”——流动社会的稳定化

在明末，名片的精美形式与自称的写法格式，成为士大夫社会所敏锐关注的对象。在清代，名片的变迁也时常成为随笔等的题材，但是，这与其说是明末那般与激烈的毁誉褒贬相伴随的同时代性的关注，毋宁说是好事者式的、回顾式的关注方式成为主流。而在清中期以降，名片的形式也与明末相反，向简朴化的方向发展。

根据道光年间（19 世纪前半叶）杨懋建所记，在当时的北京，访问他人之时“用三寸红纸拓木刻姓名，而备载住宅街巷于纸背”的“小片子”，据说那是为了便于看门人在账簿上登记。杨懋建引用了清初毛奇龄“寒冬晨起，呵冻书刺”之句，指出“康熙初年名纸，仍必亲笔书也。小片子用木刻印拓，不知始于何时”。虽然在乡间的交际与喜事赠答等场合，则如从前一般手写“某人拜”，也有使用大型名片的情况，但北京“今一切趋简易”，普遍使用印刷的小型名片。[44]

19 世纪末，除中国式的红色名片之外，西洋式的“白色”名片也开始为人们所使用，名片的背面写上别号与地址，西洋式的名片在左角记载职业。[45] 民国柴萼论“古今名刺异同”，指出古人（明代中期以前）的名片是白色的，大小两寸左右，而明末以后名片有“由白而红，由小而大”的变化，民国初期则是红纸、白纸均有使用，而白纸愈多，大小也变为两寸左右。柴萼将其评论为“自亦无形之复古也”。[46]

相比于在豪华程度上竞相吸引眼球，逐一根据对方情况考虑名片自称的明末名片，清代中期以降，更为简便的小型名片普及起来，在此背景之下，不能不感受到交际方式的变化。虽然也可把名片的简朴化视为“复古”，但是，清代后期的社会，与人们甚少去往城市、广域性交际很少发生的明初社会相别甚大。毋宁说是在城市中必须与许多人进行日常交际的必要性，才催生了印刷的小型名片的出现。然而，尽管可以说清代的交际社会在范围扩大这一点处于明末的延长线上，但与明末相比，清代后期的城市交际社会应该说是“流动化社会的成熟”，事实上呈现出了平稳的样态。被生活在竞争社会中的不安感所推动，哪怕让人在背后说闲话也在所不惜，拼尽一切推销自己来形成人际关系——明末的社会关系中独具特色的这种迫切感、焦躁感，在清代后期不复得见。在印刷的小型名片的背后，我们能够看到一种让常规化交际尽可能有效进行的清代城市士大夫平静的生活情感。

（四）日本的名片与贺年片

此种中国名片的使用方法，给同时代的日本带来怎样的影响呢？关于一般被称作“手札”等的江户时代的名片，其具体形态与使用方法，笔者几乎无从得知，在此静待日本史专家的指教。而江户末期之人屋代弘贤的《名纸谱》，收集了二十几枚当时的“名纸”并将其粘连起来。这些几乎都是长七八厘米、宽 1.5 厘米左右的小纸片，是上面只疾笔写上“笕荣三郎”等名字的简单物件。关于日本的名片使用的专论，管见所及，只知有石井研堂的短文《名片的使用》。[47] 据此文章，“现在这般呈递名片，告知对方自己姓名的做法是自古以来的风俗，但达到了现在这般广泛使用的程度，还是因为西俗的传播”，该文将现在这般名片使用的起源，追溯至安政年间（1854—1860）对美国使节的接待与万延年间（1860—1861）的遣美使节。

谈到前近代的中国名片对现代日本人的生活所带来的影响，也许，与其说是名片本身，还不如说是在贺年片（年贺状）上能够看到直接的联系。节日里派发问候的名片，在中国，这一风俗最迟在宋代就已经存在。宋人周密的《癸辛杂识》记载了他的姻亲把朋友家前来派送名片的仆人灌得酩酊大醉后，偷偷更换上自己的名片，让没有注意到此事的仆人就这样把自己的名片派送出去的故事。此种交换贺年名片的风俗，在明清时代也相当盛行。据清初尤侗所言：“吴俗拜年，无论识与不识，望门投帖，宾主不相见，登簿而已。答拜者亦如之。一月中奔走如织，是何体也？甚或有帖到而身不到者。”[48] 倘若大家都外出奔走派送名片的话，那么说是贺年的拜访，彼此也无法相见了。拜访者会在门外呼“接帖”，让看门人在账簿上记录下来，然后匆忙奔走至下一家。看门人不在而无法开门的府邸，会在门外贴上袋子，上书“请留尊柬”，拜访者可把名片投入其中。[49] 本人不前往拜访而让仆人前去派送名片的情况，称为“飞帖”。[50] 大家都承认此种往来不过是虚礼，但废止起来似乎又十分困难。

其中，虽然也有人和今天寄送贺年片一样，通过邮寄的方式向远方送上贺年问候的名片，但也有行为不端者使用运送公文的邮驿制度来派送名片，对此，朝廷多次颁布禁令。例如，在乾隆二十八年（1763）广东布政使的奏折中，有大略如下的内容：现在，在各省文武官员的官署，元旦冬至等节日之时，同城官员相互往来投递名片已成为习惯。而相距较远的其他省份或者其他府、州、县则没有必要专门进行问候，禁令也再三颁布，但收效甚微。在我历任的广东、福建两省，每逢节日，大量信件经由邮驿传递送来，而打开一看，不过是庆贺节日的名片，寄出者亦并非全是亲近之人。各官都知晓这不过是浪费金钱的虚礼，同时又由于是长年的习惯而不得不继续进行。然而，邮驿制度本是为运送公文而设，因微不足道的信件往来而使用劳力，是违反陛下圣意之事。谨请今后禁止使用邮驿制度派送庆贺节日的名片，违反者罚以“私用铺兵”之罪（笞四十）。[51]

这种节日时通过投递名片来进行问候的方式，似乎亦行于江户时代的日本。江户末期的学者广濑旭庄提到“元日、中元、朔望等，使代理人投名刺于交友之家”，他将其记为“大阪之俗”，并称“余厌其多事，然不欲违众，二十年来习惯也”。[52]特别记为“大阪之俗”，显示出这一风俗未必广泛流行于日本全国。然而，明治初年，随着近代邮政制度的传入，贺年片的风俗瞬间风靡全国。根据邮政省编辑的《邮政百年史》[53]，明治十四年（1881）的新闻，有记载“因为通过邮政明信片送去贺年祝词的做法一年比一年盛行，邮局人员必须通宵处理事务”为主题的报道。贺年邮件的特殊处理开始于明治三十二年，次年正月，仅东京市内就派送了七百万张明信片。在明治三十八年，全国共派送了一亿数千万张明信片。现在，每年约有三十六亿张明信片（平成六年）往来于日本国内。

名片也好，贺年片也罢，在中国都是历史悠久的物品，相比之下，它们在日本的普及，实质上顶多是明治以降百数十年间的事情。但是，在名片和贺年片普及到社会的每一个角落且被大量使用这一点上，现在的日本则远远盛于中国。究其原因，虽然很难给出明确的答案，但中国人和日本人在交际感觉上的差异或许是其中一个理由。在无限扩大的社会之中，逐一确定对方与自己的关系，与此同时联结成网络——在这样一种中国的交际社会的必要性中，名片这一道具被制造了出来。而在与各种组织紧密地相互重叠的近代日本的交际社会中，它又被急速地规格化、常规化，并开始被大量使用。“姑且还是要分送给自己课的大伙儿吧，不然会不妙呀”，这种在情人节的义理巧克力的分送中也能看到的趋向大量化的动机，在日本比在中国更为强烈。应该说，在由彼此陌生之人缔结关系的大规模社会中，多少会存在相当于名片的物品，而它们在社会中所发挥的功能与效用，又会因应各自社会的性质而有着微妙的差异吧。

补记

本文原来是收录在山川出版社《地域的世界史》系列中的一册《人与人的地域史》(《人と人の地域史》) 中的文章。在这篇文章发表之后，相关问题上获得多方提点，而我自己也注意到了新的史料，重新感受到了这个题目的有趣之处。本来应该将这些提点与新的发现融入并修改文章，但这会使文章的长度数倍于前，因此，现在暂且按照原刊时的样态收入，如果可能的话，再用其他形式进行归纳。

关于所获提点，简单记录如下。第一，关于古代的名片（谒、刺），在出土简牍之中有相当多的现存实物。其中一个例子是，《三国志》中提到的朱然的名片实物，碰巧在东京富士美术馆的《大三国志展》

中展出，我因而亲眼得见。而尹湾汉墓出土的谒，其美丽的彩色图版，在连云港市博物馆编《尹湾汉墓简牍》[54]中也有收录。

第二，通过陈智超先生的研究，可以清晰知道明末名片有大量实物保存下来。陈氏的《美国哈佛大学哈佛燕京图书馆藏 明代徽州方氏亲友手札七百通考释》[55]一书，是对哈佛大学燕京图书馆所藏的明代数百封书简的收信人与收藏者进行确认，并对各封书简进行考证的力作，当中包含了 190 枚名片，名片的照片也收录在内。在北京拜访陈智超先生时，他的大作尚未刊行，关于书简的内容，他不吝赐教，甚至因为“你要是对名片有兴趣的话”，而将著名的藏书家刘承幹（1881—1963）的名片相赠。此外，熊远报先生也赠与我几枚在徽州入手的名片。对于这些名片，我都十分珍惜。

除此之外，在明清时代的小说中有许多名片相关的记载，基督教传教士的记录中也有不少涉及名片的用法。本文稍微提及了日本的名片，而在英国与法国的小说中出现的名片同样引起了我的兴趣。简 · 奥斯丁的小说中出现的名片（cards）虽然在使用方法上与中国的名片有一些差别，但它们也能微妙地表现出对社会地位的认知，并作为十分重要的小道具而为人们所使用。

（梁敏玲译）

注释

1 本文原载木村靖二、上田信编,《地域の世界史 10　人と人の地域史》,山川出版社,1997。

2 丸谷才一,《女ざかり》,文春文库版,页 311 以下。

3 译者注:名片在现代日语写作“名刺”(めいし),正如本文所讨论的,名刺、刺、名帖等是中国历史上对名片这类物品的常见说法。

4 吴敬梓,《儒林外史》,第四十三回、四十四回。

5 吴敬梓,《儒林外史》,第四十六回。

6 许乐善,《适志斋稿》,卷八,《与李九我》。

7 赵翼,《陔余丛考》,卷三十,《名帖》。

8 王允,《论衡》,卷三,《骨相篇》。

9 范晔,《后汉书》,卷八十下,《祢衡传》。

10 马鉴,《续事始》。

11 陈寿,《三国志》,卷九,《夏侯渊传》,注引“世语”。

12 张世南,《游宦纪闻》,卷一。

13 《新编事文类要启札青钱前集》,卷九,《诸式门 · 写名刺式》。

14 郎瑛,《七修类稿》,卷十七,《义理类 · 刺纸》。

15 田艺蘅,《留青日札》,卷二十三,《刺纸》。

16 柴萼,《梵天庐丛录》,卷十七,《古今名刺异同》。

17 利玛窦(Matteo Ricci),《中国キリスト教布教史》1,页 79;曾德昭(Alvaro Semedo),《チナ帝国誌》,页 373,均收录于《大航海時代叢書》第 2 期,岩波书店。
译者注:上述两书中译本分别为《利玛窦中国札记》与《大中国志》。

18 顾起元,《客座赘语》,卷七,《南都旧日宴集》。

19 何良俊,《四友斋丛说》,卷三十五,《正俗二》;龚炜,《巢林笔谈》,卷二。

20 吴敬梓,《儒林外史》,第二十五回。

21 吴敬梓,《儒林外史》,第十八回。

22 郎瑛,《七修类稿》,卷十七,《义理类 · 刺纸》。

23 译者注:“披露宴”指日本人举行婚礼时的一种宴会,将结婚消息及经过向亲友“公布于众”之意。而此处的祝仪袋指用于包装婚礼祝贺金的纸袋。

24 《清俗纪闻》,卷九,《宾客》。
译者注:中文翻译引自中川忠英编著,《清俗纪闻》,方克、孙玄龄译,中华书局,2006,页 420—422。

25　吴敬梓，《儒林外史》，第一回。
26　吴敬梓，《儒林外史》，第七回。
27　冯梦龙辑，《新刻注释雅俗便用折梅笺》。
28　陆培编，《新锓陆林二先生纂辑士民便用云锦书笺》。
29　费孝通，《乡土中国》，“差序格局”，上海观察社，1947。
30　何良俊，《四友斋丛说》，卷十二，《史八》。
31　谈迁，《枣林杂俎》和集《名刺》所引赵维寰“侍教辨”。
32　谈迁，《枣林杂俎》和集《名刺》所引赵维寰“侍教辨”。
33　沈德符，《万历野获编》，卷十五，《科场 · 荐主同咨》；卷二十六，《嗤鄙 · 非类效仕宦》。
34　佚名，《研堂见闻杂记》，台湾文献史料丛刊（合订本），第五辑，大通书局，2000，页 60。
35　王世贞，《觚不觚录》，民国景明宝颜秘笈本，页 12。
36　何良俊，《四友斋丛说》，卷十三，《史九》。
37　《清世祖实录》，卷一〇六，“顺治十四年正月戊午”条。
38　叶梦珠，《阅世编》，卷九，《及门》。
39　《清世祖实录》，卷一三一，“顺治十七年正月辛巳”条。
40　佚名，《研堂见闻杂记》，页 60。
41　王士祯，《分甘余话》，卷二。
42　叶梦珠，《阅世编》，卷八，《交际》。
43　董含，《三冈识略》，卷十，《三吴风俗十六则》。
44　杨懋建，《京尘杂录》，卷四，《京城拜客》。
45　徐珂，《清稗类钞》，《风俗类 · 谒客》，中华书局，1984，第 5 册，页 2189。
46　柴萼，《梵天庐丛录》，卷十七，《古今名刺异同》。
47　石井研堂，《名刺の使用》，《明治文化研究》，4 卷 4 号，1928。
48　尤侗，《艮斋杂说》，卷四。
49　阙名，《燕京杂记》，北京古籍出版社，1986，页 111。
50　顾禄，《清嘉录》，卷一，《拜年》。
51　《宫中档乾隆朝奏折》，台北故宫博物院出版，1982，第 17 辑，页 492。
52　广濑旭庄，《九桂草堂随筆》，卷六。此处承蒙渡边浩先生的指点，谨致谢忱。
53　日本邮政省，《郵政百年史》，财团法人逓信协会，1971。
54　连云港市博物馆编，《尹湾汉墓简牍》，中华书局，1997。
55　陈智超，《美国哈佛大学哈佛燕京图书馆藏 明代徽州方氏亲友手札七百通考释》，安徽大学出版社，2001。

第五章

“老爷”和“相公”

——由称呼所见之地方社会中的阶层感[1]

绪言

鲁迅的著名小说《故乡》(1921),不但在中国,在日本也同样拥有众多读者,其中若干个让人印象最为深刻的场景中有这样一幕:昔日的童年伙伴闰土来看望离乡十年后重返故里的主人公“我”。当这个为生活所困而早已失去了生气的中年男子以“老爷”称呼“我”时,“我”的内心感受到了一种难以言状的震动。可以说,原文中的“老爷”这一称谓在《故乡》中是用来象征旧社会黑暗的一个关键性词语。那些被称为“老爷”或“老爹”的官绅所拥有的威信,以及老百姓对他们表现出的恭顺,同样也给晚明来华的欧洲人留下了极其深刻的印象。本文将以“老爷”一词为中心,试就晚明至清代地方社会中存在的阶层区分问题作一考察。

从称呼这个极其琐细的话题出发来考虑社会阶层问题,将有怎样的意味呢?长久以来,关于明清地方社会中的支配阶层——乡绅的研究,已有了大量成果,其探究的方向各不相同。其中方向之一,即一种对乡绅势力本质论的探讨。乡绅的势力是来自对土地的占有，还是源于科举功名和为官经历，对这些问题的讨论最终归结至对乡绅本质的疑问上，即乡绅到底是地方社会的代表，还是国家统治的代理人。[2]与此相对，还存在一种行为论的探究方向，其不再追问乡绅本质究竟为何，而是在将地域社会的支配阶层理解为所谓的“地方精英”这种非定性用语的基础上，探讨他们在土地所有、科举功名、军事力量或商业性财富等诸多“资源”中是如何进行选择的，并对这些多样化的行为进行分析说明。[3]不同于以上这些着眼于乡绅（地方精英）的资格及行动的研究理路，本文将从地方民众的“认知”出发，来探讨乡绅（地方精英）权力是如何成立的。

对于关注作为权力维持重要因素的地方民众的“认知”这一研究方法，这里还有必要作进一步更详细的说明。这里，我们不只是要看到既存的权力为人们所认知的一面，同时也意欲观察因人们认知而产生权力的一面。比如说，清中期的小说《儒林外史》中有一节（第十八回），描述了一位因诗文而小有名气的杭州商人景兰江向一个朴实木讷的年轻生员匡超人介绍当地人物的场面。

> 景：“这位胡三先生虽然好客，却是个胆小不过的人。先年冢宰公去世之后，他关着门总不敢见一个人，动不动就被人骗一头，说也没处说。落后这几年，全亏结交了我们，相与起来，替他帮门户，才热闹起来，没有人敢欺他。”
>
> 匡：“他一个冢宰公子，怎的有人敢欺？”
>
> 景：“冢宰么？是过去的事了！他眼下又没人在朝，自己不过是个诸生。俗语说得好：‘死知府不如一个活老鼠！’那个理他？而今人情是势利的！倒是我这雪斋先生（医生兼诗人、平民。——引注）诗名大，府、司、院、道，现任的官员，那一个不来拜他？人只看见他大门口，今日是一把黄伞的轿子来，

> 明日又是七八个红黑帽子吆喝了来，那蓝伞的官不算，就不由的不怕。所以近来人看见他的轿子不过三日两日就到胡三公子家去，就疑猜三公子也有些势力。就是三公子那门首住房子的，房钱也给得爽利些。胡三公子也还知感。”

值得注意的是，吴敬梓在这里描绘的讽刺画般的地方社会势力图像，正是用那些不断注视着他人行动的视线编织而成的。能让房客按时交纳房租的胡公子的力量，与其说是来自他本人的科举功名或家庭背景，还不如说是周围居民在观察进出胡家的人物时产生，即“三公子也有些势力”。人们根据别人是如何对待某个人物，来决定自己应采取何种态度。而个人的这种选择，同时又对其他人的选择产生了影响。

当然，此处科举功名以及其他诸种因素仍是人们选择的重要标准。不过，这些选择并不只是标准的直接的机械反映，而是通过私下不断地观察他人行为而做出的。如果人人都尽量地仿效他人行动的话，结果就将会出现向一定常例趋近的倾向。但同时，就硬与胡三公子“结交”“相与”的景兰江等人的情况来看，人们出于各种考虑而特意采取的行为又会使常例发生改变。

毫无疑问，“老爷”等称呼是认识这种势力的重要媒介之一。称呼某人为“老爷”，不仅表现了对对方的恭顺态度，而且也向周围的人表明自己已经认识到了对方的势力。人们在听到他人称某人为“老爷”时，也就认识到了此人的势力。而一旦认识到其为有权势的人物，自己也就会随之对其表示恭顺。本文旨在探讨这种依据人与人之间的互动而形成并不断变化的明清地方社会的阶层关系的动向。具体来说，将考察以下几点：第一，在晚明至清代的地方社会中，人们是用何种称呼来体现阶层感的；第二，这些有关民间称呼的诸范畴与一向备受关注的科举功名是如何相吻合及相背离的；

第三，这类称呼的运用随着时代的变迁又发生了怎样的变化。

明清时代的随笔等作品中包含了大量有关称呼的记录，反映了明清时代的人们已经敏锐地注意到了称呼这一问题。本文将以这类随笔为主要史料，并且为了解称呼在具体场合中的运用情况，将特别关注《桃花扇》[4]《清忠谱》[5]等戏曲作品中的各种称呼的使用方法。由于笔者掌握的史料中以江南地区的相关资料居多，因此本文将以江南为研究中心，但并非欲以此来解明江南地区的特异性。

一、“老爷”的用法

（一）欧洲人看到的“Louthea”

在晚明来华的欧洲人留下的记录中，经常可以看到“Louthea”（即老爹）一词。这些早期的观察者对于科举、官僚系统仍缺乏正确认识，因此关于“Louthea”也无法对其科举、官僚系统的制度背景有充分的理解。虽然他们缺少理论性的整理，但正因如此他们在自己的记述中，将当时中国南部老百姓使用的“Louthea”一词所包含的语感表达得淋漓尽致。其中，盖略特·伯来拉（Galeote Pereira）就这样记录了1550年前后的华南见闻。

> 老爷就是我们语言中的“先生”（senhor）。当他们有人呼叫仆人时，仆人答道“老爷”，好像我们说“先生”。他们当中在名称和职务方面存在着不同的等级。我们只告诉你一些原则，不能全部都告诉你。
>
> 按照皇帝的诏令，当上老爷的士绅，取得那个尊名和头衔

的，其标志是赐一条与众不同的宽腰带和一顶帽子。对多数人来说，老爷这个名字是一个总的和普通的称呼，但由此表示的尊荣却是不同的。服务于国王的重大司法案件的，是由学识经过考察而后产生的官员；但为较小的事服务的，如陆、海的尉官，警长、巡尉、税收官等，在每座城，当然也在这座城，都有很多，是任命的，向大爷要下跪，尽管别的老爷的帽子和名字跟他们一样。[6]

伯来拉将“Louthea”理解为官吏的一种“称号”，是与官带、乌纱帽之类表示身份特征的事物紧密联系的称号。不过，科途出身的上层“Louthea”与未经科考（推测此处应指那些胥吏出身的人物）的下层“Louthea”之间，在实权上存在着巨大的差异。而上层“Louthea”所享有的权利也给伯来拉留下了深刻的印象：

这里应该知道老爷是如何受服侍和敬畏的。如在公众集会，他们一声吆喝，所有公家仆役都吓得发抖。在那些地方当老爷想要行动，那怕仅到门口，仆人也得用镀金椅子把他们抬去。不管是私事外出，还是到别家拜访，他们在城里走动时也是这样。因他们有职有权，总有人跟随他们，他们中最低层的也坐这种轿子，至少有两人开道，即使不需要，仍叫百姓让路，为的是教百姓畏怕他们。他们的随员还有些军士，拿着镀银的或全用银制的锤。有两名士兵的，有四名的，有八名的，视其等级而定。再大些的老爷，在这些军士前还整齐地有其他很多执杖的人和大批警卫，把印度藤杖（竹杖）拖在地上，由此街道被铺满，你可以老远听见竹杖的声音及喊叫者的吼声。这些家伙也是抓人的。他们围着的是酱红色腰带，帽上插的是孔雀羽毛。老爷身后有些人拿着牌子，牌子挂在棍头，写着他们跟随的老爷名字、等级和官位。老爷后面他们还拿着与官位相称的伞。如老爷职位低，那他后面只有一把伞，但不能是黄色。而如老爷地位高些，可以有两把、三把或四把，为首大老爷可以是黄色。[7]

除伯来拉外，根据加斯帕·达·克路士留下的1556年前后的见闻录而编辑成的记录中，也同样能找到“每个在中国据有职位，由皇帝任命的军官或官员，统称老爷”[8]的描述。可见作为当时中国南部用来称呼官僚阶层的当地语言中，欧洲人首先听到的是“Louthea（Louthia）”一词，而官员们所拥有的势力和威信也随着“Louthea”一词印入他们的脑海。

然而，当时欧洲人留下的有关“Louthea”一词的资料信息大抵比较粗略，亦未能对这一语汇的用法提供详细说明。故此，笔者将通过明末清初的地方公文、随笔及戏曲小说等中文史料来管窥“老爷”的用法。另外，利玛窦曾指出“所有的军职或文职大臣都称官府，意思是司令官或主管。虽然他们的尊称或非官方称呼是老爷（Lau-ye［老爷］或Lau-sie［老爹］），意思是指主人或父亲”，[9]即“老爷”同“老爹”的含义相同。但就中文史料中的使用方法看，华南地区多用“老爹”，而在江南等其他地区则使用“老爷”的情况更为普遍，因此，笔者认为这两者间的差异主要体现在地域上。

（二）被称作“老爷”之人

就明清时代的随笔来看，“老爷”这一尊称的指涉范围，并非全然与“官”涵盖的范围相重合。晚明清初松江人的曹家驹在《说梦》第二卷中这样记述道：

昔年乡宦，凡进士出身者称老爷，以一榜得官者称老爷，若明经如黄仁所（名廷凤，字孟威），官至云南大理太守，仅称老爷而已。近自援纳之例大开，而腰缠五百金，从长安市上归，则乘舆张盖，竟称老爷。

另外，清代中期的常熟人王应奎也在《柳南随笔》卷五中称：

前明时，缙绅惟九卿称老爷，词林称老爷，外任司道以上称老爷，余止称爷……今则内而九卿，外而司道以上俱称大老爷矣；自知府至知县，称太老爷矣。又举人贡生俱称相公，即国初犹然，今则并称大爷矣。此就绅士言之，其余称谓之僭越无等，更非一端也。

尽管这两则记载的内容并非完全一致，但两者都认为“老爷”的称呼原本并不用于所有官员，而是用来指称在科举功名或官职上处于一定级别以上的人物。这些记载颇具意味地显示了时人按“尊贵”程度将官绅区分开来的标准十分微妙，但同时又相当明确。不过，他们都指出，这一称呼已逐步脱离了本来的用法而被滥用。特别是一如曹家驹所描述的那样，那些靠捐纳获得官职而自视为老爷的人往往成为世人揶揄的对象，比如 19 世纪中叶的黄钧宰在其随笔《金壶戏墨》卷一中就记录了这样一则闻自友人的故事：[10]

又一人援例得职衔，章服而出，四顾其仆曰：此后勿称相公，须称老爷。仆不听，某正色曰：我不与汝戏言，汝不称，自家罪过。

另外，虽然曹家驹等人都将“老爷”的指称范围限定在官僚上层，但是《桃花扇》《清忠谱》等明末清初的戏曲小说类的文学作品在使用这一称呼时就未必按官职、功名而作细致区分，在平民称呼包括文官武官在内有官场经历者的场合，一般都使用“老爷”一词（而且,甚至也有一介平民被称呼为“老爷”的例子。详见下文）。例如在《桃花扇》中，书店老板蔡益所初遇锦衣卫武官张薇的情形便是如此（页133）：

> 蔡：“老兄是从北京下来的了。敢问高姓大名。有甚急事，这等狼狈？”
>
> 张：“不瞒二位说，下官姓张名薇，原是锦衣卫堂官。”
>
> 蔡：“原来是位老爷，失敬了。”

而《儒林外史》则颇有趣味地将“老爷”这一用语等同于举人。穷书生范进通过童试进学后决心去参加乡试，并为此向丈人胡屠户开口借赶考旅费，不料却招来胡屠户的一顿臭骂。在这一场景（第三回）中，胡屠户有如下一段台词：

> 我听见人说，就是中相公时，也不是你的文章，还是宗师看见你老，不过意，舍与你的，如今痴心就想中起老爷来！这些中老爷的,都是天上的文曲星。你不看见城里张府上那些老爷，都有万贯家私，一个个方面大耳。[11]

这里,通过童试成为生员,称为“中相公”,而通过乡试考上举人,则称作“中老爷”。虽然无法确定这样的说法究竟是当时的普遍认识，还是作者特意借此来强调胡屠户的头脑简单、性格粗野，但若就清末山西人刘大鹏的记载来看,一旦成为举人即可被称作“老爷”,在清代已成为一般的风俗。“乡试场中号军称士子皆呼‘先生’，会试场中号军称士子皆呼‘老爷’。名分之不同有如此者。”[12]即尚未担任官职的举人会集会试考场时，都已被称作“老爷”。

如上所述，自晚明至清代，“老爷”一词作为对官绅的尊称被广泛使用，其适用范围也未必有明确限定，可指上层官员、普通官员，也可指举人以上的科举人才，其用法根据时期及地域的不同而各有差异。不过，通过对上述资料的分析也可以看出，在当时的中国社会，“老爷”并不是一个可随便用于任何人的称呼，实际上，人们能够强烈地意识到那些理应被称为“老爷”的人与其他人在名分上的差异。

（三）称呼“老爷”之人

在考虑“老爷”一词的用法时，不仅应注意被称呼方的阶层状况，同时也需要注意称呼方所属阶层。比如在《清忠谱》中，乡绅文震孟前往祭奠因作为“开读之变”的首犯而遭处决的颜佩韦等五人之墓时，遇到五人的亲属及生员赵伯通（页 179）：

> 文：“吾兄尊姓？”
>
> 赵：“晚生是长庠赵伯通……今日老先生光祭五义，晚生特来奉陪。”
>
> ……
>
> ［群众登场］：“且喜文老爷在此。”
>
> 文：“列位就是昨日拆祠的么？”
>
> ［杨念如之子、颜佩韦之老母登场。两者均为平民］
>
> 杨：“文老爷在上。小的是杨念如的儿子杨英甫。”
>
> 颜佩韦老母：“老妇人是颜佩韦的母亲郁氏。”
>
> 二人：“闻知文老爷在此祭奠，我等赶来拜谢。”［作拜谢状］
>
> ……
>
> 文：“二位请起。…下官蒙恩三召，即当叩阙，为五位求

旋了。"

赵："难得老先生一片热肠。"

不难发现，一般老百姓虽然称呼文震孟为"老爷"，但生员赵伯通却不以"老爷"称呼文震孟，而称呼他为"老先生"。关于"老先生"这一称呼，据16世纪的王世贞在《觚不觚录》中描述说："京师称谓极尊者曰老先生，自内阁以至大小九卿皆如之，门生称座主亦不过曰老先生而已。"[13]而在17世纪末的王士祯《香祖笔记》卷一中记载称："京官旧例，各衙门称谓有一定仪注，不可那移。如翰、詹称老先生……自康熙丙子（1696）祭告回京，见闻顿异，各部司及中行评博，无不称老先生者矣。"可见，原本仅用于官场部分范围内的这一称呼，自17世纪末起逐渐被广泛使用。[14]不过，在《桃花扇》《清忠谱》为代表的明末清初的戏曲小说中，"老先生"作为官僚相互间的称呼已经普遍使用了。如《桃花扇》中的史可法和马士英的对话便是如此（页107）：

史："若论迎立[福王]之功，今日大拜，自然让马老先生了。"

马："下官风尘外吏，焉能越次而升？若论国家用武之际，史老先生现居本兵，理当大拜。"

在明末李清的《折狱新语》卷六《贼情》中，军营舍人方一原是个盗贼，在遭逮捕并被送至官府时：

貌峨冠博带也，人高视阔步也，且称呼捕官为老先生，称己为治生，而供揖呼叱者，意气轩扬，旁若无人，此捕官所以疑而纵之也。[15]

方一从容不迫地称官吏为“老先生”，从而使他自己也被认为是个非同一般的人物。

由此可见，“老爷”这一称呼的使用，不仅与被称呼方有关，同时也与称呼方的地位紧密相连。生员以上的读书人之间的相互称呼的习惯是相当复杂的，这里，仅举例就平民使用的“老爷”等带有“爷”字的系列称呼这一问题作进一步的说明。《清忠谱》中，生员及民众聚集西察院向地方官请愿时，生员同普通民众使用的称谓各有不同（页 101）。

> 王节等众生员：“老……老……老公祖，老……老……老父母在上。周……周……周铨部居官侃侃，居乡表表。如此品行，卓然千古。蓦罹奇冤，实实万姓怨恫。老公祖，老父母，在地方亲炙高风，若无一言主持公道，何以安慰民心？”
>
> 颜佩韦：“青天爷爷呵！周乡宦若果得罪朝廷，小的们情愿入京代死。”

生员台词中的老公祖是指苏州知府，老父母则为吴县知县。[16] 而老百姓对这些地方官的称呼却成了“青天爷爷”。此处老百姓或许是为了寻求特殊的公正裁决，因而未使用“老爷”，而改用了“青天爷爷”。然而，当巡抚出场时，称呼又发生了变化。

> 群众：“宪天爷爷，若不题疏力救周乡宦，众百姓情愿一个个死在宪天台下。”
>
> 知县、知府：“老大人，卑职不敢多言。民情汹汹如此，还求老大人一言抚慰才是。”

可见，带有“爷”字系列的用语，原则上是普通民众称呼官绅时用的。地方官在称呼上司时，则使用“老大人”等称呼。[17]

然而也并非没有例外。比如，拥有官职或科举功名的人也有称呼官绅为“老爷”的情况。王夫之的《识小录》称：“首领官（地方衙门的辅助官）由科贡出身者，称堂上官（知府、知县等该衙门的长官），亦但曰大人。唯吏员出身者有老爷之称。”即使双方都是官员，但若一方非科途出身而为胥吏出身的，则亦称呼其长官为“老爷”。王夫之的这一记述，在小说中亦可得到证实。例如明清交替时期的小说集《醒醉石》第一回《救穷途名显当官 申冤狱庆流奕世》中，就有胥吏出身的下级地方官称呼按察使为“老爷”的例子。主人公姚一祥（以16世纪的真实人物为原型）将原本用于捐纳监生的银两挥霍一空，结果只弄得个县吏的公差，干了六七年，后又相继谋得江西九江府知事、同府司狱司之官职。他虽被衙门里的书吏或百姓称作“老爷”，但是自己面对其长官时无论是口头还是书面，却都以“老爷”相称。此外，《清忠谱》中，以监生身份被任命为魏忠贤生祠堂长的陆万龄也称呼巡抚毛一鹭、织造李实为“老爷”。当然，这里也可能存在为了体现陆万龄卑躬屈膝而有意塑造的一面。

另一方面，也有未获功名的读书人面对官员是不以“老爷”相称的情况。比如，在《桃花扇》出场的画家蓝瑛，既是个没有身份的平民，又是个被称作“山人”[18]而无一官半职的知识分子，他在面对上文提到的武官张薇时，一方面强调自己是个“草莽之臣”，另一方面则用“老先生”称呼张薇（页134）。

蓝：“我两个草莽之臣，也该随［张薇］拜举哀的。［拜后对张道］老先生远路疲倦，早早安歇了罢。”

关于“山人”之流的称谓，晚明冯梦龙在其编撰的民歌集《挂枝儿·谑部》[19]卷九收录的戏诗《山人》中有所涉及，该诗文中讥讽了“山人”一边炫耀自己与权贵们的交情，一边又厚颜无耻地索要钱物的嘴脸：

> 问山人，并不在山中住。止无过老着脸，写几句歪诗，带方巾称治民，到处投刺。京中某老先（与老先生相同[20]），近有书到治民处，乡中某老先，他与治民最相知，临别有舍亲一事干求也，只说为公道没银子。

普通民众在称官僚“老爷”时，一般都以“小的”自称。而自认为士人之人，在称官绅为“老先生”时，则以“治生”“治民”（这些是在面对管辖当地的地方官时使用）或“晚生”等自称。值得注意的是，“老爷”的称呼不但体现了被称呼方的权威，同时也反映出了称呼方自身的地位。

（四）“老爷”之称谓的开始

自晚明至清代使用十分广泛的“老爷”这一尊称在15世纪以前，其使用并不那么普遍。根据赵翼的说法，“爷”“爹”原先都是对父亲的称呼，直至唐代才开始用于称呼达官贵人。[21]但笔者认为，明初以前，作为对官绅的尊称，“相公”“官人”或“大人”更为常用，使用“老爷”等含有“爷”字称呼的情况尚不多见。究竟是何时开始使用“老爷”来称呼官绅的呢？这是颇为有趣的问题，由于目前对资料的调查尚不充分，只能就现已掌握的内容作一阐述。

从记载着书信和诉状等书写格式的日用类书中，可以看到从元到明官僚的称呼方面的若干变化。元代以及沿袭元代内容的日用类书这样记载道：“且如左右相（平章）则云：某官国公。左右丞（参政）则曰：某官相公。以次台部州县官员，当酌轻重，不可过呼。”[22]

朝官、路冠以上“并称为相公”[23]。而一般民众向官府提交的诉状例文中则有“今蒙县官出具榜文”“今蒙县官指挥”[24]的记载。这不仅表明当时称呼高级官员为“相公”，同时也说明了在诉状等公文上却并没有“老爷”这样的用法。但与此相对，在晚明的日用类书中，作为官吏称呼的“相公”一词主要用于经历、仓官、医官等属官，或千户、百户级别的武官。在诉状的范本中有这样的记录：“某都某人等、今当本县老爷处承认”“有县坊某隅某总居民某今当本县老爷处承保”[25]，可见被称呼为“相公”的社会层次有所下降，而且诉状等公文中“老爷”一词也开始普遍使用。

诉状公文中所呈现的这种地方官的称呼变化，不仅表现在日用类书中，从实际公文中也能得到证实。笔者所掌握的能反映明初诉状格式的史料并不多，不过在洪武帝的《大诰三编 · 朋奸匿党第三十七》里，就有贿赂知县的民众称知县为“相公”的例子。[26]《徽州千年契约文书》收录了1600年以前的诉状和禀词，现将其中的地方官称谓总结如下：[27]

成化五年（1469）——“祁门县大人”
嘉靖五年（1526）——“青天太爷”“爷台”
万历五年（1577）——“本县老爹”
万历十年——“县主爷爷”“爷台”
万历十一年——“大父台”
万历十四年——“爷台”
万历十八年——“本县爷爷”
万历二十一年——“县主爷爷”“府主爷爷”“青天爷爷”
万历二十五年——“县主爷爷”

由于15世纪以前的资料有限，用词的变化并不甚清楚。然而可以确定的是，1469 年的公文中用于知县的称呼为“县大人”，至 16 世纪以后则改成含“爷”字的称呼。至于万历十一年的公文之所以未使用“爷”字，是由于公文作者是当时的乡绅（原任嘉定县训导）或贡生、监生等人。此后，到了万历末年，在有关土地过户的木板印刷的证明书之类的文件中，往往载有“〇〇都〇图遵奉县主爷爷为攒造黄册事”等字样，可见“爷”字称呼作为公文用语已经固定化了。

从戏曲小说中的一些例句中我们也可以发现，以“老爷”来称呼官僚这一用法出现在晚明以后。虽然不敢说元曲中将官僚称作“老爷”的例子绝无仅有，但至少使用“相公”“大人”的情况更为普遍。《窦娥冤》《铁拐李》《合汗衫》《酷寒亭》《金钱记》《盆儿鬼》等戏曲中出场的楚州太守、廉访使、提察使、府尹等官员，均被仆人、胥吏、普通民众以及士人唤作“老相公”“相公”“大人”或“官人”。当然，也有称呼“老爷”或“爷爷”的情况，谨举例如下：首先是仆人或差役称呼担任官职的主人，例如，差役张千就以“爷爷”等来称呼自己的主人，而对他人则用“老爷的吩咐”等措辞，这样的情况屡见不鲜（《酷寒亭》《金钱记》《盆儿鬼》）；其次是公堂上原告或被告向堂上的法官致谢或哀求，例如，“谢青天老爷做主，明日杀了窦娥，才与小人的老子报的冤”（《窦娥冤》），或“告你个青天大老爷，替我这个屈死冤魂做主”（《盆儿鬼》），等等；最后是当衙役因罪行被清廉的监察官员揭发而慌乱求饶时也会使用，如“爷爷不敢了也”（《铁拐李》）。以上各例中的“老爷”的使用，体现了称呼方和被称呼方之间鲜明的从属或依存关系。要全面探讨元代的官僚称呼法，固然还需作更多的考察，不过即使根据以上的论述，亦应该可以认为：作为对官僚的称谓，“相公”“大人”等较“老爷”更为普遍，[28] 而使用“老爷”的场合则特别强调称呼方的从属性及依存性。

晚明以后，“老爷”作为民众对官宪的尊称，使用开始普遍起来。15 世纪后半期出版的《成化说唱词话》中，老百姓称呼著名的清官（知府）包拯时仍然大多使用“相公”。相对的，自 16 世纪末期以来十分流行的公案小说《廉明奇判公案》《新民公案》《律条公案》《明镜公案》及《详情公案》等，作为地方官称谓的都是“老爷”等含有“爷”字的称呼。

这种称谓的变化何以发生在这一时期呢？作为官宪的尊称，“老爷”的出现并不是一个孤立的现象，而是当时在称呼使用方法乃至与人际关系相关的社会心理上出现的诸多变化中的一部分。何良俊的《四友斋丛说》卷三十五就记载道：“松江十来年间，凡士夫年未四十即称老翁，奶奶年未三十即呼太太，前辈未有，此则大为可笑者也。”而范濂的《云间据目抄》卷二则有“缙绅呼号，云某老某老，此大夫体也。隆万以来，即黄花孺子，皆以老名，如老赵、老钱之类，漫无忌惮”的记载。可见在 16 世纪后半期的松江府，出现了“老”字泛滥的现象。

“老”和“老爷”的用词，与本义为宰相（详见下文）的“相公”，以及直截了当表示官僚的“官人”等尊称相比，更具有一种体现存在于家庭间的亲密感，同时似乎也伴有一种基于血缘性的尊卑长幼关系之上的直接支配的从属感。“老爷”一词原本就是与这种晚辈对血缘性家长以及仆人对拟制血缘的主人具有从属感联系在一起的。浙江海盐县人钱薇是嘉靖十一年（1532）的进士，其弟钱袠所描写兄长的逸话[29]就表明了“老爷”一词所体现的家庭内部秩序与官民秩序间的微妙关系。

> 余兄薇，字懋垣，事兄恭谨，始终如一。初授行人，回乡，人及童仆皆以二老爷称之。因谓曰：“尔之称我，岂不宜？但余有兄在，既以是称我，何以称我兄？我受此称，亦岂能安当？如前日可也。”家庭逊让，一如未第时。

也就是说，“老爷”的称呼并不是官场地位或科举功名简单的机械性反映，而可能与家庭内部秩序相抵触。可以说，在称呼官员为“老爷”的习俗兴起之初，当时人也是在怀有若干抵触情绪的情况下勉强接受的。在前引王应奎的《柳南随笔》的引文中，有一省略部分，其中就有类似的记录：“其父既称老爷，其子贵亦称大爷。闻吾邑（常熟）陈庄靖瓒（陈瓒，嘉靖进士）之子少参抱冲禹谟公……终身称大爷，不敢衡其父也。”

笔者曾讨论过，明代末年的16世纪，带有血缘性尊卑感觉的人际关系网已超越了实际的血缘关系而广泛地蔓延至整个社会群体。[30] 为结交权势而制作的名片上的自称，在表现与结交对象关系亲近的同时，也多特别强调了自己的卑微。这一屡遭有识之士嘲讽的现象实已成为这一时期的一大特征。[31] 可以想见，正是在这一背景下，“老爷”“爷爷”这类具有亲昵的从属性血缘称呼，超越了狭隘的血缘和地缘框架，而普遍地施用于官绅。在“老爷”这一称呼的使用骤然兴起时，原本用于表现官绅尊严的“相公”一词的语感自然也出现了重大的变化。

二、“相公”的用法

（一）“相公”的称呼对象

从上文对“老爷”的考察可以了解到，“相公”一词在当时的地方社会中如同“老爷”一样被广泛地使用。就像前引《儒林外史》中“相公”的用法所体现的那样，自晚明至清代，“相公”主要是普通民众对生员阶层尚未担任官职的士人的尊称。比如在《清忠谱》

中，当身为一介平民的颜佩韦等人听到正义派乡绅周顺昌被捕的消息后急忙赶去，路遇生员王节，于是出现以下情景（页 93）：

> 颜："元来是王、刘二位相公！"
>
> 王等："元来是颜、杨二兄！"
>
> 颜："二位相公，来得极好。周爷被逮，我们众百姓，都抱不平，要去救他。
>
> 只是我们都是粗鲁之人，草草莽莽，干不得正经。相公们定与周老爷是好友，大家划个计策才妙。"
>
> 王等："我们亦为此事而来，若得众位相帮，妙极的了。"

颜佩韦等在将周顺昌称作"老爷"的同时，将生员王节称作"相公"，称呼使用上区别显然可见。

"相公"原本是宰相的意思，在 16 世纪时内阁大学士就被称作"相公"。严嵩在台上是被称为"相公"，张居正晚年时也被叫做"老相公"，在这些例子中，即使不加姓氏，大家也都知道确指何人（王世贞《觚不觚录》）。但晚明以降，这一用语所表示的身价急剧降低，转而用于指称生员、胥吏、书役乃至优伶。

明末任福建寿宁县知县的江南文人冯梦龙在《寿宁待志》上卷《风俗》中记载道：

> 吏与生员，人俱呼为相公，书手称先生。衙门以吏为尊，私或带晋巾（在明代士人中相当流行）与儒生齿。用扇亦有分别。诗画扇，薰金扇惟生童与吏书得用。

在明清交替时期的江南，胥吏被称为"相公"的例子则可以举出《历年记》的作者上海人姚廷遴。姚廷遴虽出身官宦门第，其叔祖曾为显宦，受过正规的科举教育，但却终未能获取任何功名，而只是靠做胥吏或塾师为生。在做胥吏之前，他家仆人均以“官人”相称，而一旦厕身县衙的胥吏后，家仆就改称他“相公”了。

另据曾羽王的《乙酉笔记》记载，不仅如此，或许跟明清交替时期的混乱这一特殊情况有关，在清军占领后的上海县青村的守备衙门中，甚至当书役的人都被叫做“相公”。

> 时李环为鼎革后第一新官，声势赫奕，比于风宪……守备衙门，改称游府……游府书役……向称先生者，改称相公……于是青村之无识者，恨生子不为书役，而视青衿为朽物矣。

这说明，作为一种称谓，“相公”一词要比“先生”更显尊贵。“先生”除被用于称呼书手或类似于“说书先生”“风水先生”等在市井从事服务性行业的知识人阶层外，还在那些相互之间关系不甚亲密的生员之间广泛使用（如关系亲密，则会以“某某兄”相称），也用于称呼后辈书生。“先生”不同于“老先生”，它所体现的尊敬感较为淡薄，相互间关系也较为疏远。比如，在《桃花扇》中，当生员侯方域前赴四镇之一高杰的阵营，劝说高杰避免内部的争斗时（173 页），有这样的对话：

> 高：“先生入帐，有何见教？”
> （高杰不听侯方域之劝谏）
> 侯：“是，是，是！元帅既有高见，小生何用多言。”

另，《清忠谱》中，在建魏忠贤祠堂之际，风水师赵小峰被传至堂长——监生陆万龄的跟前（页 40），对话说：

赵："陆相公，陆相公！"

陆："那个叫我？元来是赵先生！你好没正经，怎么此时才来？"

可见，与"先生"相比，"相公"一词体现的对士人的尊敬感更为强烈。

从晚明到清代，对于"相公"的贬值，清中叶的王应奎有以下的感慨：

吾乡（常熟）之俗，五十年前，就有称秀才为"官人"者。《日知录》谓"官人者，南人所以称士"。想前代相沿如此，其名犹为近古。今则一青其衿，便称"相公"，方以为固然矣。至于吏胥之称相公也，不知起于何时……要之惟名与器古人不以假人，况"相公"为燮理阴阳（宰相治理国家之意）者之尊称，岂可加之胥吏？[32]

同样在清中期，昆山人龚炜亦指出："近来郡（苏州城）中至以相公称优人。"[33]但是实际上，称优伶为"相公"的情况，作为个别现象也曾出现在明末清初。在《桃花扇》中，名角丁继之就被妓院老鸨李贞丽叫做"相公"：

李贞丽："丁相公来了。"

李香君："原来是卞姨娘同丁大爷光降，请上楼来。"

这里，李香君之所以称丁继之为"大爷"，大概是为了与"姨娘"的称呼相对应，并体现她与众多名角之间关系亲密。另外，《桃花扇》中还有说书人柳敬亭被唤作"相公"的有趣例子。当然，这些应是为了表现《桃花扇》的主题而出现的特殊事例，并不说明明末清初的优伶已普遍被称为“相公”。这一点，我们将在下节再作论述。

(二)“相公”的条件

如上所述，“相公”所指对象，随着时代的推移，其阶层也逐渐由宰相不断下降至一般官员，又从生员下降至胥吏、优伶。然而，也绝不是说，“相公”一词可以没有根据地随意使用，其实要被称为“相公”也需具备一定的资质条件。那么，是要怎样的资质条件呢？下面，我们将通过若干具体的例子进行论述。

被认为是清初小说集的《二刻醒世恒言》第二回《高宗朝大选群英》中有这样一则故事。故事中所说的时间虽为宋代，但从“相公”一词的用法来说，实际上反映的却是明末清初的情况。

> 这王丑儿家中巨万家私，吃不了的是米谷，用不尽的是金银，穿不完的是衣服，单单只不晓得读书……偶然一日，同着几个帮闲的到妓家去嫖。一进那妓家堂中坐了，两个妓女出来，开口叫声："相公。"一个帮闲的倒也曾读过些书的，失口笑了一笑。这王丑儿勃然大怒，道："你这一笑，分明却是笑我了？可恶，可恶！"两个妓女上前劝道："这倒是我二人得罪了！"王丑儿道："怎么是你们得罪，难道这‘相公’二字，我就当不起么？"又是一个帮闲的道："罢了，罢了！相公请息怒，里边吃酒去罢。"王丑儿听得他故意的叫"相公请息怒"，越发气得了不得，因此怒吽吽大嚷的把脚乱跌道："你们都一伙来取笑我么？"

最终，王丑儿为摆脱因“相公”称呼而产生的自卑感而一心想通过贿赂来谋取一个举人功名，但结果却是人财两空。就此不难看出，当时人们对“相公”的称呼，是非常关注的。不难想见，在那些为了取悦客人以怂恿他们挥霍钱财的妓院等场所，“相公”一词曾被广泛使用。不过，一旦这种尊称被乱用，其效果也就可能适得其反，被认为是挖苦人了。

吉尾宽利用《流贼张献忠陷庐州纪》这一资料，对农民起义军内部的称呼问题作了深刻的研究。[34]这里就看看有关“相公”称呼部分的论述。崇祯十五年（1642），张献忠集团攻陷了南直隶的庐州府后，前来投降的生员余瑞紫与叛乱军大头目王高炤进行了以下这番对话。

> （王高炤云：）“我且问你：你是个官儿？”予曰：“不是。”其人曰:“我在此望见你坐在那边体格不凡,故着人请你来叙叙。”予曰：“读书是实。”其人曰：“是一位相公。”予答曰：“不敢。”其人因言“及天下大乱，我老爷应运而兴，相公可同我等共成大事”。

之后,余欲将王高炤称为“王爷”,但王高炤却说:“你莫叫我爷，我辈响马营生，都是弟兄相称。”结果余只好改口称“王哥”。虽然起义军头目王高炤同前往投靠的生员余瑞紫之间的权力等差是鲜明的,不过值得注意的是,由于余被视作“读书人”,故被称作“相公”。这也暗示了，就像朱元璋与李善长或浙东儒者之间的关系一样，起义军首领与士人之间存在的合作关系。

《桃花扇》中，生员陈贞慧等人结伴前去柳敬亭家听说书的这幕戏，提供了明末清初又一个相当有趣的“相公”用法。

> 陈的仆人：“柳麻子（柳的外号）在家么？”

陈：“哇！他是江湖名士，称他柳相公才是。”

仆人：“柳相公开门。”

柳：“原来是陈、吴二位相公，老汉失迎了。”

在别的场景，主人公即生员侯方域曾表示“俺看敬亭人品高绝，胸襟洒脱，是我辈中人，说书乃其余技耳”。实际上，柳敬亭虽是个卖艺的，但当时人们普遍认为他是个有气节的义士。[35]之所以让下人称柳为“相公”，也正是因为生员有将柳视作“我辈中人”这一认识基础。具有崇高气节的艺人与正义派生员之间的意气相投，与关于阴险卑劣的阮大铖、马士英等进士出身官僚的性格描写，形成鲜明的对照，给这一戏曲增添了特别的韵味。在这一意义上来看，《桃花扇》中把优伶、说书艺人之流叫做“相公”，与其说表明了当时的优伶或艺人都普遍被称作“相公”，还不如说它是明末清初文化背景下出现的“宣扬义民”的一个例证。无论是《桃花扇》还是《清忠谱》，这都是共有的主题。但不容忽视的是，不按照形式上的科举功名，而根据实际的人品来选择称呼的潮流，也从一个侧面导致了“相公”的贬值。

综上所述，明末清初的“相公”的称呼指的是介于“老爷”和“老百姓”之间的士人阶层；他们不同于“老爷”，不具有要求他人服从自己的权威，但被认为有教养又不乏气节的读书人。“相公”这一称呼意味着被称呼方不同于一般民众，有着坚毅不屈的气节，他们即使面对官绅也不会卑躬屈膝地唤“老爷”，或自贬为“小的”，而是会以“老先生”或“老大人”来称呼对方，以“晚生”“小生”“学生”或“治生”自称。在《桃花扇》中，柳敬亭在将侯方域的手书送至左良玉时，就自称为“晚生”，而未用“小的”。

柳：“元帅在上，晚生拜揖了。”

左："哇！你是何等样人，敢到此处放肆。"
柳："晚生一介平民，怎敢放肆。"

柳敬亭虽然自谦说自己是"一介平民"，但是在左良玉将军的训斥下却也毫不胆怯，而坦然以对。这正也投射出柳敬亭这个在《桃花扇》中被称作"相公"的人物的高尚气节。

此后又经清代，不仅仅"相公"的适用范围进一步扩大，而且"相公"的自身含义也发生了质变，出现了更普遍地使用于艺人，甚至在清末到民国时还用来指男妓、帮闲之流这样相当有趣的演变。在现代汉语词典中，"相公"一词的解释，多将男妓、帮闲同宰相、士人等义项排列在一起。那么，"相公"这一原本用来表现士人气节的称呼在使用上为何会出现如此截然不同的用法呢？这或许应该跟晚明到清代士人的风气和形象上的变化密切相关。与清中期相比，晚明那些虽有时武断乡曲但惯于直言不讳、坚毅地伸张正义的士大夫，变成了行事拘谨、具有教养的文人雅士。这在黄印的《锡金识小录》卷一中有具体的描述。[36]或许，伴随着从书生气的义士到面目清秀而柔弱的寄生型良家子弟的转变，"相公"形象的内涵重心也发生了转移。而男娼帮闲这样含义是不是正是这一变化的产物呢？

三、地方社会势力的变动与"老爷"称呼

上面谈到，"老爷"等称呼用法显示出了贬值倾向，且不断为士人所感慨，但不管怎样，若追问其用法的根源，大概都可以归结于科举功名和官僚制度。不过，在明清社会中，也存在着与此制度无关，只是因为现实中的权势而称呼"老爷"的例子。最后本文将

就这些事例作一探讨。

将农民起义军的首领称作“老爷”的例子，在前引《流贼张献忠陷庐州纪》中已经看到。王高炤谢绝了“老爷”的称呼，但对于张献忠则理所当然地使用了“老爷”这一尊称。这里，生员与平民一样，和他之间的关系乃是“小的”与“老爷”的关系。

> （张献忠与余瑞紫的对话）大虎到旁，叫跪，予即跪，叫磕头，予即叩首。张问："你要家去么？我就叫人送你去家。"答曰："小的没家，情愿服侍老爷。"
>
> （生员等人向张献忠请愿）老爷金口吩付小的等回籍，小的在此是老爷的子民，即在家，老爷得了天下，小的等也好替老爷纳粮当差。

李自成的军队也同样称李自成为“爷”。在清初的时事小说《剿闯小史》中，一个与家人失散，虽非情愿但也随了军的生员就曾有过这样的倾诉："我爷来此，原不晓做甚皇帝，不过志在美女金宝（中略）耳。"

明清交替之际的动荡使得江南地方社会的称呼状况变得颇为混乱，除上文提到的书役以外，上海籍生员曾羽王在《乙酉笔记》中还记载了其他几个例子。

> （清军占领松江后不久，作者在去松江府的路上）民房俱为兵所占，城内城外闭户，无一人在室者。约杀万余人，尸骸虽化，而白骨成堆，令人魂魄俱丧。百姓见兵丁，无不称“都爷爷”者。
>
> 时南邑有王游击……每至新场，则先马牌到镇，打扫街宇。总甲供应，稍不如意则锁。……场大使见之，叩首无数，称“大爷”“小官”而已。

> （上海青村的书记）孙之标，（原为）北京长帮（官僚的仆从）也……牧马二十余匹，日则驰之田中，任其蹂躏。管马者为蒋胜，即本城人。乡人呼之为“蒋爷爷”。

无论哪一事例都说明了在当时混乱的局势下，人们都对飞扬跋扈的军人或豪民使用“爷”系列的尊称来表示恭顺。第一个事例中的“都爷爷”，本来是对巡抚等人的称呼。第二例中的“先马牌到镇，打扫街宇”，则正如伯来拉所描写的那样，乃是“老爷”出巡时的架势。人们畏惧他们的权势，便谄媚地称呼其为“爷”，而这又促使更多的民众对他们的权势产生印象。这确是一个颇具意味的现象，不过，曾羽王在描述他们的权势时必定述及对他们的称呼这一事实本身，作为当时人们对于称呼所表现出的敏感，不也同样值得注意吗？

实际上，也并非只是在动乱时期，即便是一般情况下，当地有权势、声望者被称作“老爷”事例也不在少数。“开读之变”中的平民领导者之一颜佩韦，是一位出身于当地望族具有侠客之风的人物。[37]《清忠谱》中，被颜佩韦劝说去号召老百姓救援周顺昌的和尚便称其为“老爷”。

> 和尚：“阿弥陀佛，林家巷内吏部周老爷，清廉正直，万民感戴。如今校尉来拿，开读在即。一街两巷，众位老爷，都到西察院，执香恳求官府，出疏保留。此系人民公举，不可迟延误事。”
>
> 颜：“老师父，有许多人去了？”
>
> 和尚：“颜老爷，小僧到处敲梆叫喊，有无数的人入城去了。”

自康熙二年至五年（1663—1666），时任山东青州巡按的周亮工在《警戒衙役示》中，描写了这样一个衙役。[38]

青州府旧役赵某，不过是府堂一名快手，何至妄自尊大，骑马赴席前呼后拥，这里结社结盟，那边拜兄拜弟，俨然做出个乡绅体面，人人称他为赵四太爷。他便以太爷自居，上下各衙门之事，都要管到。当时何等气焰，何等威风。宁有几年，近日被访，抛下老母不管，东逃西遁，累了亲兄弟，坐监坐牢，受夹受打。甚至赵四太太都拿入监中，他坐惯太太的人，如何受得气也，就死在狱中。一个十来岁儿子，也拿到官跟着受苦。赵四太爷之威凤，而仅安在哉？

另外，清末陕西地方官樊增祥在《樊山批判》卷七收录的判语中讲述了一位品行不端的生员，依仗其生员的地位，煽动、包揽词讼，对此，樊增祥指责道：“前次过堂，两造俱呼尔为韩老爷，尔之气焰可知矣。”由此可见，这一称呼已成为权势的一个标志。

以上事例在当时人看来，均是一些应予谴责、反常的例外事件。但是否可以简单地将其视为偏离正确用法的“误用”或“反常”呢？如果认为依据科举制度和官僚制度规定而形成的客观身份体系确实存在，称呼只不过是对此的机械反映，并将以上的事例仅看做是称呼上的“误用”或“反常”的话，那么势必会导致我们对当时地方社会势力形成的动态机制的忽视。因此，笔者认为，在考虑科举功名或官场经历等客观条件的同时，也应关注通过当时人们在这一认识的基础上使用“老爷”这一称呼，而被称呼方也会做出相应反应这一互动体现身份秩序的过程。若以极端的例子来说，农民起义军中崭露头角的首领中被手下人称作“老爷”，而这一队伍不断增加，甚至蔓延至全国，在这种情况下这样的称呼也就不再是一种误用。而且可以肯定，简化的类似过程在明清时代的地方社会中曾反复出现。一种认识一旦广为世人认可，其自身也就会形成实际的势力，故称呼上的变动也不再是“正误”或“真伪”的问题，而是体现了秩序本身的变动。

正因如此，人们对这些看似琐碎的称呼问题才会异常敏感。

结 语

应如何理解明清时代的地方社会的阶层结构呢？以乡绅、士人等在固定的书面概念来进行阶层区分当然是可行的，不过，若是用最贴近当时人特别是普通民众的观点之范畴的话，“老爷”“相公”等用词也许更为妥切。这些范畴的内涵随着时间和状况的不同而变动，但是可以肯定的是：在当时人们的眼中，存在着两大阶层，即必须以恭顺态度相对应的“老爷”阶层，以及虽程度不及但也拥有与普通民众不同的气节或体面的作为士人的“相公”阶层。从晚明至清代，地方社会的民众正是依凭这些范畴来区划他们的生活世界的。

晚明称呼的复杂性同样也引起了西欧传教士的注意。利玛窦就曾指出了中国人称呼习惯中与众不同的特点，他说：

> 他们（中国人）谈话和写作方式，也有一些习惯和我们的很不相同。而且由于他们的语言很难，这类习惯也就更多。两个人谈话时，他们从来不用语法上的第二人称。在谈到在场和不在场的人时可以使用各种不同的语法形式。在谈到自己时从不用第一人称的代名词，除非是主人对仆人，或上级对下级讲话。谈话中，他们用以称赞别人和避免自我赞扬的办法是同样之多。或许最谦恭的一种是讲到自己时就直呼本名而不说我……由此可见，很明显的是如果不想显得没有教养或无知，如果想懂得别人所说的或所写的是什么，一个人就必须深通各种不同的表达思想的公式。[39]

虽然我们今日已无须像利玛窦当时那样担心被中国人视作“没有教养或无知”的人，但是“懂得别人所说的或所写的是什么”依然是我们需要面对的课题。明清时代的称呼体系显然远比本文所论述的更为庞杂。本文只是一项初步的探索，试图以称呼为媒介之一，为更切近地揭示出当时地方社会秩序具体形成方法提供一点线索。

补 记

本文原收录于论文集《传统中国的地域像》(《伝統中国の地域像》)，该书是庆应义塾大学地域研究中心共同研究项目“清代中国的国家与地域”（代表为山本英史）的成果。这本论文集的旨趣在于厘清清代中国地域社会的多样性，其他执笔人分别选取了浙江、福建、四川等个别地域，而我的论文则是没有地域性的一般论式的讨论，这给以山本先生为首的诸位作者增添了麻烦，谨此致歉。

“老爷”是最高级的尊称，对此，我很早就觉得饶有趣味，了解到这种状况是明代中期开始才出现的，就愈加感兴趣，便借此机会调查了一番。也许这对当时的中国人来说是理所当然之事，但从日本人的角度看，“老爷”一词带有亲密而从属的感觉，非常有趣。

与名片一样，关于称呼，在小说以及其他文献中可以找到很多相关记载，如果扩大史料检索的范围，将时期性、地域性差异等问题也包括在内，就能更为详细厘清明清时代阶层感觉的细微动态。不过，在“沉湎于如此琐碎的问题合适吗”的自制力驱动下，就暂且停留在看到有趣的史料便记录下来的程度。

（周萍译 余新忠校）

注释

1 本文原载山本英史编，《伝統中国の地域像》，庆应义塾大学出版会，2000。

2 参照重田德，《郷紳の歴史的性格をめぐって—郷紳観の系譜》，《（大阪市私立大学文学部紀要）人文研究》，22卷4分册，1971。后收入重田德，《清代社会経済史研究》，岩波书店，1975。

3 Joseph W. Esherick and Mary Backus Rankin eds., *Chinese Local Elites and Patterns of Dominance*, University of California Press, 1990.

4 《桃花扇》，孔尚任撰，以明清交替时期的江南为舞台的著名戏曲，完成于1699年，人物原型均以真名出场。主人公侯方域是出身名门的生员，也是复社的活动家。他与才貌双全的名妓李香君相识，彼此立下山盟海誓。其因拒绝了原为魏忠贤党羽的阮大铖接近复社的请求而与阮结怨，遂被告发阴谋叛乱而不得不出逃，后逃至史可法处。此时正逢李自成的军队攻陷北京，南京的马士英拥立弘光帝即位并掌握了实权，阮也因此而被拔擢。李香君虽备受阮等众人的逼迫，但仍为侯方域坚守贞节。最终清军攻破南京，马士英、阮大铖等人逃亡，侯方域和李香君也因此得以重逢，与友人一同在南京郊外的山中出家修行。本文使用的版本是由王季思等校注的人民文学出版社本（1959）。此类戏曲小说中使用的称呼是否真实地反映了当时状况的原貌，尚有进一步探讨的余地。不过，第一，这些用法与当时随笔等的记述并无出入，基本能够相互吻合；第二，《桃花扇》《清忠谱》两者都以真实事件为题材，均是较为纪实性的作品；第三，称呼应是在人物关系及性格描写的关系上有意识地运用。鉴于以上原因，本文才尝试引用诸多戏曲作品。

5 《清忠谱》，李玉撰，以天启六年（1626）发生在苏州的“开读之变”为题材的戏曲作品，录有吴伟业撰于1660年左右的序。素以清廉闻名的苏州籍官员周顺昌因与魏忠贤对抗而辞官还乡。魏忠贤为弹压正义派，派遣校尉至苏州逮捕周顺昌，由此招来了乡绅、生员乃至民众自发的抗议，并在开读（宣读敕旨）时触发了暴动。其运动领导者颜佩韦等五个庶民因此被逮捕并遭杀害。后魏忠贤因天启帝之死而失势，并最终自杀身亡。在苏州，在民众拆毁了魏忠贤生祠的同时，乡绅士人则修建了五人墓，周顺昌的忠义也得到了皇帝的表彰。本文所用的版本为王毅校注的人民文学出版社本（1990）。

6 伯来拉，《中国幽囚记》，加斯帕·达·克路士（Gaspar da Cruz），《十六世紀華南事物誌　ヨーロッパ最初の中国専著》，日埜博司译，明石书店，1987，页418—419。伯来拉和克路士的中国见闻录由博克舍（Charles R. Boxer）翻译成英文后得到广泛阅读，但日埜的译本是从葡萄牙语翻译过来的。日埜的译本还有在初版之上添加了照片的增订本，但本文引用的是上述译本的页码。博克舍的英译本为：Charles R. Boxer ed., *South China in the Sixteenth Century*, Hakluyt Society, 1953（Works issued for the Hakluyt Society, Ser.II, Vol.106）；中译本为：C. R. 博克舍编注，《十六世纪中国南部行记》，何高济译，中华书局，1990。

译者注：中文翻译引自伯来拉《中国报道》，何高济译本，页 5—6。这一译本系由博克舍的英文版译成，收入伯来拉《中国报道》、克路士《中国志》，以及达拉《出使福建记》《记大明的中国事情》。

7 伯来拉，《中国幽囚记》，加斯帕・达・克路士，《十六世紀華南事物誌　ヨーロッパ最初の中国専著》，日埜博司译，页 423—424。

译者注：中文翻译引自伯来拉，《中国报道》，何高济译本，页 8。

8 克路士，《中国誌》，加斯帕・达・克路士，《十六世紀華南事物誌　ヨーロッパ最初の中国専著》，日埜博司译，页 247。

译者注：中文翻译引自克路士，《中国志》，何高济译本，页 106。

9 利玛窦，《イエズス会によるキリスト教のチーナ布教》，川名公平译，《中国キリスト教布教史》1，岩波书店，1982，页 53。

译者注：中文翻译引自何高济、王遵仲、李申译，何兆武校，《利玛窦中国札记》，中华书局，1983，页 48。

10 该史料由大野晃嗣示知。

11 吴敬梓，《儒林外史》，第三回。

12 刘大鹏，《退想斋日记》，“光绪二十一年（1895）”条。

13 乡试、会试中的考试官及中式者之间的关系“如同父子”，考官称“座主”，而中式者自称“门生”。门生在称呼座主时也经常使用“老师”一词。在《清忠谱》中，吴县知县陈文瑞是周顺昌的门生，下面是陈在拜访周时的一段对话（页 8）。

陈：“老师请上，门生有一拜。”

周：“治生也有一拜。……老父母，如此雪天，何事光降？”

14 关于“老先生”的用法，可参考：赵翼，《陔余丛考》，卷三十七，《老先生》；伍丹戈，《略论明代官场的称呼》，《复旦学报》，1979 年 4 期。另外，最近关于明末“老先生”称呼的研究，还有陈宝良，《飘摇的传统——明代城市生活长卷》，湖南人民出版社，1996。

15 李清，《折狱新语》，卷六，《贼情》。

16 “老公祖”“老父母”是乡绅在称呼管辖当地的知县或知府等地方官时使用的尊称，在称呼其他地方的地方官时则不使用（参照注 13）。地方官与其管辖下的居民之间，不仅仅存在着官与民的身份差异，同样存在着管辖人与被管辖人之间的上下关系，在这一点上，当时人意识到这种关系和直系尊卑关系的类似之处。另外，清初卢崇兴《守禾日纪》卷六《嘉兴府士民公呈》中就记载："切惟生我者父母，治我者亦父母也，郡守者盖祖父母也。"

17 关于"老大人"的称呼，可以参照：赵翼，《陔余丛考》，卷三十七，《大人》。

18 有关"山人"的专论，现有：铃木正，《明代山人考》，《清水博士追悼記念明代史論叢》，1962。

19 《明清民歌时调集》（上），上海古籍出版社，1987。

20 参见：赵翼，《陔余丛考》，卷三十七，《老先生》。

21 参见：赵翼，《陔余丛考》，卷三十七，《爷》。

22 《新编事文类要启札青钱前集》，卷二，《活套门称呼事目》。

23 《事文类聚翰墨全书》，卷十二，《甲集 · 活套门 · 称呼类》。

24 《事林广记》辛集，卷八。

25 《新刻天下四民便览三台万用正宗》，卷十五、卷十七等。

26 该史料由和田博德示知。

27 中国社会科学院历史研究所收藏整理，《徽州千年契约文书 宋 · 元 · 明编》第一卷至第三卷，花山文艺出版社，1993。文书号码依次是：HZS3090012，3120036，3140051，3140147，3140235，3140264，3140328，3140500，3140610，3140613，3140682。

28 另在《水浒传》中，"相公"出现了一百四十多处。除了三处外，其余均是用于知县以上的官员。参照：王恺，《"老种"与"小种"是父子而非弟兄》，《南京师大学报（社会科学版）》，1984 年 1 期。

29 张履祥，《杨园先生全集》，卷四十四；钱袠，《厚语》。

30 岸本美绪，《中国中世における民衆と学問》，木村尚三郎等编，《中世史講座 8 中世の宗教と学問》，学生社，1993。

31 岸本美绪，《名刺の効用》，木村尚三郎等编，《地域の世界史 10 人と人の地域史》，山川出版社，1997。

译者注：该文中译版收入本书，即本书第二部第四章内容。

32 王应奎，《柳南随笔》，卷二。

33 龚炜，《巢林笔谈》，卷五。

34 吉尾宽，《張献忠集団の組織と士大夫》，《名古屋大学東洋史研究報告》15 号，1990。

35 有关柳敬亭，可参考岛田由纪子，《明末清初の大説書家——柳敬亭の生涯と芸術》，《文化》，40 卷 3—4 号，东北大学，1977。

36 稻田清一，《清代江南の世相と士風》，小野和子编，《明末清初の社会と文化》，京都大学人文科学研究所，1996。

37 关于“开读之变”的五位平民领袖，可参考岸本美绪，《「五人」像の成立》，收录于前引小野书中；后又被收录于岸本美绪，《明清交替と江南社会——十七世紀中国の秩序問題》，东京大学出版会，1999。

38 盘峤野人辑，《居官寡过录》三，《官箴书集成》第五册。

39 利玛窦，《中国キリスト教布教史》，川名公平译，页 79。
译者注：中文翻译引自何高济、王遵仲、李申译，何兆武校，《利玛窦中国札记》，页 65。

第三部

明末清初的秩序问题与国家

第六章

“中国”的抬头

——明末文章书式所见国家意识的一个侧面[1]

前言

本文所述“抬头”，又称“抬写”，是帝制时期的中国对文章书写形式的一项规定。撰写文章时，遇到涉及当今皇帝或皇室的语句时，需要另起一行，也就是从高于其他各行行头处书写，以此来显示尊敬之意。从高出一字之处换行书写称“单抬”，从高出两字处换行书写称“双抬”。一般而言，“单抬”“双抬”较为普通，但有时也用三字抬写（“三抬”）。“抬头”的等级，根据语句所含敬意程度来决定。这类规定随着时代的不同也有所变化，涉及皇帝本人或是与其行为直接有关的语句（如“皇上”“圣主”“钦定”等），抬写规格较高，“国家”“皇城”等与皇帝关系比较间接，抬写规格则要低一些。最高规格的抬头形式，是与当今皇帝的祖先有关的字样（如“祖宗”“列圣”等），以及与天（即天命的授予者）相关的字样（如祀天之地的“圜丘”等），因为按照当时的观念，祖先或者天的地位都是要高于当今皇帝的。[2]

上述规定在撰写公文书以及科举作答时，是要求严格遵守的，如果出现较为严重的错误，往往要对撰写的官吏进行处分，对参加科举者，则剥夺其考试的资格。但在一般书籍或文章中，对抬写的规定并非如此严格，有的用换行顶格的形式即“平抬”，有的则用更为简略的方法，即行中空出一字的“空格”来代替。

值得注意的是，在浏览明末公文书、出版物原件或照相件时，可以发现原本不属于应抬之列的“中国”二字，往往作了抬写。仅就管见而言，明代前期或是清代制作的文献之中几乎看不到此类例子。当然，笔者所能看到的文献有限，不过仍想利用这个机会对明末“‘中国’的抬头”的意义作些考察，以此求教于诸位贤者方家。

一、明清时代有关“抬头”的规定

明清时代的抬头制度是本文所论的前提，因此本节拟首先述其概略。

一般认为，公文书中的抬头制度始于秦代，[3] 但是根据近年的研究，[4] 秦代似乎并没有严格执行这一制度。例如秦代度量衡器上的诏书文章中，“皇帝”等字样并非都是抬写。然而在汉代的碑文和简牍之中，与皇帝有关的“皇帝”“朝廷”和皇帝谥号、庙号，以及显示王朝名的“皇汉”等语句，都基本使用了抬头，可以说抬头制度在汉代趋于定型。不过，此时并没有像后代那样对单抬、双抬作严格区分，使用的主要是平抬。汉代以后的历代王朝都继承了抬头制度，并且随着时代的推移，逐渐严格起来。[5]

清代抬头制度之严格，可以说达到了登峰造极的地步。清末《钦定科场条例》（光绪十三年［1887］）[6] 卷四二即是一种“抬写格式”，对科举答案中的抬头作了长达十七页的规定。其中除了列举应抬的字样以外，对抬写的基本内容作了如下规定：

> 乡会试卷抬头，“列圣”“郊庙”“皇上”“圣至”各字样，事系实用，不敬谨分别三抬双抬书写，及未经抬写，或既经抬写复行涂点者，均以违式论贴出。如“朝廷”“国家”等字应单抬，“恩膏”“德意”等字双抬，此类或双单误写者免议，若并未抬写者，仍照例议处。

对抬头作出如此详细规定，主要源于乾隆二十四年（1759）署江西巡抚阿思哈的上奏，大意是“科举答案中，有关抬头等书式的错误非常多，希望能够制定条例，加以明确区分”。看到这份上奏后，礼部于是编纂并颁布了《科场简明条例》。[7] 尽管后来对各个字样的抬头等级，出错后是否加以惩处的标准，以及惩处的程度（如禁止考试的时间长短）等内容有细微调整，总体而言，该条例对应抬字样作出了明确规定。

那么，明代是否也有与清代《钦定科场条例》一样的详细规定呢？在明初所编《洪武礼制》（见《皇明制书》）中，可以看到奏本、启本等公文书的形式，其中如“奏”“闻”“敕旨”等字样用了抬写，不过并没有全盘列举应抬语句。《礼部志稿》卷二二“嘉靖八年（1529）”条所载题本、奏本的形式中，虽规定各行行头空出二字以作抬头，但什么样的语句应该抬写，却看不到有何规定。虽然如此，明代一些与科举有关的例子显示，有的官僚因违反抬头规定而受到了降级处分。嘉靖七年，著名学者、后为兵部尚书的韩邦奇，就因顺天府乡试录（乡试结束后，将考官、合格者名单以及优秀答案予以整理编辑，附上正副主考官所撰序文，刊刻后提交给皇帝的一种报告书）中出现了抬头错误而受到了降级处分。根据御史劾奏，韩邦奇对乡试录中的“圣学”“先朝”“龙飞”等语没有抬写，对此皇帝下旨云：“科举重事，京闱又文教所先，乃错谬至此，何以垂示四方。”[8]《实录》所载，另有嘉靖十六年的广东乡试录中，因没有抬写“圣谟”“帝懿”“四郊”“上帝”等语而下令处分的例子。[9]

万历四年（1576），皇帝下问云“两京各省试录中……抬头字样参差差错何故”，内阁首辅、大学士张居正对此答云：“抬头岂容参差，此则各官忽略不敬，不能为之强解……乞敕下礼部申明体式使知所遵守，其中差错太多或文理纰缪不堪式者，量行参究。”在此情况下，礼部对抬头形式做出了明确规定，指令试录和上奏文这两类文书都应加以遵守。[10]据此可知，即便是在明末，也可以看到对抬头有着统一规定的迹象。

万历初由礼部制定的抬头规定，管见所及，迄今还未发现反映其内容的史料。但明末一些法律注释书，对公文形式作了解说，对应在公文中抬头的字样，也进行了一定程度的整理。如萧近高注《刑台法律》[11]，分上下二层，下段主要为法律条文及解说，上段是载有判语和例文的公务手册一类的书籍。在该书附卷中，对各种公文书的形式进行了解说，在这部分的上段，可以看到“第一抬头字样式”“第二抬头字样式”等，列举了应抬字样。“第一抬头”指双抬，“第二抬头”指单抬。其内容与清代的规定并非完全重合，如《刑台法律》就没有三抬。尽管有所不同，但就整体而言，还是有共同原则的，例如越是与皇帝个人直接相关的字样，抬头程度就越高，反之则抬头程度趋低。

另外还有一些共同原则。首先，这类字样绝非机械式的抬头，而是在与当今王朝发生关联时作抬写，这一点需要引起注意。如“朝廷”“国家”“诏”，再如都城、城门的名称等，都是在与当今王朝有关的时候抬写的，涉及前朝时则不用抬头。再看与“天”有关的词语，与当今王朝的正当性有关时，文中需要抬写，至于一般意义的“上天”，则不会用抬头。其次，判断某些字样是否需要抬头，与该字样本身并没有关系，关键要看发话人与该字样所反映的对象之间的上下关系如何。当臣民书写皇帝、国家机构、宫殿等词句时，必须抬写，而皇帝在上谕中言及与己有关的事物或国家机构、宫殿等时，无须抬写。不过，上谕如果遇到皇帝祖先或与天相关的语句时，也是需要抬写的。从以上所述可知，高度依赖言语发生的状况及行文背景应是抬头制度的性质所在。

二、不存在与“‘中国’的抬头”相关的规定

在第一节中，我们对明清时代的抬头制度作了一次概观，本文主题是“‘中国’的抬头”，但明代或者清代对应抬字样所作的各种规定之中，全然不见“中国”或“中华”之语。如后所述，明末的书籍或文书史料中，对“中国”之语进行抬写的例子实际上是有的，但为什么在规定上却不作抬写的要求呢?

管见所及，在该时代的文献中看不到对这一问题的明确说明。规定上对“中国”一语不作抬头的原因何在呢? 本节拟首先对此进行考察。与皇帝或王朝有关的词语需要抬头，为什么对“中国”却不作抬写呢? 这里可以联想起清末梁启超对“国名”问题所发的讨论。众所周知,梁启超在1901年撰写了《中国史叙论》,其中一段云:“吾人所最惭愧者，莫如我国无国名之一事。寻常通称，或曰诸夏，或曰汉人，或曰唐人，皆朝名也。”那么，超越王朝之间的交替，显示国民一体性、连续性的国名又应如何称呼呢? 对此，梁启超认为，“以夏汉唐等名吾史，则戾尊重国民之宗旨”，建议采用“中国”这一名称，“曰中国，曰中华，又未免自尊自大，贻讥旁观……然民

族之各自尊其国，今世界之通义耳。我同胞苟深察名实，亦未始非唤起精神之一法门也”。[12] 梁启超的主张是，“我国”没有类似欧美“nation”那样反映文化一体性与政治整合性的国名，如果说“我国”有“国名”的话，即是夏、汉、唐等国号亦即王朝名，并没有显示出全体“国民”的团结性。按照他的看法，无“国名”与国民意识淡薄互为表里，所谓“知有朝廷而不知有国家”，[13] 以朝廷为中心的历史观也正是渊源于此的。

梁启超为清末改革派，从西方列强分割中国的危机意识出发而阐述了以上观点，如果将此放到整个帝制时代的历史中思考，对“中国”不作抬头的规定，其理由似乎十分清楚，即原本就没有将“中国”作为“国名”的认识，因此也就没有对“中国”之语赋予什么特别含义的国民意识。

明末访问中国的欧洲人所撰记录中，可以看到与上述理解不谋而合的例子。16 世纪中叶，葡萄牙人盖略特 · 伯来拉（Galeote Pereira）在华南从事走私贸易，被官府逮捕拘留后，以《中国幽囚记》为名，将当时的见闻作了记录。其中记录了这个国家的居民并不知道欧洲人所说的“China”一词，以及询问他们国名时的回答等，如：“所有印度的居民都叫他们 China，因此我请他们告诉我，为什么他们叫这个名字，或许他们有一个叫这个名字的城……他们对此的回答始终是，没有这个名字，从来都没有过。然后我问他们，整个国家叫什么名字，如果有别的民族问他们是哪国人，他们怎样回答。他们告诉我说……整个国家叫大明，居民叫做大明人。”[14] 据此可以看到，当地居民并不知道欧洲人所说的“China”是指哪一个国家，他们所称的国名就是王朝名。伯来拉的上述观察也为后来的传教士所继承。1582 年来到中国，在内地活动了近三十年的利玛窦也发现当地居民不知道自己国家被叫作“China”，他认为：“中国人自己过去曾以许多不同的名称称呼他们的国家，将来或许还另起别的称号。

这个国度从远古时代就有一个习惯，常常是统治权从一个家族转移到另一个家族，于是开基的君主就必须为自己的国家起一个新国号。新统治者这样做，是根据自己的爱好而赋予它一个合适的名称。”[15]

尽管有这些欧洲人的观察记录，但是从明末的汉语文献，例如奏疏或文集中，“大明人”之语句还是极为少见的。“明人”之语在与“宋人”“元人”等前朝人作对比时使用，但在与蒙古、女真（满洲）、日本等周边地域的居民进行对比的语境中，“中国之人”“中国之民”“中国人”或“华人”“汉人”等词语占绝对多数，这一点似乎不用怀疑。这样来看的话，当被欧洲人问起“如果有别的民族问你们是哪国人，你们怎样回答”时，回答说“中国人”“华人”似乎更为合适，但为什么却要回答说是“大明人”呢？

这里的问题，与其说是对称为“中国”的统一整体所显示的归属意识的强弱，毋宁说是将具有文化共同性的“中国”领域作为一个统一整体予以整合的运动——在运动中的主体与客体的认识。在梁启超看来，“国家”应具有的形象是，即便没有君主，也能够依靠国民自身的国民意识进行统合，君临于已经得到统合的“国家”之上的是君主，他们作为支配者实施着统治。与此不同，传统用法中的“中国”之语，本身并没有显示出政治上的统合或统一，它所反映的仅仅只是某种具有文化共同性的领域或人群。“莅中国而抚四夷”，[16] 为天下带来政治秩序的主体是君主，而“中国”之语所显示的是被统合以及被秩序化的客体和对象。试图表现这个统一整体时，从被统合的客体或对象的立场来看，称其为“中国”也是有可能的。可是如果要看实现政治统合的主体要因，那么这个统一整体便自然需要根据统合的主体亦即王朝之名来表现。也就是说，“国名”根据统合的中心亦即王朝的名称来代表，而生存在通过王朝获得秩序的政治空间中的人们就用这一中心之名来称呼。

由此可以认为，“中国”之语用在对外关系时，与“夷狄”相对，其含义为现王朝实际支配统合的领域，对内则是显示统治客体的词语，与作为统治主体的皇帝或王朝形成对比。在后者的模式之中，呈现出这样一种上下关系，即臣民受到统合，作为政治秩序中的客体存在，对属于统合主体的王朝显示尊敬之意。一般而言，“抬头”制度正是在这种状况中才显示其意义的。在这里，“中国”之语并不属于统合的主体一方，而是属于被统合的客体一方。对于臣民来说，“中国”并不是与应该显示敬意的统治者有关的语言，而是与自身有着密切的关联。使用该字样的一方与该字所表示的对象之间，为一种上下关系，对这一点进行确认，正是抬头制度形成的关键所在。由此看来，臣民将“中国”之语作为抬头，反映出来的是把使用者本身置于高处，这一点从逻辑上来说，应是非常奇异之事。所以在规定上，没有把“中国”放在应抬字样一栏中也是十分自然的。

虽然如此，在明末各类文献中，抬写“中国”的情况实际上并不少见。以下诸节中，我们需要探讨的问题是，“‘中国’的抬头”这一现象在多大程度上得到了广泛使用？又是出现在什么样的语境之中？

三、《历代宝案》与题、行稿
——朝贡关系与对外抗争

尽管统称为明末各类文献，但其数量相当浩繁，范围也比较广泛。本节首先来看抬写“中国”较多的两类文书，一是与朝贡有关的外交文书，一是与对外战争有关的政务文书。

有关明代外交类文书的格式，我们根据琉球外交文书集《历代宝案》第一集，[17] 可以看到抬写“中国”的情况。该书根据写本编辑而成，并非外交文书的实物照片，但既是琉球外交的详细记录，同时也是当时琉球政府制作外交文书时的参考资料，[18] 大致可以认为正确反映了抬写的形式。

《历代宝案》第一集中收录有各类文书，如皇帝诏敕、礼部以及福建布政使等中国官僚致琉球国王咨文、琉球国王上皇帝表文及致中国官僚咨文、琉球国王与东南亚各国君主之间的咨文等，不过“中国”之语并非频繁出现。[19] 在第一集中，“中国”之语最早出现在记有洪熙二年（原文如此。——笔者）[20] 字样的暹罗国（泰国）咨文之中（四〇 / 〇三。此数字为《历代宝案》第一集卷数 / 文书号码，下同。——笔者），最晚为康熙二十三年（1684）琉球国王的表文（一五 / 〇五），并非经常抬写。抬写“中国”的例子，散见于宣德九年（1434）到康熙二十一年之间的文书中，在时期上并无特别倾向。皇帝的诏敕中，当然没有抬写“中国”，而在抬写的文书中，或抬写或一字空格，抑或无抬写无空格等。有的即便是同一文书，也存在各种不同的形式。

下面以万历二十四年（1596）福建布政使致琉球国长文咨文（〇七 / 〇四）为例，看一下中方文书中抬写“中国”的情况。如下所见，“中国”之语在该文中共出现了三次：

1. “[琉球国使者所呈内容] 本年八月二十九日，有 **[双抬]** 中国二人身服蔽衣蓬头跣足，称说使臣指挥使世用，承差郑士元，奉差日本侦探……查无文凭可据，视其人品谈论，疑似官体。”（黑体字“**[双抬]**”等指文后字样为抬写或空格，下同。——笔者）

2. “该臣看得琉球远在海外，自古不通于中国，惟我 **[双抬]** 祖宗威德远被，朝贡始通。”

3. “庶尊 **[双抬]** 中国怀远人之义两不失矣。”

我们看到，1 与 3 中的“中国”为双抬，第 2 句中的“中国”则没有抬写，可以说针对“中国”二字的抬写，并没有统一性。实际上，第 1 与第 2 句为当时福建巡抚许孚远上奏的引用部分，而许孚远文集《敬和堂集》所录《题琉球册封疏》中有其原文。再来看文集，除了第 1 与第 3 句相同以外，值得注意的是第 2 句，为“该臣看得琉球远在海外，自古不通于［**单抬**］中国”，即对“中国”作了抬写。[21] 如果许孚远奏议的原本也为抬写的话，那就是布政使在引用或者琉球方面在抄写时，对之作了变更。可是，为什么在同一篇文章中，对相同字样，有的用抬写，有的却没有呢？或许是因为单纯的不小心，但另一个解释或许也有可能，即 1 和 3 所指为 16 世纪明朝统治下的中国，2 叙述的则是明朝以前的“中国”，因此有抄写上的差异，并且其中存有一定的原则。可是在其他文书中叙述当代中国时，并不一定都遵从这种抬写原则，如“［倭夷］何援此为名窥伺中国哉”（〇八／一七，福建布政使致琉球国咨文，崇祯九年［1636］）所见，明确为当代之事而不用抬头的情况却并不少。相反，如“凡事务求前例，以尽琉球世世臣事［**双抬**］中国之道”（〇六／〇六，礼部致中山王世子咨文，康熙二十一年）的例子，却是在指称前代时使用了抬头。

以上例子为中国方面所发文书，反过来看琉球方面致中国的文书，如“（琉球为）外藩撮土，总是［**双抬**］中国飞尘”（一九／一〇，中山王世子尚丰咨文，崇祯四年［1631］）；“臣属外藩之远，久向［**双抬**］中国之风”（一四／一三，中山王世子尚贞表文，康熙九年）所见，显示出了对中国的谦恭之意，这一点在琉球发给别国的文书中也有反映，如“（通过与暹罗进行交易来购买胡椒、苏木等，以此）备［**单抬**］贡［**单抬**］中国”（四〇／一八，中山王致暹罗王咨文，宣德九年［1434］），对“中国”一词使用了抬写。由此可见，在琉球方面制作的外交文书中，对“中国”作抬写似为一项原则。然而如“臣国僻在海东，去中国不可以道里计”（一五/〇三，中山王尚贞表文，康熙二十二年）一文，在原本认为应该抬写的内容中，却没有看到抬头，这又似乎说明，虽然是原则，但并不十分严密。

《历代宝案》以外的外交文书中，也可以举一些例子。如日本致明朝文书中，就可以看到抬写“中国”的情况。瑞溪周凤《善邻国宝记》[22]为日本外交文书的集成，其中所录足利义成（即后来的义政）宝德三年（明景泰二年［1451］）表文有云“恳知好道之［**平抬**］君出于［**平抬**］中国”，即是“中国”抬头之例。一般而言，《善邻国宝记》并没有正确反映出原本的具体抬写状况，用的全是平抬，[23]因此可以推测上文实际上用的是双抬或单抬。

以上大致浏览了一下“中国”一语在外交文书中的抬头事例。在这类文书中，“中国”的抬头看上去似乎并不严格，不过一般情况下都进行了抬写，在明代早期即可看到。如果从外交文书的性质来思考的话，上述状况也可以说理所当然。从外国的立场而言，如果想与中国维持稳定的朝贡关系，尊崇“中国”的统治者亦即“天朝”，同时也是在尊崇“中国”，两者并无矛盾，反而是重叠在一起的，于是自然形成一种从“外国”的立场对“中国＝天朝”示以尊崇的模式。如前节所述，如果将视点转换到国内，也就是从“天朝”统治“中国”这样一种国内模式来看，对统治客体的“中国”使用抬写，难免会有一种别扭之感。而从外国的视线来看，无须产生这种感觉，在他们那里，有德之君统治中国，德化遍及周边地区，这种意识形态与“‘中国’的抬头”自然而协调。

接下来看有关对外战争的政务文书。过去很少能够见到明代官文书原件的影印版，但《中国明朝档案总汇》101册（广西师范大学出版社，2001）影印出版了中国第一历史档案馆及辽宁省档案馆所藏明代档案四千件左右，使我们得见现存明代官文书相当部分的原貌。其中除了卫选簿等簿册类以外，较大部分是兵部题本、行本的原稿。《中国明朝档案总汇》所录题稿、行稿以及两者兼用的题行稿（以下合称“题、行稿”），都写在几乎同一样式的稿纸上，每行上面有两格空白以备抬写，在所书内容旁边，并有官僚改批的痕迹存在。现存题、行稿基本上为明末天启年间（1621—1627）、崇祯年间（1628—1644）的文书，[24] 虽然并不能说明整个明朝的长期动向，但还是有助于我们了解明末的状况。

在这些题、行稿之中，有关皇帝的语句当然都使用了抬头，但值得注意的是，对“中国”一语，也几乎毫无例外地作了抬写（大多为单抬）或空格。虽然也有少数情况对“中国”没有抬写或空格，但这时在旁边往往就有记号，指示应予以抬写。[25] 由此来看，在中央政府的这类文书中，对“中国”作抬写应为一项原则。此外诸如“中原”“中外”等字样，也可以看到作了抬头处理。

这里有必要与上节中所述朝贡类文书中的“中国”抬头作些比较。朝贡关系语境中的“中国”抬头，多数情况下是作为修辞语句夸耀对方时使用的，而兵部题、行稿之中的抬写，并不全是赞赏之意，相反倒是与面临外敌时的危机意识有关，此点值得注意。如崇祯三年（1630）兵部尚书梁廷栋等人的题行稿（第 7 册，页 190）记载蒙古察哈尔部进攻后金军，杀死其部将数人并夺走马匹后来求恩赏，上述状况经由当地武官报告，其中引“夷人”话语如下：“我们将奴酋下部夷邀杀，割级三颗……我们王子替你［**单抬**］中国报仇割级三颗，照依南朝事例，每级该赏银五十两，共该一百五十两。”“夷人”要求褒赏时的口吻相当傲慢，而且他们所云“南朝”之语，正是北方民族强调自己与中原对等时所用的词语，[26] 如果注意到这一点，似乎可以认为与文中抬写“中国”的状况相反，上述“夷人”之语实际上暗示了“中国”占据优势的上下关系已经出现了裂痕。针对“夷人”的要求，明朝武官回答“我这边无有赏银，就有亦不敢擅给，你们将首级挐在张家口赴抚院上验过，自有赏赉”，他的回答中甚至有“我们南朝人”这样的自称。这些都反映出在抬写“中国”的背后，存在着“夷人”的压迫以及对这种压迫产生的危机感。

当然，题、行稿之中抬写“中国”，并非只在这种包含危机感的文意中出现。例如“(满洲的)牛鹿即[**单抬**]中国游击职衔”一句，就是将明满进行比较时所作的抬写,并不包含价值判断。然而如“夷人笑［单抬］中原之无人也”(第7册,页445)、“夷狄相攻,[**单抬**]中国之利”(第8册,页32)等例子所见,兵部题、行稿之中抬写“中国”时,与意识形态上的“德被天下”这样一种中国的形象是截然不同的。

本节探讨了明代将抬写“中国”作为原则的两类文书群，也可以将支撑这两类文书群的“中国”抬头样式的语境，分别用朝贡关系的语境与对外抗争的语境这样的词来表达。在中国的统治机构中，礼部与兵部有各自的行政事务，但都与外交有着很深的关系，上述两种语境，换言之也是兵部和礼部这两个部门的对外认识框架。中国王朝在对外扩张之际，两者的差异并不明显，但当处于守势时，两者之间也就迥然各异。所谓差异，也就是中国占据优势地位、怀柔远人的朝贡关系式意识形态，与面对夷狄的优势，在其压迫中如何防卫“中国”这一现实的对外抗争意识之间的乖离。那么，明末的对外危机和“‘中国’的抬头”之间到底有什么关系？抬写“中国”的习惯始于何时，又扩展至什么范围？在下一节中，我们将探讨一般出版物中的“‘中国’的抬头”。

四、明末书籍中的“‘中国’的抬头”

明末的出版物中，抬写“中国”的事例并不少。一般而言，明代出版的书籍数量惊人，要对其作某种网罗性统计，绝非易事。这里想使用以下较为间接的论证手段。明末崇祯十一年（1638）刊行的《皇明经世文编》，依据四百三十余种官僚知识人的文集，说它集成了明朝一代最主要的经世文，似无异论。在该书中，完全不见抬写，应该抬写的字样都以空格处理。就“中国”一语而言，有的使用了空格，有的则没有。在此假定用了空格的“中国”字样的，在原书中为抬写或空格，则对使用空格的“中国”之语按照时期不同，可算出其大致的比率（如同一作者多次使用“中国”之语，算为一件，即便这之中只用了一次空格，也算作“有空格”）。《皇明经世文编》共有五百零四卷，其中每位作者的作品基本上是按照时间顺序排列的，因此这里以一百卷为限，共分成五个部分（最后一部分为一百零四卷），在此基础上进行探讨。[27]

下面来看结果。就第一期（第一卷至第一〇〇卷，时间按作者进士合格年份显示，明初至1493年）而言，包含“中国”一语的有39件，1件有空格。第二期（第一〇一卷至二〇〇卷，1466—1523）有31件，空格为1件。第三期（第二〇一卷至第三〇〇卷，1508—1557）有40件，空格6件。第四期（第三〇一卷至四〇〇卷，1524—1571）有31件，6件空格。第五期（第四〇一卷至五〇四卷，1566—1634）共有35件，其中空格4件。当然，编者依据的原书是哪一种版本，实际上并不清楚，所以也不可能作十分精确的统计。但是，如果认为《皇明经世文编》中的空格反映出了原本中抬头、空格这一假设不误，那么就基本可以说，在16世纪中叶，对“中国”一语进行抬写或者空格的倾向有所扩大。

这种推测的前提，是“《皇明经世文编》中的空格反映了原本的抬头、空格状况”，然而这一假设究竟是否正确呢？对“中国”作空格（也就是推测原本有抬头或空格）处理的文集，现在列举如下：彭韶《彭惠安公奏疏》、毛伯温《毛东塘集》、郑晓《郑端简公文集》、许论《许恭襄公边镇论》、曾铣《曾襄愍公复套条议》、魏焕《巡边总论》、赵炳然《赵恭襄文集》、唐顺之《唐荆川家藏集》、刘焘《刘带川书稿》、方逢时《方司马奏疏》、谭纶《谭襄敏公奏疏》、戚继光《戚少保文集》、吴时来《悟斋文集》、许孚远《敬和堂集》、王任重《王太仆集》、李三才《李修吾文集》、涂宗浚《涂司马北虏封贡始末疏》、熊廷弼《熊经略集》。其中，可以确认原本（或同一作者的著作的明刊本）中有抬头或空格的是：

> 彭韶，《彭惠安公文集》，嘉靖十一年（1532）序，东洋文库藏景照本。单抬。
>
> 毛伯温，《东塘先生文集》，嘉靖四十五年序刊，内阁文库。单抬。
>
> 郑晓，管见所及，《郑端简公文集》中并无“中国”的抬头或空格，但在《郑端简公奏议》（隆庆四年［1570］刊，内阁文库）中，对“中国”作了一字空格。
>
> 曾铣，《复套议》，万历间刻本影印，《四库全书存目丛书》所收。单抬。
>
> 谭纶，《谭襄敏公奏议》，万历二十八年（1600）序，东洋文库。单抬。
>
> 许孚远，《敬和堂集》，万历二十二年序刊，内阁文库。单抬。
>
> 李三才，《抚淮小草》，万历三十年序，东京大学总合图书馆。单抬。
>
> 熊廷弼，《按辽疏稿》，明刊本影印，《四库禁毁书丛刊》所收。单抬。

就《唐顺之文集》而言，嘉靖三十四年刊本现藏于内阁文库，其中虽有“中国”字样，但不见抬写或空格。至于其他作者，现在还无法调查其明刊本。如果说要对上述假设进行确认,还需要对《皇明经世文编》中含有“中国”一词的所有著作(包括没有作空格处理的著作),在对照原本的基础上进行全面分析,但这样一种网罗式调查无疑太过繁琐,此处只能从略。不过至少就笔者管见而言,迄今尚未见到在原本中有抬头、空格,但在《皇明经世文编》中却无空格的例子。

根据以上所述,可以暂时得出如下结论,即《皇明经世文编》中的空格基本上反映了原本的抬头、空格状况。但是需要注意的是,即便是同一作者,根据书籍的不同,抬头的方式也存在不一样的情况,而且即便是抬写了“中国”,究竟是依据作者本人的原稿,还是为出版者所为,这些都尚待澄清。特别是作者去世以后出版的作品,就更应慎重处理了。

尽管结论有所保留,但还是可以大致推测,抬写“中国”的现象在16世纪中叶以后,较为广泛地见于一部分官僚知识人中。因为在一般书籍中,对是否抬写“中国”并无明确的制度,所以撰写的有无,依靠的应该是作者或出版者自己的判断。也正因为如此,与那种僵硬地遵守规则有所不同,对“中国”抬写与否,比较忠实地展示了当时部分官僚知识人对“中国”一词怀有的某种感觉,尽管它是通过相当模糊的方式来表达的。

那么,这一部分官僚知识人是什么样的人呢?在上面列有“中国”抬头的文章中,早期的一部分是有关南洋方面的,比如彭韶(1457年进士)的文章与在广东进行的对外贸易有关,毛伯温(1508年进士)的文章与安南有关。不过总体来看,这类性质的文章并不多见。绝大部分是以16世纪中叶代表性的边境问题专家郑晓为首,都与北方蒙古、女真以及东南沿海的倭寇等令明朝深感棘手的边外问题有关,其中尤以与北方边境有关的文章居多,这一点从上面列举的文集名上也可以得到印证。

还有一点值得注意的是，上面列举的各位作者几乎都有任职兵部的经历，如毛伯温、赵炳然、谭纶、方逢时、涂宗浚（死于赴任前）、熊廷弼等为兵部尚书，郑晓、唐顺之、许论、魏焕、曾铣、刘焘、许孚远等曾任兵部侍郎或兵部郎中。此外，如毛伯温、许论、唐顺之、赵炳然、谭纶、方逢时、涂宗浚、熊廷弼、曾铣、刘焘、许孚远等人还曾历任巡抚或总督等官职，掌管着实际的军务。吴时来、谭纶还推荐拔擢戚继光为北边军务的责任者，由此可见他们与戚继光这样出身武官的将军之间也有着密切关系。这也就显示出，兵部系统的人物与“‘中国’的抬头”有着一定的关联。

当然，在《皇明经世文编》所收文集以外，还有无数与北边或倭寇问题有关的文章，其中对“中国”作抬写处理的例子也数不胜数。那么，这些抬写出现在什么性质的文章中？其特点又如何呢？下一节对此试作分析。

五、“‘中国’的抬头”与明末的国家意识

明末与边境问题相关的文章中出现“中国”字样的抬头，导致这一现象产生的背景，首先需要注意当时人的一个认识，即以“中国”为中心的朝贡秩序正面临崩溃。如熊廷弼针对女真时说，“年年跋扈之夷，即年年入［**单抬**］贡之夷，年年忧奴之［**单抬**］中国，即年年受贡之［**单抬**］中国。夷非以畏服贡，我亦非以威德来。夷贡而贡之权不在我也”[28]，以中国为核心的朝贡秩序，在现实的力量对比之中逐渐解体，这应该说是上述论者的共同认识。正是在这样一种状况之中，“中国”的抬头这一样式的使用有所扩大，这虽似为一种反论，却显示出了一种含义深远的现象。

对“中国”作抬头处理，原本是一种敬意的表达方式，然而看上述有关抬写的文意，大多并非对“中国”作理想上的赞美，而是指出“中国”正处在令人担心的局面之中。例如：“倭寇类多［**空格**］中国之人”（《郑端简公奏议》卷二），“我［**单抬**］中国奸人，逋逃近岛，勾引倭奴”（赵士桢《神器谱或问》），“（倭奴裸身来攻）是谅我［**单抬**］中国火器不能命中耳”（同上），“（蒙古统治下的）虏中［**单抬**］中国之人居半，非虚语也”（《复套议》卷下），等等。这些文章大致反映了以下状况，即“中国”之人或是主动地或是被迫地加入蒙古、倭等强势集团之中，而且“中国”在军事上处于弱势。此时对“中国”作抬头处理，不能不说给读者带来了某种奇妙的感觉。

其次，有些明末时期的例子反映出对前代的“中国”之语也用了抬头，而并非只是针对本王朝，这一现象值得注意。“中国”一词在某些语境中可以置换为“大明国”或“天朝”，在这种情况下抬写“中国”，与抬头制度的原则并无矛盾。如《历代宝案》中“（买进东南亚的物产）备［**单抬**］贡［**单抬**］中国”（四〇／一八）一句，在另外的文书中，尽管含义相同，却改为“备［**双抬**］贡［**双抬**］大明国”（四〇／二〇），“中国”与“大明国”所指对象是相同的。然而当时的文章，如“汉人有言匈奴不足当［**单抬**］中国大县”（《神器谱或问》），“河套实为朔方故郡，三代而下久属［**单抬**］中国”（《复套议》卷下），等等，对明王朝以前的“中国”也作了抬头，此类例子并不少。这与抬头制度尊崇本王朝的原则显然是相抵触的，但却反映出超越了本王朝范围的夏、殷、周以降延续而来的历史上的“中国”这个统一整体也成了尊崇的对象。如果借用第二节中所引梁启超的话，就是在这里或许可以看到把“中国”作为“国名”的意识存在。

不过，梁启超所主张的“作为国名的中国”，与“民族之各自尊其国，今世界之通义”这一认识是互为表里的。从这一点看，应如何理解明末的“‘中国’的抬头”呢？如果从对抗周边强势集团的入侵以保卫“中国”这一问题出发，不是“中国”文明普照天下的那种无国境式文化主义，[29]而是从内与外的角度对“中国”的实体严加区分，这样一种意识的产生也可以说十分自然。上引《复套议》中河套“三代而下久属中国”一类与“中国固有之领域”有关的讨论，正是这种意识的一个表现，也就是通过与蒙古的对抗，恢复原有的疆域。[30]

虽然方向相反，但在尝试清晰化“中国”范围这一点上，主张不应该毫无定见地干涉夷狄内部的问题，应明确区分国内外边界，由此减轻国内的负担，这样的看法也应属于上述潮流。例如李三才的例子即是如此，一方面认为火酋（西南少数民族）的内讧和哱拜之乱是“内事”，是国内问题，不得不用兵，但在面对丰臣秀吉侵略朝鲜时，又表示援军朝鲜，与之相抗是“无端驱衽席之赤子勤瘴海之外夷，夺有限之口食填无用之绝壑，劳师百万，费材亦百万，士民愁苦，海内驿骚，其于［**单抬**］中国毫毛有裨哉”。对杨应龙之乱，也作了如下批判：“夫杨应龙之杀其妻也，夷狄之人有夷狄之性耳，夷狄之事［**单抬**］中国不之治也。[31]乃计不出此，无端欲绳之以法，始而议剿矣，继而议抚，无何而又剿，无何又抚，朝更夕改，二三其政，彼酋之习见我如斯也，遂藐然有轻［**单抬**］中国之心。”[32]

“中国”的范围应该如何认识？围绕这一问题，有着不同的看法，有的认为应打破现状，收复失地，有的认为应维持现状，采取守势。两者之间的共同点，就是主张与外国之间设定某种境界线，以示内外之别。需要注意的是，这些主张也并非是在勾勒什么“中国”与诸“外国”对等并存的多元世界形象。正在兴起的满洲，认为自己与明朝中国处于对等的地位，这怎能不激起那些论者的愤激之情呢？万历三十七年初，来朝的建州女真使节团突然拿出努尔哈赤的书简，要求在明与女真之间的境界处建立界碑。[33]熊廷弼在谈及其内容时，说道：

> 夷志日骄而立碑之说起矣。其曰你［**单抬**］中国我外国[34]，何其悖傲，既并称国，又称两家，何其僭逆。[35]

以朝廷为顶点而扩展的开放性垂直性朝贡关系式秩序，在明末走向瓦解，这正是“中国”的抬头在此时出现的背景。以实力决定胜败，面对这样的世界，必须捍卫作为实体存在的“中国”，应该说这种极为紧迫的危机意识，支撑了“中国”的抬头这一样式。可是就另一方面而言，“抬头”这样一种文书形式，又与上下关系这一秩序密不可分。尽管需要依靠实力与各种势力进行对抗，但它们之间原本是不可能对等的，无论如何强大，夷狄自称与中国对等，以“你我”关系来自居，这只能是僭越。因此可以说，在“中国”的抬头这一形式中，贯彻着上下关系的存在，这是一种理念上的一元性秩序形象，同时呈现出了各种势力通过实力抗争产生的多元性世界形象，两者关系紧张但又同时存在。

结 语

本文将“中国”的抬头这样一种文书形式上的小问题作为切入点，分析了明末国家意识的一个侧面。管见所及，尚未看到当时有文章对“中国”的抬头这种形式作明确的论述。当时的人们通过这一形式，试图表达什么呢？对此，除了通过当时各种各样的文意进行推测以外，别无他法。

不管怎样，明末出现的“‘中国’的抬头”这种形式，伴随着清朝在中国的统治而逐渐消失，这是不容否定的。不过，也不是完全看不到，如《历代宝案》，仍有清朝时抬写“中国”的例子。再如与荷兰有关的文书中，有“看得［**双抬**］中国有道，重译来归，史册艳称之”（顺治十年［1653］，广东巡抚李栖凤揭帖《谨揭为酌议外国向化事》[36]）这种形式的“中国”的抬头。此外，满文中也有例子存在。根据柳泽明的研究，[37] 1768年俄罗斯和清朝就《恰克图条约》追加条项进行交涉时，dulimbai gurun也就是“中国”之语的抬头成为一个焦点。如上所见，在与荷兰、俄罗斯等外国的关系中，清朝与“中国”之语同义，显示尊崇之意，这并没有什么不自然。然而，在包括满、汉、蒙等在内的国内文书中，清朝崛起于被习惯叫做“中国”的这样一个文化实体之外，与“中国”之间有着明显的鸿沟。到清末，在与西洋各国以及日本的关系中，“中国”一语再次受到了瞩目。可是在此之前，对清朝来说，“中国”应是较难使用的一个词语。梁启超说“我国无国名”，其背景除了中国历史的整体特性之外，还包括上述属于清朝特有的状况。

针对清末的“中国”观念，迄今的研究十分丰富，从一元性文化主义传统的世界秩序形象到近代的民族主义，这种图式为许多学者所接受，但所谓传统世界的秩序形象并不是一直完全没有动摇的。在其过程中，16至17世纪处于什么样的位置？这些都是饶有趣味的课题。明末产生了各种各样具有发展可能性的国家意识，可以说“‘中国’的抬头”用一种尚未分化的形式将它们纳入其中。

补记

近年来，研究者都很忙，似乎连谈论他人论文的阅读感想都没有空闲，但是这篇论文却从好几位研究者那里获得“标题有趣”的赞扬。最初对这个问题产生兴趣，是在1999年碰巧看到东京大学综合图书馆所藏万历年间刊行的李三才《抚淮小草》（这套书藏于东大综合图书馆一事，是小野和子先生发现的）时总觉得有些违和感，这成为这篇文章的起点。想着哪儿有点奇怪，便注意到“中国”一词频繁地出现抬写（单抬）。在此之前对抬头制度没有特别关注，也没有意识到本来“中国”一语不应抬写，因此或许忽略了“中国”的抬头。不过就我而言，平常阅读汉籍也是以清版为主，清版书籍上“中国”的抬头大概是不可能的（当然无法断言，需要调查），故而产生了奇怪的感觉。在此之后，虽然对这个问题感兴趣，但哪有空闲为了调查“中国”的抬头情况而把明版书籍逐一阅读，只能暂且作罢。不过，某个时候注意到《皇明经世文编》中同时存在“中国”前面有空格与没有空格的情况，便想到或许可以利用起来。本文多多少少能够将此作为假说提出，并且进行了部分论证。但是，仍旧存在反证的余地，如有注意到的地方，还请不吝赐教。

因为本文是列举事例的一类论文，往往会在事后觉察到不少情况。举其中一例，写作《东方学》原稿之时，能够看到关于琉球与日本的外交文书里“中国”的抬头事例，而关于朝鲜，虽多方调查却没有找到。但是在那之后，在《中国国家博物馆馆藏文物研究丛书　明清档案卷　明代》（上海古籍出版社，2007）所收之《万历四十年朝鲜国王致礼部请罢中江关市以清疆界以防奸弊事咨文》中，看到对“中国”的双抬。

这样的研究也许会受到批评，认为是将细碎之事视作有趣，但如果不拘泥于“抬头”，这会是很有延展性的话题。此文仅是线索，今后我还想继续调查相关的问题。文中述及的“礼部式的语境”与“兵部式的语境”这一对比，或许能够展开有趣的讨论。

（李济沧译）

注释

1 本文原载于《东方学》118 号，2009。

2 清代中期以降，有关公文以及科举答案中的抬头规定十分严格，这里以清末《钦定科场条例》所载清代中期以降的规定为基础，对一般性原作略作叙述。

3 王国维，《秦公敦跋》，《观堂集林》，卷一八，中华书局，1991，页 907。

4 汪桂海，《汉代官文书制度》，广西教育出版社，1999，页 106—111。

5 冯惠玲，《我国封建社会文书抬头制度》（《历史档案》，1985 年第 1 期）一文，以明清时代为中心，对抬头制度的历史作了概述。

6 《钦定科场条例》在清代有过几次编纂，本文所用的是光绪十三年版（东洋文库藏）。有关抬头的规定，在前后版本中并无太大变化。

7 《清高宗实录》，卷五九九，“乾隆二十四年十月甲午”条。

8 《明世宗实录》，卷九二，“嘉靖七年九月癸未”条。

9 《明世宗实录》，卷二〇六，“嘉靖十六年十一月癸未”条。

10 《明神宗实录》，卷五五，“万历四年十月庚午”条。

11 正式书名为《鼎镌六科奏准御制新颁分类注释刑台法律》，本文用的是中国书店影印本（1990）。不过，就抬头字样一栏而言，也有可能掺入其他页面，出现错简或脱落。此外，熊鸣岐辑《鼎镌钦颁辩疑律例昭代王章》（《玄览堂丛书》所收）对抬写规定有所记载。黄彰健对明律各种注释书作过解说（《明代律例汇编序》，见《明代律例汇编》上，“中研院”历史语言研究所，1979），据此可知，从著者在职年代来看，两者的刊行年份似都在万历四十年以后。将《刑台法律》与《昭代王章》的抬头语句一栏作比较，在语句的顺序等方面有着一定程度的共同性，似乎不像完全没有关联，但另一方面也有很多不同，似难判断为同一出典。

12 梁启超，《饮冰室全集》，第一册，《饮冰室文集之六》，中华书局，1989，页 3。

13 梁启超，《新史学》（1902），见《饮冰室全集》之《饮冰室文集之九》。

14 伯来拉，《中国幽囚记》，加斯帕·达·克路士（Gaspar da Cruz），《十六世紀華南事物誌 ヨーロッパ最初の中国専著》，日埜博司译，明石书店，1987，页 445—446。

译者注：中文翻译引自伯来拉，《中国报道》，C. R. 博克舍编注，《十六世纪中国南部行纪》，何高济译，中华书局，1990，页 18—19。

15 利玛窦，《中国キリスト教布教史》1，川名公平译，矢沢利彦译注，岩波书店，1982，页 9。

译者注：中文翻译引自何高济、王遵仲、李申译，何兆武校，《利玛窦中国札记》，中华书局，1983，页 5。

16 《孟子·梁惠王上》。

17 本文使用的是冲绳县立图书馆史料编集室编（和田久德校订）《历代宝案》（校订本）第一册、第二册（冲绳县教育委员会，1992）。第一集收录了康熙三十六年（1697）以前的各类文书。

18 和田久德，《〈歴代宝案〉第一集について》，见《琉球王国の形成》，榕树书林，2006，页 186。

19 检索冲绳县立图书馆史料编集室制作的数据库，在第一集约 43 万字中有 40 例。

20 洪熙元年为 1425 年，但洪熙帝在位一年就死去，因此洪熙二年实际上并不存在。

21 许孚远写成的公文原件，现存有《明国福建巡抚许孚远回文》（影印收录于《大日本古文书家わけ第十六之三島津家文书之三》），该文中，可以看到双抬“中国”的例子，如“关白又知崇我［**双抬**］中国”等（此处承渡边美季博士指教）。

22 本文使用的是：田中健夫编，《善隣国宝記·新訂続善隣国宝記》，集英社，1995。

23 田中健夫编，《善隣国宝記·新訂続善隣国宝記》，卷头有宣德八年皇帝敕书的原件照片，将其与该书页 153—154 索引的《善隣国宝記》进行比较，原件为双抬的“天”字在《善隣国宝記》中为平抬。此点可以参见田中健夫对原件照片所作的说明。

24 在该史料集中，还收录了万历以前以辽东关系为中心的公文书，但数量并不多，“中国”一语的用例也几乎看不到，而且多数文书的边缘部分被切断，留有完整形式的文书并不多，“中国”一语是否抬写，据此无法知晓。第 97 册页 137 所载万历三十九年（1611）的游击移文云“（女真的某个部族长）向来凡中国宣谕无不听命”，在这一文意中，虽有“中国”之语，但没有抬写。仅依据这一个例子来推测整体，存在一定的困难。

25 《中国明朝档案汇编》，第二册，页 200。

26 茅瑞徵《东夷考略》（天启元年［1621］）自序，《玄览堂丛书》所收影印版）云：“［努尔哈赤］僭号金国汗，建元天命，斥［**空格**］中国为南朝。”“南朝”之语，是有意识地作为对“中国”一语的否定含义使用的，这一点为明末知识人所熟知。皇太极即位后不久，天聪元年（1627）明金和议，袁崇焕致皇太极的书简中的“中国”为单抬，而皇太极给袁崇焕的书简却换成了“南朝”，并无抬写，这是一个反映当时最前沿外交关系中抬写“中国”的状况，饶富趣味。这些书简的原件影印收录在李光涛编《明清档案存真选辑》初集中（“中研院”历史语言研究所，1959，图版 27、28）。另可参见：神田信夫，《袁崇煥の書簡について》，初版，1962，同作者《清朝史論考》所收，山川出版社，2005。

27 每卷顺序并没有严格按照进士合格年份排列，各期之间也有许多重复的时期。

28 熊廷弼，《按辽疏稿》，《四库禁毁书丛刊》，卷六，《谨叙东夷归疆起贡疏》（万历三十九年［1611］）。

29 文化主义（culturalism）一语，引自 Joseph R. Levenson，*Liang Ch' i-ch' ao and the Mind of Modern China*，University of California Press，1959。

30 明末的“固有领域”论，已经超出本文的主题，是一项需要认真探讨的课题，笔者拟在今后作进一步考察。关于曾铣的“复套论”以及当时的相关论战，参看：城地孝，《明嘉靖「復套」考》，载《集刊东洋學》，98 号，2007。

31 面对在贵州播州握有势力的杨应龙，本来讨伐论与招抚论两派正在拉锯，动乱的最直接导火线是：杨应龙杀害嫡妻张氏这一家庭内部事件，被妻子叔父土官张时照等以“反乱”为名提出申诉。

32 李三才，《抚淮小草》，卷八，《历陈国势病由疏》，万历三十年（1602）。

33 有关这一事件，《明神宗实录》卷四五五“万历三十七年二月甲寅”条与“辛巳”条有记载，另外《万历邸抄》同年同月条也有言及。此时努尔哈赤的“对等国家并存构想”以及明朝所作的反应等都是令人关注的问题，由于笔者的能力以及篇幅所限，此处无法作深入探讨。

34 “你（尔）我”是表示对等关系的称呼，比如在法律上，两当事人在日常“尔我相称”的情况下，被视作没有身份性的上下关系。参见高桥芳郎：《宋—明身分法の研究》，北海道大学图书刊行会，2001，页 307。

35 熊廷弼，《按辽疏稿》卷二，《勘覆地界疏》，万历三十七年。

36 张伟仁主编，《明清档案》，“中研院”历史语言研究所，第 16 册，158 号文书。

37 柳泽明，《一七六八年の〈キャフタ条約追加条項〉をめぐる清とロシアの交涉について》，《東洋史研究》62 卷 3 号，2003。

第七章

明末清初的暴力与正义问题[1]

绪 言

用发展阶段式的眼光阅读诺贝特·埃利亚斯（Norbert Elias）的《文明的进程》一书时，[2]下述看法也是可能的，即中国的"文明的进程"自不待说比日本要早，比西欧的近代还要早，在春秋战国的时候就已经开始了。埃利亚斯自己也在书中的注释谈及中国，"在中国，很显然武士阶层在早期就已被强大的中央政权以极端的方式予以消灭……由官吏上下尊卑等级为中介而使宫廷的文明形式渗透到人民的最底层……中国的集权和西方的集权进程在个别细节上无论有多么大的区别，然而对竞争的武士或者领主战而胜之，都是凝聚较大统治区域的基础"。[3]按照这种看法，中国的"文明"时期，可以追溯至中央集权国家与文人官僚制度形成的春秋战国至秦汉时代。水林彪也注意到"市场经济的发展具有将暴力驱逐出社会之外的本性"，他认为"中国迈向文明的历史过程开始于春秋战国之交，完成于宋代。当然，此处所云国家与社会的分离，相较于西欧近代或南欧古典时期的状况在类型上有所不同，但是，在社会与国家的分离得以完成这一意义上说，则是历史同一发展阶段中存在的社会类型的差异”。[4]

然而，和近代的西欧一样，中国的暴力问题也未能通过上述“文明”的进程得到“解决”。正如奥村隆所言，埃利亚斯的社会学也可读作“人类为何不使用暴力”这一伴着震惊的设问。[5]《文明的进程》中对礼仪准则相关书籍所进行的细致分析，与其说让我们重新感知由文明社会的进步性与稳定性而来的安心感，毋宁说让我们重新感知被这种精妙的自我抑制之压力所封印着的暴力的存在。“当前，人们已经习惯于稳定的暴力独占的存在，习惯于对暴力实施的更大的预计性……我们尚未意识到，一旦我们自身中和围绕着我们的恐惧发生了变化……那我们所称为‘理性’的东西，那种对我们的行为所进行的有着相对长远眼光的、对本能进行控制的、极其精细的调节就会败落或崩溃。”[6] 埃利亚斯的这段文字，可作为贯穿《文明的进程》全书的问题核心。而在中国，支撑中国传统知识人围绕社会秩序而进行讨论的，亦正是同样的不安感。

中国的知识人并非“习惯了”稳定的暴力垄断状态。对中国的知识人来说，本应垄断正当性暴力的国家被暴力所倾覆的事态在历史中反复上演，这是常识性的事实，而如何在秩序论中定位此种事实，就是他们的一个重要课题。埃利亚斯所云秩序崩坏的危机感，对他们而言与其说是新的发现，毋宁说是问题的出发点。这个问题，一言以蔽之，就是“正当的暴力是什么”的问题。

儒教的国家论与“正当的暴力”问题难以分离。失去人民支持的王朝被接受天命的新势力所讨伐，在长达两千年的历史中，这一放伐革命论为事实性的暴力问题得以毫无抵牾地嵌入权力的正当性论说之中提供了关键性的支撑。人们当然认识到放伐革命论最终归结在“成王败寇”这一结果论上，但是，以“天命即民意”的观念为媒介，放伐革命论的逻辑支撑了王朝更迭的正当性。体现民意的暴力，无论如何将其看作秩序的破坏，仍旧具有真正的正当性，而那些尝试将其压制的势力，无论如何倡导仁义道德，其正当性都不过是虚伪罢了。支撑士大夫威信的礼仪与学识，在朴素的民众怒意面前暴露出其虚伪性。从这一观点来看，民众行动的正当性，并非由外部的客观规范所规定，而是在唯有全部人民都如此行动这一事实中才得以论证。在王朝更迭中，哪怕是不充分的、较小规模的民众暴动，如果当中表现的民意不能被权力所正确体察，那么权力最终都会失去天命。需要注意的是，此处所设想的民众暴力，并非指自立的“武士阶层”进行相互争斗这一意义上的暴力，而是被认为是体现普遍天意的一致力量。也就是说，民众暴力的正当性条件是，它并非基于一部分的阶层和集团的利益，而是存在于表明全体人民意志这一点上。

这样的放伐革命论作为使王朝更迭得以正当化的逻辑而发挥着作用，但颠覆国家的暴力并非总被视作正当的。理应对事物的是非善恶作出判断的知识人如若一味采取追随事实性力量的机会主义式态度，那么，伦理性的秩序如何维持？17 世纪的学者顾炎武区分了“亡国”（王朝更替）与“亡天下”（君臣父子这样的基本伦理秩序的崩坏），指出了后者的根本性，[7]就是这种想法的一种表现。易言之，即使国家因暴力而崩坏（亡国），只要将其视为恶而进行谴责的伦理观念能够在民间得以稳固维持，天下秩序的覆亡（亡天下）就不会发生。单纯作为事实的暴力，无法消灭殉国时正衣冠而死之人或是守护名节而抵抗新王朝之人的存在。因此，在士大夫的肩上，有着不追随事实性暴力，对道德规范以身相守从而使天下秩序得以存续的重大责任。士大夫的存在理由，在于他们一直作为不被事实左右的伦理道德保持者这一点之上。

围绕暴力与秩序的这些讨论可以说在中国的历史中反复出现，

不曾断绝。但是，对知识人来说，17 世纪中叶的明清交替时期是一个尤其能切实感受到暴力问题的时代。17 世纪，伴随农民叛乱和王朝更迭，动乱笼罩了整个中国，许多知识人不仅是暴力的受害者，还是在正义之名下把自己与他人逼向暴力考验的人，这给生活在混乱期的知识人留下了深深的精神创伤。[8] 以下，本文将按照民众的暴力、士大夫的道德性与暴力的关联这一顺序，描述明末清初围绕暴力问题的讨论。

一、民众的暴力

本节首先从知识人如何描写明末城市社会的一大特征民变（民众暴动）这一点出发，探讨当时知识人对“民众的暴力”之认识。[9] 因抵抗宦官的苛敛诛求而爆发的“临清民变”（1599）和苏州的“织佣之变”（1601）、由地方社会中仗势横行的乡绅董其昌的子弟家仆之暴行所引发的“反董其昌民变”（1616）、因抗议宦官弹压正义派官僚周顺昌而发生的“开读之变”（1626）等，明末民变发生的具体契机多种多样，但在记录这些民变的知识人的笔触之中，存在着一定的共通性。虽然也存在一些否定性记述，它们将当时的民变视为受无赖之徒煽动的愚民暴动，但为数甚多的肯定性文章将民变视为基于民众公愤的正义行动，这可以说是明末的一大特征。那么，公愤是什么？民变在何种情况下能够被认定为正义的行动呢？

称扬民变的文章在修辞上存在着共通的特征。第一，强调暴动具有全体人民的性质。“州民欢呼，随（首领王朝佐）者万数”（临清民变）[10]，“于六月三日诅玄妙观……明日，不呼而集者万人”（织佣之变）[11]，“儿童妇女竞传‘若要柴米强，先杀董其昌’之谣”（反董其昌民变）[12]，“倾城而赴”“穷邨僻落，蝇附而至，愿一识周吏部，日不下万人”（开读之变）[13]等，民变参加者数量之多本身，成为证明民众行动具有正当性的依据。

第二，强调暴动的主体并非知识人，而是无知无学的庶民。在1616年的“反董其昌民变”中，成为暴动对象的董其昌一方主张这场暴动并非“民抄”（民众进行的焚烧抢夺），而是“士抄”。究其理由，酒井忠夫指出：“之所以极度厌恶‘民抄’，是因为意识到对乡绅来说，被乡评和公愤所谴责是最为不利的名誉受损之事，在乡里会彻底丧失乡绅的立场，而‘士抄’只是指当时社会风潮被士子浇风所乱而已，作为乡绅，名誉并不会受损。”[14]无论是作为临清民变首领被处刑的小贩（一说编筐工匠）王朝佐，还是作为织佣之变主谋者被捕入狱的葛成，或是作为开读之变主导者被处刑的以颜佩韦为首的五名庶民，名字都被广泛宣扬。而他们被视作英雄的一部分理由，在于他们是无名庶民这一点上。

开读之变的相关人士张世伟震惊于五名庶民竟然为将周顺昌从宦官的弹压中解救出来而舍弃性命，他大致阐述了以下看法。地方官暂且不提，周顺昌这样的贫苦乡绅，出仕之日尚短，亦非为乡里之人带来巨大利益的人物，为何能够不问男妇愚黠地获得人心呢？在周顺昌被捕之际，哪怕陷于只要张口一言就会有生命危险的严峻状况，不论贫苦之家还是寡妇幼儿都相对而泣，壮健者则振臂高声控诉发起暴动。被判死刑的“五人”亦是如此，他们并非知名人士，亦非与周顺昌相识之人。但是，作为同志的知识人没死，他们却死了。大家认为“此举殆有天意！”[15]根据张世伟这一感想，不曾习得道学的庶民的狂热参与，暗示出这一事件并非人为，而毋宁说是“天意”。

第三，再看看这些暴动的原因是如何被说明的。在对民变带有好意的叙述中，作者均强调“面对恶之义愤”。换言之，在面对恶德乡绅与贪婪宦官的暴行或压制时，民众的憎恶情绪的高涨被描写了出来。举一个简单的例子，在关于临清民变的记载中，有“时马堂在临清横甚。诸亡命从者数百人。白昼手锒铛通衢，睨良家子富有力者，籍其业之伴。佣夫里妇，负斗粟尺布贸易者，直扼而夺之。少谁何辄以违禁论，髡为城旦，没其田产。童有首告者，以十之三与之。于是中家以上破者大半，近远罢市。朝佐不胜其愤，是日凌晨，杖马棰挝马堂门请见。州民欢呼，随者万数”。[16]通过这样的描写，“扰乱人民安宁的恶人与对抗这些恶人的人民”这样的模式浮上了水面。另一方面，相反的是，在批判民变的官僚奏章中，有“审得王皮、曹辰，一系凶徒，一系恶少，而所谓一条龙地扁蛇等，皆郡中打行班头也。此辈蜂聚蚁合，实繁有徒……遂乘此（围绕董其昌家族的纷争）为烧抢之资也”[17]等说辞，将煽动的责任归结在扰乱地方社会稳定的部分恶汉头上。然而，这种说辞也正是在“全人民与他们的敌人”这一模式中，将民众的主谋者置于“敌人”的位置之上。不管怎样，此处被描写的不是利害关系不同的阶层之间或者集团之间的对立抗争，而是体现天意的民众与他们敌人之间的对立关系，而要“解决”问题，除了将人民之敌抹杀之外，别无他法。

第四，看看对民变过程的描写。下面举一些与织佣之变相关的记载，以此作为肯定性写法的例子。“（因宦官孙隆及其手下的掠夺）佣工无所趁食集众，徐元、顾云、钱大、陆满等二千余人推昆山人葛成为首，分作六队，每队一人，前行摇蕉扇为号，后执绞棍随之。矢誓倡义，不取一钱。先从葑门起，于灭渡桥捶毙（孙隆之部下）王建节，午间又毙徐怡春。长洲知县郑云霄先擒委官头目汤辛、徐成下狱谢众，忿不息，若狂三昼夜。至七日，又拥潘行禄、周仰云、顾松、郭岩、顾泽、张宜、莫皂隶及孙顾等十家，毁其室庐器物，或毙其戚属。云霄见势汹涌，再械辛成二凶于玄妙观。众殴立死，裂其尸。本县知县孟习孔以利害晓示，众哗蔑为阉党，转逼隆署，隆越墙走，匿民舍，得免。八日，又言诸税官从东城巨室贷金，管委各执炬焚其居第。”[18]“遂期于六月初三日诅于玄妙观，为首六十人，名曰团行，不呼而集者万余人，同声相应，以某巨魁为讨，环其庐而拘之。会已亡，乃纵火，不取一钱，有私其入者，共击打杀之，惟罪人是讨。”[19]

这些描述给我们留下印象的是，民变的过程存在着一种规律。其他的民变记述毋宁说是强调了人们自然聚集、星散奔走的状况，[20]因而并不能把织佣之变这种组织起队伍，用芭蕉扇进行指挥的例子看成是普遍状况。但是，不进行以利益为目的的掠夺，可以说是主张民众行动具有正当性的必需条件。这在描写民众的方式中也有所展现，如描写民众将这一行动作为“倡义”而立下誓言禁止掠夺，把试图“以利害晓示”的地方官视作“宦官派”而进行弹压等。并非基于私人或者党派的利害关系，这种对普遍正义的标榜，与殴杀征税官吏并将其尸体撕裂这一民众行动的激烈性表里一体。在对民变的记述中，民众的“规律”是，对暴动对象的攻击不展示出一定程度的节制以及对暴力的抑制。而且，哪怕是通过对暴动对象展示出温情的这种民众的宽容，管见所及亦不见相关描写。不如说是将敌人尸体撕裂这般众怒的猛烈，才是他们的行动乃是义行的佐证。

上文概述了知识人所进行的民变描写的性质。与边境地区持续不断的战争和叛乱相比，民变中暴力的规模要小很多。即便如此，这些民变仍受到了当时知识人的关注，原因何在？在这里虽然无法展开详细论述，[21]但可以指出的是，在其背景中存在着16世纪后半叶以降，贯穿中央政府与地方社会而激化的围绕财富与权势的抗争。对权力者的不正义行为的弹劾，以及对向权力者权势阿谀奉承的士大夫的怯懦与伪善的批判等，激烈的政治议论从生员等下层知识人扩散至一般民众，这就是那个时代的状况。对立抗争的各个势力中的任何一方，都需要将对方谴责为“逆天之恶”。而引起与政治的党派性无缘的朴实民众的愤怒，这件事本身就成为说明对手之不正当性的证据。如上所述，民变中全体人民的参与、直接体现天意的朴实、面对恶的强烈义愤、对私人的党派式利害关系的超越，这样的常规性描写中的任何一种，都是彰显对手之恶的手法。当然，在当时知识人关心民变的背景中，确实存在阳明学等思想潮流，这些潮流称扬着无知无学之庶民的“良知”。但是，应该注意的是，这样的阳明学的流行本身，也是以明末政治抗争的活跃化以及与之相伴随的政治秩序的动摇为背景而出现的现象。[22]

面对那些超越士大夫式“自我抑制”而通过更为直接的暴力形式所呈现出的“民众的正义”，一种痛快的感情在明末的言论世界中逐步升级。在戏曲和小说之中，民变中的庶民领袖被生动地赋予了单纯朴实的热血男儿形象。[23]与此同时，对单纯朴实的热血男儿的礼赞，越过了世间的健全见识，与那种可称得上是对纯真暴力的狂热联结起来。

在当时的随笔与小说中，不时能看到男子在观看戏剧时激动起来杀害了剧中反派角色的逸事，就是其中的例子。张潮的《虞初新志》（康熙二十二年［1683］刊）辑录了明末清初的奇谈，在卷八收录的顾彩《髯樵传》中，有如下记载。明末吴县洞庭山中有一名樵夫，他容貌魁梧，蓄有胡须，姓名不为人所知，但拥有极大的力气。虽然不读书，但喜欢听他人对古今之事的判断，常常感动于正义之事。他如若判断是非，连儒者都无法埋怨。一日，他背着薪柴在观看戏剧《精忠传》，在秦桧（南宋的丞相，倡导对金和议，被描写成弹压正义派的反派角色）的扮演者登场时，髯愤怒地跃上舞台，把演员捉起来往死里殴打。观众震惊地阻止了他，髯喊道：“若为丞相，奸似此，不殴杀何待！”观众抚慰他道：“此戏也，非真桧。”髯曰：“吾亦知戏，故殴。若真，膏吾斧矣。”对此，张潮评论道：“观剧忿怒杀人，所闻者非止一事。”[24]同样的例子也能在董含的随笔《三冈识略》

中看到。其大略如下：浙江省嘉善县枫泾镇的上巳（三月三日的节日）庙会最为热闹。在高高架起的舞台上，上演了秦桧杀害岳飞父子的故事，这一幕十分逼真。一人从观众中跳出，他登上舞台，猛冲向前用刀刺杀了秦桧，鲜血沾满了四周。此人被捉拿扭送到官，官员盘问其杀人理由时，他回答道："民与梨园，从无半面，实因一时愤激，愿与桧同死，初不暇计真与假也。"官员怜惜这种义愤，将其判为过失杀人，从轻发落。[25]

这种不顾后果就行动的正义汉子形象的顶点，就是当时风靡各阶层的《水浒传》中的好汉们。特别是顺手起来一个劲儿地杀人的天真烂漫的杀人者黑旋风李逵，这一空前绝后的角色穿透了"正义"的范畴，被当时的评论家视作"梁山泊第一尊活佛""彻底天真烂漫之上上人物"而大书特书。必须注意的是，李逵的这种人气，在与梁山泊首领宋江的对比中得到了强调。根据《李卓吾先生批评忠义水浒传》（所谓的容与堂本）所附怀林和尚的评论："李逵者，梁山泊第一尊活佛也，为善为恶，彼俱无意，宋江用之便知有宋江而已，无成心也，无执念也……若夫宋江者，逢人便拜，见人便哭，自称曰：'小吏，小吏。'或招曰：'罪人，罪人。'的是假道学，真强盗也。"[26]怀林期待李逵的人气，将《水浒传》中李逵出场的部分摘选出来，出版了《寿张县令黑旋风集》一书，却遭到了当时广受欢迎的评论家金圣叹的严厉批评。"（《水浒传》中的）李逵是上上人物，写得真是一片天真烂漫到底，看他意思，便是山泊中一百七人，无一个入得他眼。《孟子》'富贵不能淫，贫贱不能移，威武不能屈'，正是他好批语……只如写李逵，岂不段段都是妙绝文字，却不知正为段段都在宋江事后，故便妙不可言。盖作者只是痛恨宋江奸诈，故处处紧接出一段李逵朴诚来，做个形击。其意思自在显宋江之恶，却不料反成李逵之妙也……近世不知何人，不晓此意，却节出李逵事来，另作一册，题曰《寿张文集》，可谓咬人屎撅，不是好狗。"[27]

通过当时那些才气焕发的文人半是真挚半是玩笑的这种应答，《水浒传》中真情与伪善的对比模式得到了强调，而这就是明末这一时代的状况。

笠井直美比较并探讨了明末出版的《水浒传》的代表性版本（容与堂本与杨定见本），对两者呈现的“对立的模式”中的差异进行了如下讨论。笠井认为，在容与堂本中，还残留着能够在元明杂剧中看到的《水浒传》的“原型”性质，这一版本继承了“将好汉的凶暴就这样理所当然地视作‘大丈夫’的感觉、为强盗那些并不一定是‘正义’却十分精彩的豪取强夺模样而喝彩的感觉、认为把私交优先于王法并让盗贼逃走的行为是‘仁义’而理所当然般褒扬的感觉”。与此相对，在杨定见本中，“通过对原文的修改和评论，消去了好汉身上凶暴与正义难以辨别的一面，或者使其不再显眼，进而强调了反派中的‘恶’”。在将好汉与反派之争视作“善人 VS 恶人的对立”这一先决条件下，同时将好汉与贪官污吏用对比的形式展示了出来，认为这一对立是“正义的怀有尽忠报国之志的好汉 VS 君主一侧的奸臣、贪官污吏”。也就是说，后者的“好汉 VS 贪官污吏”模式舍弃了前者的“粉碎并抛开秩序与拘束的某种破坏式能量的喷发”“对无方向的混沌式破坏的那种不讲‘正义’、不讲道理的共感”。在将这些危险的感觉阉割之后，后者的模式才得以成立。[28]

如果将前述金圣叹等人对黑旋风的礼赞与笠井这一讨论联系起来，就可以看到金圣叹等人的观点全面肯定了黑旋风所代表的天真烂漫的凶暴所带来的痛快感觉，在这一点上，与容与堂本等所见《水浒传》“原型”的性质有着亲和性，同时又不停留于对破坏性能量的朴实赞叹，而是导向“真情与伪善”这一具有强烈价值性的另一模式。也就是说，在明末《水浒传》的读法中，在“正义好汉 VS 贪官污吏”的模式之外，还可以认为同时存在着在位相上与之有着些许差异的、通过李逵与宋江的对比而表现出来的“无垢的真情VS保身的伪善”这一模式，两个模式相互交织对立。

在民变描写中所呈现的对“民众的暴力”的称赞中，这两个模式可以说从一开始就在保持着危险均衡的同时相互交叠。民众的暴力，是因为在客观的正义标准的参照下是正确的，所以得到肯定吗？还是说，发自无知无垢的民众真情的行动本身作为天意的显现而应该被肯定？从前者的立场来看，民众暴力的是非应该由掌握更高道德性的士大夫来判断；从后者的立场来看，士大夫的道德性本身就会暴露于民众的批判之下。后者的立场在促成士大夫进行自省的同时，在不需要自我判断何为正义这一点上，也与道德责任的放弃相关联。下一节将简略分析在明末，士大夫的道德性与暴力的关联被如何讨论的问题。

二、士大夫的道德性与暴力的关联

如前所述，明末政治抗争的激烈化构成了民变频发的土壤，而同一时期在民间广泛流传并引发激烈政治议论的，是对正义派士大夫的暴力弹压。天启年间（1621—1627）在朝廷中掌握实权的宦官魏忠贤发动的天启五年杨涟、左光斗等人的“东林六君子”之狱，以及次年周顺昌等人的“东林七君子”之狱，就是其中的代表性事件。随着天启帝的去世，魏忠贤下台并自杀，揭露他恶事的纪实性文献与小说（以下总称为刺魏文献）也大量出版，[29]魏忠贤通过东厂（秘密警察）对反对派士大夫进行的逮捕、拷问、残杀的相关记载，伴随着生动的暴力描写而广为流传。

崇祯元年（1628）出版的小说《魏忠贤小说斥奸书》是最初的

刺魏文献中的一种，书中对六君子的拷问进行了如下描写。“（魏忠贤的同伙田尔耕痛斥六人，叫道‘打’）只见两旁走过许多人来把这六个揪翻在地下，老实打了四十。又叫‘拶’（用棒夹在指缝间进行拷问），把这六个拶了两拶，又夹了两夹（用棒夹足进行拷问）。这几位官员原是娇怯书生，及到做官时，却也轻裘骏马，美酒肥羊，把身子越养得娇了，怎生受得这苦。拶打得也有叫‘冤枉’的，也有叫‘神明’的，也有叫‘神宗皇帝’的，打得这几位皮肉皆开，拶夹得手足将折，那田尔耕犹自在上边叫着‘实打’‘着实拶’‘着实夹’，用刑完了，把这几位血汗满地，或是驼，或是扛，送到北镇抚司监监了。”[30]

稍晚一些刊行的崇祯六年《颂天胪笔》中收录了《诏狱惨言》（诏狱是由锦衣卫管理的特别犯人的监狱），作者笔名燕客，他将天启五年六月末至九月进行的拷问状况逐日详细记载，这些记载在之后也被《樵史通俗演义》等时事小说所引用。与《魏忠贤小说斥奸书》中的抽象描写相对，《诏狱惨言》标榜事情乃亲眼看见，有如以下这般具体细致的描写。“（七月）十三日，比较。午饭后六君子到堂，显纯（魏忠贤的同伙，管理诏狱）辞色颇厉勒，五日二限，限输银四百两，不如数，与痛棍。左（光斗）、顾（大章）哓哓置辩，魏（大中）、周（朝瑞）、袁（化中）伏地不语，杨（涟）呼家人至腋下，大声曰：‘汝辈归，好生伏侍太奶奶，分付各位相公不要读书（科举的学习）。’是日，各毒打三十棍，棍声动地。嗣后，受棍诸君股肉俱腐，各以帛急缠其上，而杨公独甚。”“二十一日，比较。杨、左俱受全刑[31]，魏三十棍，周、顾各二十棍。显纯呼杨公之名，叱曰：‘尔令奴辈潜匿，不交赃银。是与旨抗也，罪当云何？’杨公举头欲辩而口不能，遂俱舁出。彼时诸君子俱已进狱，独杨、左投户限之外，臀血流离，伏地若死人已……是日，雨棍湿重倍常，且尽力狠打，故号呼之声甚惨。”[32]

在这份《诏狱惨言》的末尾，笔名“野臣”之人评论道：“读未终篇，顿使人发指眦裂，气塞泪淋。按古之狱吏张汤、来俊臣诸恶孽，未有今日许显纯之惨毒也。真虎狼之肆威，狗彘之不食！恨不磔其体而醢其肉，以飨六君子之忠魂，以雪天下人之公愤！谨笔诛之，以传千百世之骂名，聊为六君子追痛耳。”

在魏忠贤专权的时代，大部分官僚绅士不敢抵抗，积极追随者亦为数甚多。士大夫本应是注重气节的道德性存在，这种状况动摇了他们的威信。魏忠贤下台以后，士大夫通过“草莽”“布衣”“野臣”等笔名表现出在野的自我意识，他们的出版活动以刺魏文献为首，以江南地区为中心持续不断地频繁进行，这一状况与上述政治秩序的动摇表里一体。在这些活动中，横溢着对天下国家的忧愤与强烈的政治关怀,这可被称作“豪侠不平之气”。而对见诸民变的“民众的正义”的关注，也可视作其中的一环。[33]这种动向显示出，下层知识人与民众在政治方面扮演着越来越重要的角色。但是与此同时，把果敢抵抗宦官势力并殉难的正义派官僚视作英雄，亦是这个时期的特征。在正义派官僚所接受的凄惨拷问状况被记录下来的同时，被认为是他们临终写就的血书与诗文也被收入《颂天胪笔》等刺魏文献中，在世间广为传播。他们至死仍保持着刚毅的精神，人们对此大为称颂。与之相伴随，为正义而舍弃生命的气节作为士大夫的条件，亦得到了强调。所谓的政治，与其说是通过妥协与策略尽量不流血地平息对立的技法，不如说是以对彻底的纯粹道德性的狂热、对恶与伪善不作宽恕的憎恶为动力而展现出来的倾向——民众的行动也好，士大夫的运动也罢，在明末的政局中，这样的倾向可被视作两者共通的特色。

崇祯继位后，魏忠贤一下台，那些父亲被虐杀的官僚子弟就为了申诉父亲的无辜而纷纷上京。经由崇祯之手，殉难者恢复了名誉。父亲黄遵素被迫死狱中的黄宗羲此时才十九岁，但在调查魏忠贤一派时，他用袖中之锥刺向许显纯等人，还与数名殉难者的子弟一起，搜拿并杀死了当时与虐杀父亲相关的数名狱卒，以直接的行动披沥其热烈的孝心。[34]在崇祯令下，殉难者恢复了名誉，同时，对宦官派的处罚也确定了下来（钦定逆案）。二十七人因与魏忠贤关系紧密而获判死刑，以此为开端，不论是积极追随还是消极追随魏忠贤势力的二十五人被认定是宦官派而受到了处罚。[35]然而，魏忠贤专权时代带来的政治混乱，并未通过钦定逆案得到解决。崇祯九年左右，阮大铖等宦官派官僚在政界一有复出行动，作为东林党后继者的年轻知识人就公开发表了一百四十人署名的《南都防乱公揭》（崇祯十一年），再次弹劾了宦官派之恶，并试图阻止他们的复出行动。[36]结果，阮大铖迫不得已闭门隐居，但围绕逆案的对立模式在此之后仍旧继续，并在崇祯十七年（1644）三月十九日，随着李自成农民军对北京的占领与崇祯帝的自杀，再次招来了流血的政治斗争。

李自成占领北京之时，北京城中的明朝官员有着各种不同的动向。一部分人在北京陷落之时马上殉帝自杀。在未殉死者中，一部分人被选用为李自成政权的官僚，其他未被选用者则受到了刑讯。在受刑讯者中，一部分人被杀害，其他人在四月初左右被释放。在活下来的官僚中，许多人在四月中旬以降从北京逃抵南京或回到故乡，一部分人迎接攻破李自成军队而进入北京城的清军并向其投降，少数人从北京逃亡并跟随李自成军队西行。[37]在南京，虽然四月中旬成立了福王（弘光帝）的南明政权，但北京官僚的这种动静也马上传到了江南。以“死难（殉死者）”“刑辱（受到李自成政权刑讯者）”“从逆（李自成政权积极或消极的合作者）”等范畴为基础对数百名在京官僚进行分类的名单，通过抄写或者刊刻的方式在江南广为流布。在与敌军侵入之预感同时高涨的“忠义”热潮中，强调殉难官僚之洁净以及“从逆”官僚之卑怯的轶事大为增加并流传开来。

在当时的江南，网罗并记载北京官僚的动静最多的文献，被认为是冯梦龙的《绅志略》。[38]书中列举了二十二名殉难的文臣，其中有“翰林院简讨汪伟，十九日闻变，与夫人耿氏呼酒饮毕，索笔大书壁上云：‘身不可辱，义不可降。夫妇同死，节义双芳。’爰就缢，伟悬右，夫人悬左。夫人曰：‘虽颠沛，不可失序！’乃解悬，正左右而死，死之最从容者”“翰林院右谕德刘理顺，妻妾及四仆俱死，死之最干净者（指没有生还者的洁净感）”等描述，包括殉难者的家族在内，死亡的洁净性被品评与比较。

与此相对，关于受到李自成政权刑讯的官僚，“（面对退休官僚陈演，李自成政府的宰相牛金星）以二铁索贯其左右手，所至牵以自随。步稍迟，皮鞭乱下。身无完肤，竟诛死”等，强调了李自成政权的残虐。但对于这样被虐杀的官僚，如同冯梦龙“贼之刀锯，忠臣义士之几杖也。乃平日优游愤事，临时又苟且望活，而卒不能免，岂不枉却一死”的评论，他们也遭到了“何不早死”这般毫不留情的批判。

然后，针对那些被通报加入李自成政权的“从逆”官僚，家乡的生员写就措辞激烈的批判檄文四处张贴，激昂的民众毁坏了他们本人不在的宅邸。在苏州，项煜、宋学显、钱位坤、汤有庆四人因被指名为“从逆”官僚，“士民痛恨，乃于五月初十日群往四家，毁其器物，散其赀蓄，以洩众心之不平”。特别严重的破坏发生在项煜的家宅。这一宅邸极尽奢华且被坚固的墙壁所包围，最终因民众的放火而归于灰烬。汤有庆与宋学显的家宅，也“衣饰器物米粟，无不散毁一空”。[39]虽然项煜逃出北京并在五月下旬回到南京，但因为受到乡里生员的非难而无法待在苏州，借助熟人的关系逃至浙江慈溪。但是，在慈溪被当地的生员们捉拿，并遭受了暴行。生员们曰“尔号水心”，遂用绳索把项煜的脖子捆绑起来，将其摁在县学的泮池中摁下提起数十次，使项煜溺死水中。还有人提出“泮池清洁地，惜未投之浊流也”[40]这种更为强硬的意见，但当时的士论还是为杀害项煜的行为送去了喝彩之声。[41]

在“从逆”的官僚之中，包括了以天启年间殉难者之一的魏大中之子魏学濂为首的许多东林系人物。在反“从逆”运动激化的背景中，也存在着这种状况，即阮大铖通过就任弘光政权的兵部尚书实现了政界回归，而围绕阮的重用，大学士马士英受到东林系人士弹劾，于是阮、马二人对东林系人物计划复仇并进行煽动。[42]但是，无法否定的是，围绕“从逆”问题的士人与民众的行动，处于民变与反宦官运动等贯穿明末数十年间所展现出的政治行动方式的直接延长线上。与对正义的殉难者的称扬互为表里的，是对不殉难而追随恶之人的毫不宽恕的谴责，是对惩戒士大夫、官僚之伪善性与卑怯的民众暴力的痛快淋漓之感。如果无法对抗恶之暴力，那么这种软弱自身就是恶，就应当被正义之暴力所制裁。对这种软弱作出哪怕是些许袒护的讨论，也要冒着作为恶之同伙而遭到弹劾的危险。人们被驱往标榜更为极端的道德主义以彰显自身正当性的方向之上。

顺治二年（1645），清朝基本将中国全部领土纳入其支配之后，反“从逆”运动急速退潮。然而，对于那些在明末清初的动乱中幸存下来的士大夫来说，“自己为何不死”这样的自责，并不能轻易消除。

结语

在思考明末清初的“暴力”问题时，与农民叛乱和王朝更迭的动乱相伴随的暴力，其规模之大，首先吸引了我们的眼球。虽然无法进行正确的统计，但可以推测这个时期有数千万人口因战乱而丧生。[43]与之同时，17 世纪中国的政治文书与回忆录，甚至包括小说和戏剧在内等各种文献的一大特征是对“暴力”的关注，亦表明这个时期围绕“暴力”的诸多现象乃是一个思想问题。

如果把明末清初政治的激烈动荡放在民众的反权力斗争或抗清的民族斗争这样的框架之下，那么“暴力”的问题虽然重要，但不会成为一个独立的课题。其中具有历史意义的，是民众对权力或是清及其合作者对其抵抗者这种两个阵营的对立，而暴力不过是对立抗争的手段而已。但是，将暴力的问题作为诸对抗阵营所共通的一种政治文化的问题时，17 世纪中国独具特色的历史特征就浮上水面。

从前，明末清初暴力的独特意义，与其说在历史学领域，不如说在文学领域中受到关注。中国学者赵园在 1999 年出版的《明清之际士大夫研究》一书，进行了“明代的政治暴虐，已是一个常识性话题……在本节中，我更关心亲历过那时代的士大夫的反应和反应方式，尤其他们对其所处的时代的批判及其所达到的深度，以及他们对其所置身其间的时代氛围——也即他们本人的生存情境的感觉与描述”[44]的课题设定，她注意到在明末清初的文人、学者的时代评论中频繁登场的“戾气”“杀气”“噍杀”等词汇。可以说，在赵园的书中，本文论述的暴力论是以文人自省的形态被分析的。“明代的政治暴虐，非但培养了士人的坚韧，而且培养了他们对残酷的欣赏态度，助成了他们极端的道德主义，鼓励了他们以‘酷’（包括自虐）为道德的自我完成——畸形政治下的病态激情。”[45]这只会“使‘酷虐’这一种政治文化内化”。[46]

在这里，赵园使用“政治文化”这一在中文里较新的词语，可以推测其或许受到近年西洋史特别是法国革命史研究中“政治文化”[47]的影响——因为雅各宾主义的政治文化有着与道德主义表里一体的刻薄无情，在这一点上让人感受到了与明末的共通性。但是，在赵园研究的根底之处，并非是这种外来的理论，而毋宁说是中国的文人、学者所进行的“士风”“风俗”的分析传统。特别是，赵园会时不时唤起王夫之这位代表17世纪的学者对当时的士风民情所进行的分析与批判的尖锐性。若就本文讨论的问题来看，无论是对“庶民的正义”进行称赞的风潮，还是以对恶与伪善的憎恶为杠杆而展开的正义派官僚、士人的政治运动，王夫之都对其采取了极为批判的态度。[48]

关于庶民，王夫之以为，正是那些获得庶民欢迎的政治手法，才是招致政治混乱的元凶。“庶民者，流俗也。流俗者，禽兽也。”[49]“夫流俗之好尚，政教相随以滥；礼文之缘饰，精意易以相蒙；两者各有小著之效，而后先王移风易俗，缘情定礼之令德，永息于天下……褊躁以徇流俗之好恶，效在一时，而害中于人心，数百年而不复，亦烈矣哉！”[50]“誉则有过情之言，因而本无此坚僻之志者，以无知者之推崇而成乎不肯下之势，则力护其名而邪淫必极……翕然而为人听推奖，乃大不幸事。”[51]而对于士人的政治运动，他的评价也很严厉。“世降道衰，有士气之说焉。谁为倡之？相率以趋而不知戒……于己不足，而资哄然之气以兴，夫岂有九死不回之义哉？以为名高，以为势盛，惟名与势，初无定在，而强有力者得乘权以居胜地……则弋获国士之名，自诩清流之党，浸令任之，固不足以拯阽危之祸，国家亦何赖有此士哉？……则国势之衰，风俗之薄，实自此贻之矣。”[52]甚至，对正义派官僚所追求之“正（正义）”，他也表示了疑问。“国民之交敝也，自苛政始。……其（批判苛政的诸君子）所争者，正也。乃以正而争者成乎风尚，而以争为正。越职弗问矣，雷同弗问矣。以能言为长，以贬削为荣，以罢闲为乐，任意以尽言，而惟恐不给。乃揆其所言，非能弗相刺谬也；非能弗相剿袭也；非能无已甚之辞，未然而斥其然也；非能无蔓延之语，不然而强谓然也。

挢举及于纤微之过，讦谪及于风影之传，以激天子之厌恶，以授群小之反攻，且跃起而自矜为君子，而君子小人遂杂糅而莫能致诘。”[53]

我们应能容易理解，王夫之这种讨论是针对本文所论述的明末政治风潮——“全人民对全人民之敌”这一模式，以及以这一模式为前提所容忍的正义之暴力——所进行的整体且切实的批判。那么，面对这种弊病，王夫之提出了怎样的解决方案呢？是为了使政治对立不至相互攻讦的制度性规则，还是不为流动的世论所左右的稳固的政治体系，抑或是不对人们的道德软弱进行过度谴责的宽容精神呢？实际上，王夫之在士大夫官僚没有自立于稳固道德标准之上的判断力（此处他使用“贞胜”“慎独”等语表现），而被世间的名誉与他人的评价所牵动这一点上，寻求造成这种弊病的缘由。因此，解决方案就是严苛的道德要求，即舍弃为他人评价所动摇的软弱、更为严厉地对待自身。他这般对自己生活时代的“戾气”进行批判的讨论，并未朝向容忍人类软弱的宽容精神，而是通过比殉难者的正义更为严厉的道德性基准来对士大夫阶层作出要求，这也可以说是一个饶有深意的反论。

与王朝更迭相伴随的动乱大体在17世纪80年代平息，17世纪中国独具特色的激烈的政治对立也随之走向沉寂。在清朝中期，以文字狱等为代表的政治暴虐也并非不存在，但18世纪后半叶的知识人将明代和清代中期的士风进行了比较，正如他们所云，近年已无明代般“昌言正论，仗戌贬黜”“抗权佞，陈疾苦，谔谔不回”之人，[54]在政治文化上确实能看到这种变化。但是，这并不显示出暴力与正义的问题在制度上得到了解决。在20世纪，又出现了大规模的复活。这与其说是中国自身的问题，或许应该说是在20世纪覆盖整个世界的暴力问题中的一环吧。

补记

本文是为须田努、赵景达、中嶋久人三人编辑的论文集所撰写的文稿。根据该书的序论与后记，2000 年以来，以三名编者为中心，建立了名为“超越暴力的地平线”的研究会。从名称来说，一见之下似乎是主张克服暴力斗争、建立和平世界，但不尽然如是。我们可以了解到，在从前的历史研究之中，民众暴力自身并未被对象化，而是从属于“反权力斗争”这一框架而被研究者所把握的。对这种研究状况所进行的批判，就是该研究会基本的问题关心。虽然本文被收入这一论文集之中，但由于“并非一定要形成与暴力相关的一定方向上的共通认识”，我得以较为自由地写作。

关于本文写作的内容，尽管有着种种变化，但在我心中，数十年来在同样的范围里来回兜圈而难以有所进展，有点儿没有出口的感觉。这是孕育着紧张感的重要问题，总是撼动心头也是事实，但最终还是归结于同一种模式的讨论。迟塚忠躬在他享誉盛名的名著《法国革命——历史上的烈性药》[55]中提到，“现代日本的我们，从恐怖政治那沾满鲜血的手中得到了馈赠”，这一馈赠，就是生存权这一使人得以像人一样生存的条件。我也梦想着，如果可以清晰论述明末的人们“沾满鲜血的手送给我们的馈赠”是何物，那么我就可以从来回兜圈难以有所进展的状态中脱身了吧。

（梁敏玲译）

注释

1　本文原载须田努等编，《暴力の地平を超えて：歴史学からの挑戦》，青木书店，2004。

2　诺贝特·埃利亚斯（Norbert Elias），《文明化の過程：ヨーロッパ上流階層の風俗の変遷》上下，赤井慧尔等译，法政大学出版局，1977、1978。
译者注：该书中译本为《文明的进程：文明的社会起源和心理起源的研究》。

3　诺贝特·埃利亚斯，《文明化の過程：ヨーロッパ上流階層の風俗の変遷》下，赤井慧尔等译，页160。
译者注：中文翻译引自诺贝特·埃利亚斯，《文明的进程》第2卷，袁志英译，生活·读书·新知三联书店，1999，页431—432，并作了微调。

4　水林彪，《国制の比較史研究のための枠組みについて》，铃木正幸等编，《比較国制史研究　文明化と近代化》，柏书房，1992，页14。

5　奥村隆，《エリアス·暴力への問い》，劲草书房，2001，页21。

6　诺贝特·埃利亚斯，《文明化の過程：ヨーロッパ上流階層の風俗の変遷》下，赤井慧尔等译，页466。亦可参见：奥村隆，《エリアス·暴力への問い》，页93—94。
译者注：中文翻译引自诺贝特·埃利亚斯，《文明的进程》第2卷，袁志英译，页351。

7　顾炎武，《日知录》，卷十三，《正始》。

8　赵园，《明清之际士大夫研究》，北京大学出版社，1999。

9　关于明末民变的研究有很多，以下文献收录了代表性民变的相关史料的译注与解说，以及相关论文目录。参见：谷川道雄、森正夫编，《中国民衆叛乱史4明末～清》，平凡社，1983。

10　文秉，《定陵注略》，卷五，《军民激变》。

11　宋懋澄，《九籥别集》，卷四，《葛道人传》。

12　佚名，《民抄董宦事实》，《又满楼丛书》。

13　姚希孟，《开读本末》，周顺昌，《周忠介公烬余集》，卷四。

14　酒井忠夫，《中国善書の研究》，国书刊行会，1960，页184。

15　张世伟，《张异度先生自广斋集十六卷附周吏部纪事一卷》，《周吏部纪事》。

16　文秉，《定陵注略》，卷五，《军民激变》。

17　佚名，《民抄董宦事实》所收《署府理刑吴初审申文》。

18　崇祯《吴县志》，卷十一。又参见：谷川道雄、森正夫编，《中国民衆叛乱史4明末～清》，页51—52。

19 吴履震，《五茸志逸》，卷六，转引自王春瑜等编，《明代宦官与经济史料初探》，中国社会科学出版社，1986，页 362。

20 岸本美绪，《明清交替と江南社会：17 世紀中国の秩序問題》，东京大学出版会，1996，页 69—75。

21 关于这一问题的个人见解，在岸本美绪《明清交替と江南社会：17 世紀中国の秩序問題》第 1、4 章中有所简述。

22 参见岸本美绪，《明清交替と江南社会：17 世紀中国の秩序問題》，第 3 章。

23 参见岸本美绪，《明清交替と江南社会：17 世紀中国の秩序問題》，第 4 章。

24 张潮辑，《虞初新志》，卷八，顾彩，《髯樵传》。

25 董含，《三冈识略》，辽宁教育出版社，2000，页 263。

26 《李卓吾先生批评忠义水浒传》，卷首，转引自马蹄疾编，《水浒资料汇编》，中华书局，1980，页 6。

27 金圣叹，《第五才子书施耐庵水浒传》，卷首，转引自马蹄疾编，《水浒资料汇编》，页 34—35。

28 笠井直美，《〈水浒〉における「対立」の構図》，《東洋文化研究所紀要》，第 122 册，1993，特别是第 100 页之后。

29 岸本美绪，《明清交替と江南社会：17 世紀中国の秩序問題》，页 110—113。

30 吴越草莽臣，《魏忠贤小说斥奸书》，第十二回，古本小说集成版，页 195—196。

31 全刑指的是同时用上械、镣、棍、拶、夹等刑具。参见：《明史》，卷九十五，《刑法志三》。

32 金日升，《颂天胪笔》，卷二十一，附记篇，燕客具草《诏狱惨言》。

33 岸本美绪，《明清交替と江南社会：17 世紀中国の秩序問題》，页 111。

34 全祖望，《鲒埼亭集》，卷十一，《梨洲先生神道碑文》。

35 苗棣，《魏忠贤专权研究》，中国社会科学出版社，1994，页 248—252。具体名单收入文秉《先拨志始》中。

36 参考：小野和子，《明季党社考：東林党と復社》，同朋舍，1996，第 7 章，第 6 节。

37 关于北京陷落的情报在江南的传播，参考：岸本美绪，《明清交替と江南社会：17 世紀中国の秩序問題》，第 5 章。

38 《冯梦龙全集 6 甲申纪事》卷二，《绅志略》，上海古籍出版社，1993，特别参见该书页 65—84。

39 参见《启祯记闻录》崇祯十七年的部分。

40 苏瀜，《惕斋见闻录》。

41 郑敷教，《桐菴笔记补遗》，《祭项水心文》。

42 小野和子,《明季党社考：東林党と復社》，页 531—544。

43 根据曹树基的研究，在明末的战争、自然灾害、疫病流行的三重打击之下，中国的人口减少了约四千万，只剩下一亿五千万人。而从清军入关到南方的大规模战乱暂且结束的 1678 年为止，因战乱而减少的人口有两千万人。曹树基,《中国人口史》，第 4 卷，复旦大学出版社，2000，页 452 ；第 5 卷，2001，页 51。

44 赵园,《明清之际士大夫研究》，页 3。

45 赵园,《明清之际士大夫研究》，页 10。

46 赵园,《明清之际士大夫研究》，页 14。

47 考虑到发端于弗朗索瓦 · 傅勒（François Furet）的从“政治文化”的观点重新审视法国大革命这一动向。傅勒,《フランス革命を考える》，大津真作译，岩波书店，2000 ；林 · 亨特（Lynn Hunt),《フランス革命の政治文化》，松浦义弘译，平凡社，1989。

译者注：中译本为《思考法国大革命》与《法国大革命中的政治、文化和阶级》。

48 下一段所引王夫之的文字，均在赵园的书中有所提及，不过引用的部分略有差异。另外，可参考：岸本美绪,《明清時代における「風俗」の観念》，小岛毅编,《東洋的人文学を架橋する》，东京大学大学院人文社会系研究科，多分野交流プロジェクト，2001。

49 王夫之,《俟解》。

50 王夫之,《读通鉴论》，卷四。

51 王夫之,《俟解》。

52 王夫之,《宋论》，卷十四。

53 王夫之,《宋论》，卷六。

54 黄印,《锡金识小录》，卷一,《备参上 · 邑绅》。又参考：稲田清一,《清代江南の世相と士風》，小野和子编,《明末清初の社会と文化》，京都大学人文科学研究所，1996。

55 迟塚忠躬,《フランス革命：歴史における劇薬》，岩波ジュニア新書，1997。

第八章

18 世纪的中国与世界[1]

绪 言

2000 年 8 月，我前往奥斯陆参加第 19 届国际历史科学会议。这是我造访的第一座欧洲城市。雅致而素净的街景、安静悠闲地穿梭来往的有轨电车、散发着透明感的光与风——尽管我对这一周北欧城市美丽的夏日风情十分满意，但也当然不会只顾着游玩。我参加的是中国人民大学戴逸教授主办的“18 世纪的中国与世界”圆桌会议，这场会议由三名中国学者、三名美国学者与一名日本学者共同出席。“18 世纪的中国与世界”这一题目，其实是来自此处的借用。

“18 世纪的中国与世界”是中国社会科学振兴计划重点课题之一的共同研究的题目，而总括这一成果的报告，已于 1999 年 6 月由辽海出版社以九卷本的《18 世纪的中国与世界》出版。[2] 那么，为何在现在，“18 世纪的中国与世界”会成为一个重要的题目呢？根据这一共同研究的代表戴逸的说法，“18 世纪是世界历史的分水岭”。中国作为拥有五千年文明历史的东方大国，曾经长时期走在世界各国的前列。18 世纪是康熙、雍正、乾隆三帝统治下的清朝盛世，政治、社会、经济、文化各方面均是安定繁荣的时代。然而在同一时期，西方世界发生了急速的生产力扩大与社会变革：一个是资本主义的青春，一个是封建主义的迟暮。当时的中国貌似太平盛世，实则正在滑向衰世凄凉，这是历史的悲剧。戴逸说道："人们将能够汲取历史的教训，以迎接新时代的挑战。历史是人们对以往的反思，对前途的探索，历史将提供人们前进的智慧和勇气。"[3]

这一以中国人民大学教授为中心执笔的九卷本著作，内容是关于清朝中期史扎实的实证研究。虽然导言所云"历史的教训与新时代的挑战"并未有相关的明确提议，但"18 世纪的中国与世界"这一课题的背后，应该确实有现代中国的历史研究者对 21 世纪中国发展的关注。

实际上，在奥斯陆与中国学者的对话中，安德烈 · 贡德 · 弗兰克（Andre Gunder Frank）的《白银资本：重视经济全球化中的东方》成为讨论话题。[4] 弗兰克在书中批判了沃勒斯坦（Wallerstein）所主张的以 16 世纪以降的欧洲为中心的"近代世界体系"的成长这一论述，并提出了以下看法。"近代世界体系论"是狭隘的欧洲中心主义的表现，本应作为研究对象的世界体系，必须是以人类历史的整体为单位的五千年来的世界体系（world system）。这一体系作为一个整体，经历了一次又一次的长期波动，在 15 世纪开始直至 18 世纪末的长期上升局面中，体系的中心一直是亚洲，16 世纪以降的欧洲不过是乘了在亚洲周边上升的波动之便利而已。伴随着 18 世纪后期亚洲经济陷入下降局面，欧洲暂时掌握了霸权。而在 20 世纪末的现在，伴随着长期上升局面的再次到来，世界经济的中心将"再次向东方"移动。

面对 21 世纪的中国能否再次获得如 18 世纪的清朝所享有的世界先进超级大国一般的地位——中国的人们所热烈关心的这一问

题，如果问我作为一个历史研究者能否做出什么预言，我很难提出什么见解。但是，中国与美国的学者尝试在数百年的长时段与全球化的视野下，从现代的关注出发对 18 世纪的中国进行定位，对我而言，与他们的对话充满刺激。本文与我在国际历史科学会议上的圆桌报告《雍正帝的理想国家》相关联，并将就中国在 18 世纪的世界中所处的位置以及其现代含义，谈一谈我的看法。

一、雍正帝的理想国家

正如戴逸所描述的，18 世纪的中国是清朝最为强盛的时期，在康熙（1661—1722 年在位）、雍正（1722—1735 年在位）、乾隆（1735—1795 年在位）三位皇帝治下，清朝的统治区域扩大至包括外蒙古、新疆、西藏在内的广大地区，对国内来说也是一个稳定的时期。与在位长达 60 年的康熙、乾隆两帝相比，雍正帝的治世只有 13 年，在领土扩张方面也没有特别值得一提的发展。但是，在日本有以宫崎市定为首的京都大学人文科学研究所的《雍正硃批谕旨》研究班的研究，[5] 在中国大陆与台湾有杨启樵和冯尔康的研究，[6] 在欧美也有黄培（Pei Huang）的《乾纲独断：关于雍正朝的研究，1723—1735》等著作。[7] 正如这些研究已经厘清的，在果断推行国内制度的改革、接连颁布方针明确的政策、希望构建出一个自己的理想国家这一层面上，雍正帝毋宁说是比康熙、乾隆更具有坚定理念的有能君主，这可以说是毫无疑义的。通过探讨雍正帝的各项政策可知，明末以来作为悬案的种种问题，在他的时代得到了一定的解答。那么，雍正帝希望构建的又是怎样的体制呢？在此，我不打算探讨各项具体的政策，而是以根据雍正帝对清朝体制批判者曾静的反驳编纂而成《大义觉迷录》[8]为线索，一窥其国家理想的概貌。

编纂《大义觉迷录》的契机，是湖南的下层知识人曾静通过其弟子劝说川陕总督岳锺琪造反一事。逮捕曾静进行审问后得知，他受明遗民学者吕留良著作的影响而抱有反清之志，故有此举动。吕留良等人主张反清的根据不仅停留在清朝统治者是夷狄之满洲人这一点上，亦与清朝君主专制的政治体制，以及放任地主进行土地兼并的自由的经济制度相关。吕留良等人认为，古代的封建制度承认世袭势力在地方的统治，井田制度向贫民分配土地，这才是理想的统治形态。雍正帝并未对曾静处以极刑，而是将他对清朝的批判公之于众，通过对其批判进行彻底的反驳来主张清朝统治的正当性，并将与这一事件相关的皇帝上谕以及与曾静的问答总结汇编成《大义觉迷录》一书。雍正帝认识中的正确的统治形态，在书中得以明确展示。

第一，民族问题，即针对华夷之别的看法。民族的出身与清朝统治的正当性相关，对清朝来说，这无法不成为一个敏感问题。然而，雍正帝如是说道："逆书（指的是曾静所撰写的反清书籍《知新录》）云：'（清朝）夷狄异类，詈如禽兽。'夫人之所以异于禽兽者几希？以其存心也。君子以仁存心，以义存心。若僻处深山旷野之夷狄番苗，不识纲维，不知礼法，蠢然漠然，或可加之以禽兽无异之名。至于今日蒙古四十八旗，喀而喀等，尊君亲上，慎守法度，盗贼不兴，命案罕见，无奸伪盗诈之习，有熙宁静之风，此安得以禽兽目之乎？若夫本朝，自关外创业以来，存仁义之心，行仁义之政，即古昔之贤君令主，亦罕能与我朝伦比。且自入中国，已八十余年。敷猷布教，礼乐昌明，政事文学之盛，灿然备举，而犹得谓为异类禽兽乎？"在清朝的版图中，包括作为统治者的满洲人在内，生活着种种与汉人有着不同语言与风俗之人，将他们称为"夷狄"亦不妨。不过，人的上下之别在于心中是否有仁义，而非是否为"夷狄"。

孔子《春秋》中强调的夷夏之别，是以礼义之有无作区别，而非以地区之远近作区别。难道古代的圣王中就没有夷狄出身之人吗？“且夷狄之名，本朝所不讳。孟子云：‘舜东夷之人也，文王西夷之人也。’本其所生而言，犹今人之籍贯耳。”明代严辨华夷之别的看法，不过是因为国力较弱，受到外国压迫而不得已为之的逻辑，在今日清朝的威德之下，在广大领土的人们积极归顺的状况之中，华与夷、中与外的区别又在何处呢？

此处，以礼义之有无对人进行区分的做法得到了肯定，但这一礼义并非指儒教的学问或衣食住行的具体习惯，而是指忠君、守法等有助于维护社会秩序稳定的基本道德规范。“礼义”的标准并不与特定的风俗、教养或教义绑定，而是一种极致化的抽象。此处有着清朝的民族政策与宗教政策中特色鲜明的“一视同仁”所具有的开放性与包容性。雍正帝有儒学的素养，重视佛教与藏传佛教，在不危及统治的范围内也大体宽容伊斯兰教等宗教，在这一背景中，存在着清朝的华夷观念不关乎“礼义”之具体内容的抽象性。

这样的看法具有不歧视任何民族的基本道德性，因而值得肯定，在这点上，它有着否定狭隘民族歧视的契机。但是，这样的看法亦同时显示出，当各民族各自形成独自的政治结合体以谋求独立时，他们的行动将会被压制。道德高尚者的统治，应达到超越民族差异的普遍性，与之相悖并尝试独立的动作就被认为是私党的反叛。在同时期的欧洲，民族国家的理念在国家的形成中发挥了巨大的作用，相比之下，支撑清朝国家正当性的理念毋宁说是走向了相反的方向。

第二，再看看经济问题。在明末以来的商品经济发展以及财富与人口流动性加剧的状况下，封建论者关注的是如何抑制贫富差距的扩大，保障贫民的生活等方面。从这种关注出发，在古代井田制中习得的土地分配与限制买卖等做法被构想出来，曾静的著作也同样主张这样一种复古的经济政策。与此相对，奉皇帝旨意进行审问的官员，如此说道，“旨意问你书内云‘土田尽为富户所收，富者日富，贫者日贫’等语。自古贫富不齐，乃物之情也。凡人能勤俭节省，积累成家，则贫者可富；若游惰侈汰，耗散败业，则富者亦贫。富户之收并田产，实由贫民之自致窘迫，售其产于富户也”。

可以看出，这是一种认为能力与努力理所当然会造成贫富差别，不应对其进行限制的看法。明末以来的商品经济发展所引发的问题之一是财政问题，以及贫民的生存保障问题。明初设计的课税体系里甲制（组合特定数量的户，成立组织，让其负责课税事务与治安等）在土地与人口的流动化趋势中陷入功能不健全的状态，加速了财政的困难。而且，无法在农村维持生计的人们流入城市，形成了从事杂行杂业的贫民阶层。面对这种事态，在实物经济的回归、贫民的归农、土地交易的限制等遏止流动性的方向上谋求解决方案的讨论，是采取“封建”论式立场的学者之主张。另一方面，政府非但对这种流动性不作遏止，毋宁说在设计出能有效应对这种流动性之制度的方向上，推动了政策的展开。一条鞭法、均田均役法等明末以来的一系列赋役改革，就是其中的例子。

雍正时代的经济政策可以说是在后者的方向上推向了极致。例如，以雍正年间为中心普及的地丁并征，是把丁税摊入地税之中，使税制单一化的政策；而顺庄编里则是不划定户数与土地所有额的范围，以村落为单位来组织纳税户的征税方式。这两项政策均试图尽可能减少土地、人口的流动与公性质的赋课负担之间产生的摩擦。明末以来的赋役改革大致在此处到达了终点。除此之外，解除禁止米谷流通的地方性限制以使其得以在全国范围内自由流通的政策，解除康熙末年以来推行的禁止南洋（东南亚）民间贸易的政策等，都反映了这一时期对自由经济较为亲和的政策基调。另一方面，关于贫民的生存保障，在皇帝保障每一个子民的生活这一家长式理念下，谷仓的设置与灾害时的救济等国家主导的福祉政策也得到推进。

在近世的日本，官方通过检地[9]、石高制[10]与禁止土地买卖的政策，遏止了此前的流动化趋势，试图维持家、村落团体与赋役负担之间具体而固定的关系。与此相反，清朝经济政策的主要目标是应对流动化的趋势，试图构筑有效的经济制度。税收的基础不是工商业而是土地，这并不显示出国家经济基础的非商业性质，值得注意的是，毋宁说这是把土地作为货殖手段，以频繁买卖的商业性经济作为基础的税制。

第三，政治体制的问题。从王赐予同族与功臣领地，让其世袭统治地方的周代“封建”制度，到皇帝使用官僚来集权式统治全国的秦代“郡县”制度，这一演变被中国的知识人视作历史上的重大变化，而关于“郡县与封建孰优”的讨论，也不曾间断地贯穿了整个帝制时代。与吕留良和曾静等主张“封建”的观点相对，雍正帝指出了“封建”论的落伍，坚定地站在了“郡县”的立场之上。“旨意问你，所著逆书《知新录》内云‘封建是圣人治天下之大道，亦即是御戎狄之大法’等语。三代以前封建之制，原非圣人以为良法美意、万世无弊而行之也。古者疆域未开，声教未通，各君其国，各子其民。有圣人首出庶物，而群然向化，虽不欲封建，而封建之势已定，是故圣人即因其地而封建之，众建亲贤以参错其间。此三代以前之制，封建所以为公也。后世干戈相寻，礼乐征伐之权下移于诸侯大夫，而乱臣贼子益多，至战国七雄并吞，而生民之祸极矣。其势虽欲封建而封建之势必不可久，是以秦人乘便因势，混一天下而郡县之。封建之变为郡县者，其势不得不然也……我朝幅员广大，中外一家，为千古所莫伦，盖悉惟天时人事，积渐使然也。〔事到如今岂有复行封建之理乎？〕”

“大一统”“万物一体”“一视同仁”“中外一家”“君臣一体”等，雍正帝的文字中不断出现“一”这个词。拥戴皇帝这个单一的支配者，官僚自不必说，万民亦犹如一个身体般一体化的透明政治世界。在那里，不能容忍哪怕是一丝一毫的相对于皇帝而独立的政治空间的存在。雍正帝对待科举制度的态度，经常表达出如此的想法。主张"封建"的曾静批评了通过科举任用官员的做法，与此相对，雍正帝则认可科举是发掘有能官吏的有效方法。然而另一方面，面对汉人社会里科举中式的官僚享受精英式的特权而相互勾结，并尝试守护这一特权的倾向，雍正帝将其称作"朋党"而极力批判，采取了非常严厉的敌对态度。"用人无方"，即皇帝任用官吏的手法没有绝对的方式，科举也好，其他方式也罢，皇帝可以随意提拔有能力的人才。科举中式本身，也不是获得精英地位的排他性依据。实际上，在雍正帝重用的臣子之中，与其说是科举精英，不如说是因实际业绩而被皇帝发掘并提拔的官僚更占多数。

日本的幕藩制与法国的旧制度是社团式的国家结构，与此相比，我们就可以清楚地看到，雍正帝的国家理念在不问身份，使有能之士得到平等晋升机会的同时，亦以不允许掣肘皇帝意志的特权团体与阶层存在的极端一元式体制为目标。

上述在雍正时代的政策中呈现的倾向，应该如何归纳为一个整合性的形象呢？对雍正帝的历史评价多种多样，既有强调其思考样式中"近代式的、合理性的"一面，也有人将其评价为"独裁君主"，还有人指出其经济政策站在了"地主阶级的立场"之上。通过《大义觉迷录》中显示的雍正帝关于民族问题、经济问题、政治体制问题的看法，可以指出一点，那就是雍正帝有着将所有的权力向皇帝集中的一元式秩序理念，同时亦有着对社会经济的流动化趋势不作遏止，而尝试进行控制的灵活姿态。

说起独裁君主，比如明太祖洪武帝，他无疑是历史上罕见的独裁君主。但是，洪武帝与雍正帝的统治理念差异巨大。洪武帝通过海禁般强硬的经济控制，以及里甲制般延伸至社会末端的组织编制，试图重建社会秩序。与之相比，雍正帝弹性的秩序形象特色鲜明。洪武帝与雍正帝的差异在更大程度上可以说是明朝与清朝的差异，这种差异产生于怎样的历史背景之中呢？下一节将对清朝政权的形成过程及其历史环境作简单的回顾。

二、“后 16 世纪的共通问题”与清朝

众所周知，清朝的根基构筑于 16 世纪末的辽东地区。在明代，包括辽东在内的中国东北的女真（之后的满洲）人被编入卫、所这一明代的军事制度中，各集团的首领获得武官的地位，被授予朝贡的证书，与明朝进行贸易。15 世纪初，这样的卫有将近两百个。他们的生活形态是狩猎与采集，还会进行农耕，对首领来说，与明朝的贸易是重要的财源。

16 世纪以降的国际商业的繁盛与海禁、边禁的废弛，使得中国周边地区形成了汉人与周边民族混杂的活跃市场，辽东亦不例外。在辽东，女真人、汉人、蒙古人、朝鲜人均参与了贸易，在围绕人参与毛皮这类重要商品的贸易权的激烈争夺中，独占性地积聚朝贡证书并在贸易中执牛耳的实力人物得势兴起。在驻扎此地的明军之中，以李成梁为典型的军阀成长起来，军费的投入也加速商业的繁荣。清朝的始祖努尔哈赤，就是乘着辽东这般骚乱状态扩大势力的群雄之一。

努尔哈赤在 1616 年建立金（后金），开始了与明的对决并压制了辽东地区。虽然清这一国号确立于 1636 年，即在努尔哈赤死后继承汗位的皇太极时代，但从金到清，作为 17 世纪前半叶东北地区的一大势力登场的满洲政权，可被总结出如下特征。

第一，他们是以边境贸易为主要财源，在与其他势力的军事斗争中实现了自身利益的商业军事集团。女真（满洲）族虽然被称作狩猎、采集民族，但这种狩猎、采集并不必然意味着自给自足的自然经济，而是与人参、毛皮等国际商品的获得相联系。借用三田村泰助的话说，他们是具有“商业资本家”才智的人群，[11] 这种才智在边境市场的激烈竞争中得到了充分的磨砺。

第二，他们君主的领导权与其说是制度性的，毋宁说是由在斗争中占得先机并最后取胜的现实主义式的判断力与实质的指导力所支撑的。拥有实力的独裁式领导者、向其效忠的拥有忠诚之心的臣下共同构成了战斗集团，这种整体感形成了清朝政权的凝聚力。

第三，清朝政权是在 1644 年入侵本土之前就已经具备了多民族性质的政权。女真人、汉人、蒙古人、朝鲜人等混杂的辽东市场是一个多文化的环境，在其中崭露头角的努尔哈赤应该是能够掌握多种语言的人物。为了在女真势力的竞争以及与明的交战中取得最后的胜利，必要时也必须将汉人与蒙古人的集团纳入政权内部。皇太极在 1636 年确立大清国号即皇帝位时，其仪式是在皇太极接受满洲、蒙古、汉人各自上奏的即位请求这一方式下进行的。[12]

从努尔哈赤到皇太极，又从顺治帝时代对中国本土的入侵到康熙帝之后向周边地区的扩大统治，清朝的版图在急速扩张，已经远超当初东北一隅的规模，而将广袤的领土尽收统治之下。然而，从统治者的资质与支撑政权的人的结合理念来看，当中存在着某种一以贯之的性质。利用市场经济的才智、不问出身的开放视野、注重实力的严厉的现实主义、由战斗集团式的整体感所支撑的强势领导力——将这些与《大义觉迷录》中所显示的雍正帝的统治理念相比，不难看出其中一脉相承的共通方向。可以说，雍正帝所构想的世界，不是一个根据民族与身份划分固定范围的世界，而是以皇帝为单一中心的、一元性的、没有裂缝的秩序空间。在其中，有实力者获得晋升，无实力者走向没落，在不间断的流动之中，这一秩序本身得以稳定维持。

上述清朝政权的特质并不仅为清朝所特有。可以说，清朝政权是在 16 至 17 世纪初期的商业浪潮之中，在东亚、东南亚中出现的为数甚多的商业军事势力中的一员。在明朝的朝贡体制崩溃之后，以东南亚的多个港口城市为中心，诞生了许多“绝对主义国家”。[13] 以中国东海为舞台拥有着海上国家式实力的倭寇集团、通过海外贸易积累了财富与新式武器并促进了日本统一的织丰政权——前述清朝政权的特质，即利用市场经济的才智、不问出身的开放视野、注重实力的严厉的现实主义、由战斗集团式的整体感支撑的强势领导力等方面，也同样为这些东亚、东南亚新兴势力的领导者所共有。

但是，这些新兴势力在 17 世纪中叶以降，迎来了巨大的转折点。有的在国际商业浪潮的沉寂中被淘汰，有的取得了最后的胜利并建立了国家。但是，国家的构建方式多种多样。如果说有清朝般在保持开放、流动与多文化性质的状态下形成大帝国的例子，那么也有日本那样毋宁说是缩小对外关系、创建出以世袭身份制度为根基的紧密社会结构的例子。17 到 18 世纪，是在 16 世纪商业浪潮催生的混沌状态沉寂下来后，各个国家各自摸索其独特社会体制的时期。

可以把这一问题放在更大的世界视野中看待。如何重建在 16 世纪商品经济冲击下被极大撼动的社会秩序，这一问题超越了从中国到东亚、东南亚的范围，是包括欧洲在内的多个地区所共通的从 17 到 18 世纪的全球性课题。就前文通过《大义觉迷录》提及的三个问题来说，可以整理出以下三点。第一，民族、宗教与国家统合的问题。在进行国家统合之际，国内的民族、宗教的多样性应该如何处理？第二，市场经济与财政的问题。是应该放任还是限制 16 世纪以降急速活跃化的市场动向？应该如何控制市场经济才可以从中汲取国家建设所必需的财源？第三，王权与中间团体的问题。在伴随商品经济发展而呈现流动化的社会中，是以君主为顶点，排除与其对抗的中间势力以构筑一元性的国家秩序，还是考虑联合那些稍具独立性的团体，以此形式来实现国家的统合？这些问题为雍正帝所直面，也同样为日本以及欧洲等其他地区所共有，各地的人们各自寻找并谋求问题的解答。

我们可以暂且把这些问题称作“后16世纪的共通问题”。当然，这些是在世界史上所有国家统合进程中均能发现的问题，可能并不为16世纪以降的时代所特有。然而，我认为饶有深意的是，16世纪激烈的混乱状况在17世纪以降走向收束，其时，这些问题作为具有全球共时性的切实课题出现。在这样的意义上，雍正帝时期中国的国家体制的形态，亦与其他地域所进行的秩序重建的摸索有着莫大的关联。

三、世界中的雍正时代

本节尝试描述18世纪前半叶，以雍正帝的时代为中心，日本与法国的知识人对清朝统治的部分观点。饶有深意的是，这一时期，无论是日本还是法国，对清朝体制的关注度都有所提升。这与它们各自对“后16世纪的共通问题”的“解答”也密切相关。

在恢复16世纪以降的社会动荡、建设新秩序上，日本所选择的方向在各个方面都站在了与中国相反的位置。第一，从民族、宗教问题看的话，最近荒野泰典指出，以17世纪30年代为界，此前日本的“诸民族杂居”式的倾向急速地向“纯血主义”化转变。[14]这样一种封闭的倾向，不仅停留在禁止日本人往海外渡海出航的“锁国令”等的规定以及严厉弹压基督教徒等问题上，还在对日本人与外国人的婚姻以及对混血儿的厌恶感等方面有所展现。即使通过拜谒将军的使节队伍这一形式导演了以日本为中心，将朝鲜、琉球、荷兰等纳入其中的“日本型华夷秩序”，但这个秩序形象只成立于日本这个外部情报相对隔绝的有限范围之内，是一个内向的世界形象。

第二，从市场经济与财政的问题来看的话，日本与中国在市场经济的应对上也大不相同。太阁检地与明朝首辅张居正执政时代的丈量几乎同时进行，均是在 16 世纪末进行的大规模土地调查。但是，太阁检地的目标是排除地主、土豪等中间层的榨取，确定直接生产者的农民为土地保有者（耕作者）。与之相对，张居正的丈量，其重点毋宁说是应对正在急速发展的地主式的土地所有状况，确定地主即土地所有者（租税、徭役负担者）。日本这一将人与土地联结起来作为财政根基的方向发展至 17 世纪，就归结为田地永久买卖禁令这一抑制土地流动的政策。

第三，从王权与中间团体这一点来看的话，在日本的德川时代，社会整体被构想为拥有各自家业的世袭之“家”的集聚。[15] 前述公性质的负担也在与“家”对应的“役”观念的关联中被理解——武士之家为军役、百姓之家为贡租与夫役，等等。“中津一地在封建制度下，如同把东西严严实实地装在箱子里一般，建立了一套牢固的秩序，尽管经历了数百年时间，也丝毫没有变样。生于家老之家者为家老，生于足轻之家者为足轻。世世代代，家老为家老，足轻为足轻，夹在其间者也同样如是，无论经过多少年都无半点变更。”[16] 自不待言，这一让福泽谕吉愤慨的社会的理念形象，与雍正帝的秩序形象大相径庭。后者在皇帝作为单一支配者的基础上，臣民如整体般联结起来，中间不允许有丝毫隔阂的框格存在。

正如福泽谕吉口中“中津这个地方在封建制度下”这一说法，对比同时代中国的“郡县”，德川时代的日本知识人把当时的日本视作“封建”。“封建”一词本身当然不会唤起负面形象，毋宁说对许多儒者来说，幕藩体制在“封建”一词的基础上应该得到肯定。只不过，正如石井紫郎所指出的，[17]他们的“封建”“郡县”观念未必单纯。例如，荻生徂徕用“(封建之世)人大体有固定之地位，士大夫恒为士大夫，诸侯恒为诸侯，人心安定，世态安稳”[18]的说法高度评价“封建”制度，认为这一制度抑制了当时正在发生的人口流动化，提出“要之，使人固定于土地之上，此乃治国之根本也”，[19]但他同时也提出了“日本国内，出现任何不合将军心意之事时，视其情状，为妨碍政道之所在”[20]这样强化中央集权体制的主张，以及“如若痴心妄想，欲使高贵者恒高贵，低贱者恒低贱，在高贵者理应消失时亦设法阻碍，则有违天地之道，不再为高贵者中有才智之人”[21]这样对世袭制的批判。这类提法类似于“郡县”论者。可以说，他们直面德川体制内在的问题，借用“封建”“郡县”这一中国社会体制论的框架，摸索对秩序形成来说最为适当的平衡。

《政谈》是1726年(清雍正四年)向将军吉宗提交的作品，荻生徂徕正是与雍正帝处于同一时代之人，而饶有深意的是，他的弟弟荻生北溪还是当时研究中国数一数二的人物。在德川时代的日本，中国的情报通过唐船风说书这类形式被收集起来，不仅是时事性的新闻，与中国的国家体制相关的明律等制度研究也通过学者之手进行，这在18世纪初被德川吉宗规定了下来。彼时，中国研究的中心人物之一就是荻生北溪，他的中国研究从享保六年、七年雍正帝即位之时开始，涉及律法以及当时中国的情况。[22]荻生北溪等人从客居长崎的清人朱佩章处听写而成《清朝探事》一书，书中对雍正帝作出了如下评价：“即位之日，臣心未稳，连枝之内，阿其那、塞思黑、允禵，又大臣之内，隆科多、年羹尧、鄂伦岱、阿尔松等，皆以有叛逆罔欺之阴谋，杀戮之，屡示威权。又详察贪官污吏之辈苦人民之事，行严刑。其时天下诸人，或恐或恨。三五年来，行仁政、薄刑罪、纳忠言、施恩恤，故官吏自廉洁，天下太平也。当今尽心力于日夜万机之政，不好一切游兴之事，出御希也。亦定期田猎，四月、九月、十二月，不过此三度。或虽有口外盛京行事，不过数日。选能人才，爱勇士，应其器而授职。其中称惠政者，有近年诸省蠲免旧缺钱粮事，及千万两。又江南浙江之浮粮，每年减免额赋银六十万两。若诸所有旱防灾伤，或缓征赋税，或发官银，赈恤其地方。常明察下民之情，仁慈之政事也。”[23]

面对可被称作郡县制之极致的雍正帝的统治理念，荻生徂徕拥有何种程度的知识，又是如何看待的呢？关于这一点，现在已无法得知其详。日本的知识人熟悉自古以来的中国历史，对他们来说，雍正帝的理念不算特别新颖，也许他们会将其整理为旧有的“郡县”模式中的一个典型。与此相对，雍正帝的统治不如说更受到位处欧亚大陆西部的法国的关注。在杀戮兄弟近臣，展示威权的同时明察民情、推行仁政，雍正帝这一双重形象带给法国知识人以强烈的印象。可以说，围绕雍正帝所施行的政策的讨论，具有了触及他们体制构想的影响范围。

关于 18 世纪法国启蒙思想家对中国的认识，不仅在欧美与中国，在日本也有以后藤末雄为首的许多研究，[24] 耶稣会士的中国情报所扮演的角色因而广为人知。特别是雍正帝的治世，其正负两面均成为法国知识人关注的对象。一方面，雍正帝禁止基督教，特别是作为皇族的苏努在雍正帝即位之初的政争中被迫害，而他的家族又是基督教徒，这件事在传教士的报告中被浓墨重彩地提及。另一方面，在雍正帝的治世中，龚当信（Cyrus Contancin）这位传教士曾在 1725、1727、1730 年三次在介绍邸报的报道中将雍正帝的政治写成了长篇书简。据翻译这些书简的矢沢利彦所言，“这三封书简，是构成法国支那学源流的文献”。[25] 书简内容大致是原封不动地接受了称颂仁政的邸报记载，对其赞不绝口。在书简中，尽管备受今日学界重视的财政制度等相关诸多政策不能说被介绍得十分正确，但积极的社会政策与官吏统制、强调君主与臣民之间直接相连的整体性这一国家观，这些雍正朝政治独具特色的姿态都得到了充分的传达。龚当信在1731年回到法国，还参与了对欧洲影响甚大的杜赫德（Du Halde）的《中华帝国全志》一书的校订。顺便一提，杜赫德之书对雍正帝有以下描写。“他才智过人，口才出众，性子急躁，不给对方回复的时间。亦有人认为，雍正帝是为了避开那些可能改变自己决定的劝告而摆出那样的姿态。他专心埋头于帝国的政务，不知疲倦，一直为增进人民的福祉而努力。他与他的父亲（康熙帝）同样果断，亦同样为人们所畏惧。但是，他对传教士的态度与一直对传教士怀有好意的父亲大为不同。”[26] 而龚当信的书简中也有“这位皇帝不知疲倦地工作，他日夜想着要治理好国家，为他的百姓们谋幸福”。“他什么都知晓，他要了解一切情况，由他来决定一切……这个皇帝没有时间消遣，他必须放弃消遣，以他的努力、他的谨慎、他对臣民的亲情来履行皇帝的义务。说实话，他确是百姓的父母，这是中国人的说法”等描述，[27] 雍正帝不事玩乐，万机理于一身，奋力投身政务的为人也传达至同时代的欧洲。

以下，就上述“共通问题”的三个侧面，概略讲述一下法国的知识人对雍正帝政策理念的评价。第一，民族、宗教与国家统合的问题。当时的法国，特别在如何评价雍正帝禁止基督教以及迫害苏努的问题上，意见有所分歧。孟德斯鸠在对苏努的迫害中看到了冷血的专制。“虽然传教士巴多明（Parennin）的书简叙述了与皇帝分享着同样血液的几名皇族因为改宗（基督教）而得罪了皇帝，被皇帝处罚。但这封书简向我们展示出不断实行暴政（tyranny）的计划，以及井然地即冷静地对人性进行的侮辱……我们的传教士是不是被秩序的外表所欺骗了呢？他们是不是因为单一的个人意志总是能贯彻到底而受到感动呢？”[28] 面对孟德斯鸠这一批判，二十年后的魁奈（Quesnay）进行了如下反驳：“皇帝处罚了若干名皇族这一说法，就好像说是这些皇族因为改宗基督教而受到了处罚……但是实际上，这一事件与中国的专制（despotism）不仅没有关系，也不应该将其视作帝国统治者对其反对者的不宽容。这是因为在中国，宗教原因造成的残酷压迫极少发生……实际情况是这数名皇族谋反，有几位耶稣会士被卷入了灾难之中。这不过是政治上的纠纷……不能成为孟德斯鸠氏论点之根据。况且采取上述措施的那位皇帝被普遍认为是中国历代君主当中最优秀的皇帝之一，因此孟氏的看法显然是不妥当的。”[29] 雍正帝对基督教的禁止不是宗教的迫害，这一观点也见于伏尔泰的见解。根据他的看法，宗教的自由是中国政府的一贯方针。皇帝驱逐基督教传教士是因为传教士侵害了中国人的宗教自由。[30] 这样的观点，与伏尔泰称赞儒教是非迷信的合理思想的一贯看法是一致的。

在指出清朝皇帝对于各种宗教持有包容力这一点上，伏尔泰和魁奈的看法是正确的。不过，这并不一定意味着孟德斯鸠所强调的中国皇帝的专制性是误解。这是因为，中国的“宗教的自由”在不会妨碍社会秩序的范围内可以说是放任的自由，但并非那种使人们有可能对抗皇帝、坚持团体与个人思想信条这样受保障的自由。在这一点上，伏尔泰所指“宗教的自由”与孟德斯鸠所指“由唯一之人进行的专制”并不矛盾。

第二，再看看经济方面。龚当信的书简中，减税与食粮储备、饥馑之时的食物分配与流民救济、笃农家的表彰与“亲耕籍田”的仪式等，由皇帝亲自施行指令的社会政策的例子被多次报告。众所周知，魁奈等重农学派在龚当信等人带来的中国情报中颇受启发。而在中国政府的政策中被认为是优越之处的，有以下几点。（1）对农业的重视。“虽然康熙帝的继承者（雍正帝）制定了各种法规，但它们均有助于提振重视农民这一观念。他除了进行亲自耕作田地、播种谷物的仪式以示模范外，还命令所有城市的地方官每年在他们管辖的地域提拔努力耕作土地、获得诚实信誉的杰出农民。”[31]（2）这种对农业的重视并不意味着自给自足的经济，而是催生出以农业为基础的活跃的国内商业。“在中国，无数的运河联结了各个省份，各种商品货物的运输非常容易，交通运输与市场贩卖也十分迅速。利己心支配着中国人的信条，驱使着他们无休止地进行经营活动。城市与农村的一切在持续运作。道路上的人群如同我们的商业城市的街区一般，这个帝国的整体看起来就好像一个庞大的市场。”“在中国，因为国内商业相当繁荣，居民没有欲望专门开拓国外的市场……虽然许多国家依存于在世界各地进行的贸易活动，但这只会让商人获得利益，并不会为这些国家带来繁荣。”[32]（3）只向土地征税，而且减轻税收是为政者关注的事情。“近年，只有土地所有者需要纳税，土地耕作者无须交税。”“虽然每年的税收总额上升至我们的货币（里弗尔）10亿的量，但考虑到皇帝统治的这个国家的规模，则不能说重……皇帝在国家的必要时期可以增加赋税，但在紧迫状况之外，他很少使用这一权力，毋宁说惯例是每年会免除一省或两省的应纳税额。”[33] 即使存在孟德斯鸠所强调的中国商人之间的欺诈与不诚实的事例，上文描述的中国大致保持了良好的自然经济秩序，亦能看见在此基础之上的经济繁荣，这些是批判重商主义的中国礼赞者的看法。

第三，是政治体制方面。可以说，大量吸收龚当信书简内容的杜赫德《中华帝国全志》一书带给欧洲知识人最大的冲击之一，是皇帝支配官吏与人民的直接性：亲自批阅每名官吏的上奏，留意他们的工作状态，随时提拔优秀的官吏，即使是功臣在发现不端行为时亦不宽恕而是严厉惩罚的公平无比的皇帝；留心人民的生活与风纪，灾害之际亲自讲授救济政策，表彰孝子节妇与行善的庶民，让关怀一处不漏地到达帝国每处角落的皇帝。龚当信根据邸报的报道所描述出来的雍正帝的形象，当然是极大美化了雍正帝的实际形态，但是从雍正帝的统治理念这一观点来看，可以说是抓住了核心。把这样一种美化的形象认为是“被秩序的外表所欺骗”的传教士的妄言而看到其背后的无拘束的恣意专制，还是将此表扬为“父母般的仁慈”，又或者说是“依据自然法则的支配”，在这一点上，孟德斯鸠与伏尔泰、魁奈的看法大相径庭，他们的这种差异，也是广为人知的吧。

以上，从三个侧面概述了法国知识人的中国观、雍正帝治世的形象及对其评价中分歧较大之处，但是，我并不是一定要在此处回答这些评价中哪一个才是正确的这类问题。当然，认为这些评价中的哪一个具有重大历史意义的提问是合理的，其回答也会因论者而异。例如，前述奥斯陆的会议上，三大主题之一是“世界史的诸视角：诸概念与方法论”，在这一场中，加拿大的格力高利·布鲁（Gregory Blue）以“西洋的世界史著述与中国”为题做了报告。在对“将中国史与中国文明纳入（incorporate）与世界史相关的西洋著述之中的方法”造成影响的论者之中，他选取了孟德斯鸠和伏尔泰，这一点对我来说饶有深意。布鲁认为，伏尔泰《风俗论》对中国的重视打破了见于此前历史叙述中的欧洲中心主义，具有划时代的方向，因而他对伏尔泰作出了高度评价；而另一方面，他把孟德斯鸠放在了与此种潮流相对立的脉络中进行定位。[34]

不过，我的关注与其说是在何种中国观评价更高这一点上，不如说是在这些启蒙思想家各自根据不同的秩序构想，以浑身之力尝试对“后 16 世纪的共通问题”做出解答这一唤起问题的能力上。与其说何者是正确的，毋宁说在两者的对立之中，反映了“近代”所孕育的复杂与紧张。保持着特权式自由的社团在所谓的绝对王权之下为等级制度所统合，这是法国旧制度的社会体制。这一在商品经济的浪潮中日渐趋向不稳的体制，应该如何重组起来呢？在这里，如果说有破坏社团式的框格来构建以国王为顶点的一元性体制的方向，那么也有与之相反的畏惧国王的专制化并试图将其抑制的方向。对前者来说，雍正时代的中国是值得模仿的榜样，而对后者来说，则是必须回避的负面教材。自不待言，这些不同的秩序构想彼此缠绕，构成了所谓的“近代式秩序”的模型。

结论

此后，经过了上百年，清末的梁启超用“无形的专制”“间接的专制”来批判中国的体制，指出它比不平等、不自由的贵族制度有更深的危害，那时被设想出来作为批判对象的社会形态与雍正帝的构想相重合。[35] 梁启超感觉到，当时的中国社会所具有的一些自由与平等，反而妨碍了推翻专制的社会改革。此处反映出作为孟德斯鸠的初期介绍者之一的梁启超所具有的“近代社会观”。

我们的清代社会观其实也是同样的。对所谓的“近代性”（modernity），或曰应有的社会形态该如何把握，对这一问题的认识会影响我们对清朝的看法。如果把重心放在从共同体式的身份性束缚中解放出来的自由、机会的平等、包含多样族群的开放性这些点上，清代社会的体制就当时的世界来看也是先进的，甚至还可能在其中看到后现代性的方向。另一方面，如果重视作为“近代社会”之根基的团体性气质以及坚实的权利观念等方面，清代社会也可以被看作欠缺这类契机的社会。这在日本的中国研究中引发了争论，现在仍在研究者之间催生了不同的清代社会观。

在今日中国的“现代化”中，雍正帝的形象也成为争论的对象，这一点饶有深意。近年，在中国电视中播放的大型历史剧《雍正王朝》将雍正帝塑造成飒爽的变革先行者，这成为坊间话题，我在好几位明清史研究者那里都有所耳闻。最近在阅读著名青年评论家、清华大学教授秦晖的随笔集时，发现了对《雍正王朝》极尽批判的片段。[36]批判的论点涉及许多方面，但对雍正帝与知识人之间关系的批判特别有意思。据他所言，《雍正王朝》称颂了雍正帝与“天下读书人”的“结党营私”对决，依靠心腹部下为民竭力之事，但在其中敌视“清流”知识人的现代含义赫然在目。作为一个公然标榜“以一人治天下”的独夫，雍正当然不希望臣仆们腐败自私，也要奖廉惩贪。但他最不能容忍那种自诩清廉而对君主保持某种独立人格以建立道德形象的“海瑞罢官”[37]式行为。“雍正这样并不奇怪，奇怪的是电视剧作者对此的赞赏。岂止赞赏，电视剧实际上是青胜于蓝地强化了这种‘雍正思想’；它不仅把知识分子勇于讲真话的一面视为大恶之尤……而把目不识丁的皇家奴才塑造为盖世英雄。”正如秦氏所言，这种把握雍正帝的方式，或许是歪曲历史事实的影射史观的亡灵。但是，坚决推行变革的“雍正帝”形象，对今日中国人来说具有一定的吸引力，这或许也是事实吧。

从实际情况来看，雍正帝的时代既非称颂者所认为的美好的理想状态，亦非反对者所描述的恐怖专制，对生活在那个时代的普通老百姓来说，应该是一个与前后时代相比没有特别变化的普通时代。本文讨论的并非雍正时代的现实与实态，而仅是他所描述的理念。但是，雍正帝的秩序构想，是面对“共通问题”的一个极其出色的解答。毫无疑问的是，无论对这种构想是称颂还是批判，不仅对同时代的人们来说，它成为不能无视的镜子，而且对直面之后的时代性课题的人们来说，它也会带来某种冲击。就戴逸以及弗兰克的18世纪观来说，他们的主要关注对象是，以18世纪为转折点，在世界各地域之中，何者成为后续时代的胜者何者成为败者的问题。但是，本文与其说关注这种胜负，毋宁说关注面对时代的“共通问题”，不同地域的人们各自使出浑身解数以提出各具个性的解答，这个问题提出力的影响范围。这是因为，宗教与族群、全球化的商业经济、一元性还是多元性的政治体制这样的问题，即便对于今日世界上的许多国家来说，也绝非已解决，而是作为朝向将来的未决问题存在于我们眼前。关于这样的课题，雍正帝的构想或许依然能够给予我们几许提示吧。

补 记

本文是在 2000 年 9 月 30 日，受福冈大学人文学部历史学科主办的七限史学会邀请时所作报告的原稿。当时受到以则松彰文为首的诸位老师的很多照顾，谨致谢忱。

此前，关于雍正帝的统治理念，我也曾多次写有概述类著作与论文，但以“后 16 世纪的共通问题”这一形式进行整理，这是第一次。在此之后，关于“后 16 世纪的共通问题”，简略写成中文(《“后十六世纪问题”与清朝》)，刊于韩国的《明清史研究》第 20 辑以及中国的《清史研究》2005 年第 2 期。

使用“后 16 世纪的共通问题”这一略为奇妙的说法，其理由与时代划分上的近世论相关。在 16 到 17 世纪前半叶的激荡期中，中国的社会经济受到了世界史层面变动的极大影响，这是人皆认可之事。譬如，像傅礼初（Joseph Fletcher）和金世杰（Jack Goldstone）那样，很多学者指出 16 到 17 世纪的欧洲变动与亚洲变动之间存在共通性，不过，在这一共通性的内容中，他们较为强调既存秩序的崩坏，即在危机和动乱之面相上的共通性这一侧面。那么，在 17 世纪后半叶之后秩序重建的局面中，又存在何种状况呢？清朝中国建立了与欧洲差异甚大的体制，这样的过程是否也能在世界史层面的同时代性基础上对其进行把握？关于这一点，之前的讨论并不那么明确。毋宁说，如同“英国和法国应对了新的挑战，进行了新的设计……而中国和奥斯曼王朝止步于对传统的正统性进行的再次确认”（金世杰）的说法，欧洲和亚洲看起来像是再度在进步的标尺上被分置于先进与落后的位置上。与此相对，“后 16 世纪的共通问题”这一说法，强调了世界上形形色色的地域的秩序重建尝试存在着多样的形态，它们均是对世界史层面的共同课题所进行的真挚解答。也就是说，“后 16 世纪的共通问题”这一说法体现了以下意图：希望在 17 世纪后半叶以降各地域形成的新秩序中，在作为结果的多样性之根底处，看到作为课题的同时代性。

（梁敏玲译）

注释

1 本文原载《七隈史学》，2 号，2001 年 3 月。

2 该书的内容与作者如下：导言卷（戴逸）、政治卷（郭成康）、军事卷（张世明）、边疆民族卷（成崇德）、农民卷（徐浩）、经济卷（陈桦）、社会卷（秦宝琦、张研）、思想文化卷（黄爱平）、对外关系卷（吴建雍）。

3 戴逸，《18 世纪的中国与世界》导言卷，辽海出版社，1999，页 1—5。

4 原著于 1998 年出版。山下范久翻译的《リオリエント：アジア時代のグローバル・エコノミー》于 2000 年由日本藤原书店出版。

5 东洋史研究会，《雍正時代の研究》，同朋舍出版，1986 ；宫崎市定，《雍正帝》，岩波新书，1983。

6 杨启樵，《雍正帝及其密折制度研究》，香港：三联书店，1981 ；冯尔康，《雍正传》，人民出版社，1985 ；等等。

7 Pei Huang, *Autocracy at Work: A Study of the Yung-cheng Period, 1723-1735,* Indiana University Press, 1974.

8 收录于中国社科院历史研究所清史研究室，《清史资料》，第四辑，中华书局，1983。

9 译者注：日本战国时期至江户末期进行的农地测量。初在战国大名武田、后北条、织田等领国内进行，1582 年丰臣秀吉先在山城（今京都府东南）试行，后在全国实施，史称“太阁检地”。以曲尺六尺三寸平方为一步，三十步为一亩，十亩为一段（或称“反”）。水旱田分为上、中、下、劣四等。统一计量单位，以产米石数计算产量。确定耕种者为年贡负担者，以村为单位交纳年贡，确定了领主的土地所有与小农的土地保有。江户时期继承“太阁检地”办法，为与前者区别，史称“新检”。

10 译者注：建立在检地基础上的土地评价体系。以稻米作为衡量收益量的标准，确定土地面积和等级，再计算出各等级的标准稻米产量，这称为“石盛”。“石盛”乘以土地面积即为“石高”，一村各农户持有的“石高”总量为“村高”，各村“村高”总和即为大名领地的“石高”。

11 三田村泰助，《清朝前史の研究》，同朋舍，第 156—157 页；岩井茂树，《十六・十七世紀の中国辺境社会》，小野和子编，《明末清初の社会と文化》，京都大学人文科学研究所，1986。

12 关于皇太极即位礼仪中所显示出的清朝的多民族性质以及其后的展开，有石桥崇雄的一系列研究。关于其研究的简要总结，参考：石桥崇雄，《大清帝国》，讲谈社，2000。

13 在 Anthony Reid, *Southeast Asia in the Age of Commerce 1450-1680, Volume Two, Expansion and Crisis*, Yale University Press, 1993 一书中，把这一时期的东南亚新兴国家的性质用“绝对主义国家”这一词语来评价，文中借用了这种说法。

14 根据伊斯兰地域研究第五班“地域間交流史の諸相”第四回研究会（2000 年 12 月 17 日）中荒野泰典的报告《長崎の子供たち》。

15 尾藤正英,《徳川時代の社会と政治思想の特質》,《思想》，1981 年 7 号，收入尾藤正英,《江戸時代とは何か》，岩波书店，1992。

16 《福翁自伝》，岩波文库，1978。

译者注：家老为江户时代大名之重臣，执掌藩政；足轻为中世以来的杂役、步兵，在江户时代处于武士最下层。

17 石井紫郎,《日本人の国家生活》，东京大学出版会，1986，第 6 章。以下《政談》的引用根据岩波文库 1987 年版。

18 荻生徂徕,《徂徠先生答問書上》。

19 荻生徂徕,《政談》，卷一。

20 荻生徂徕,《政談》，卷四。

21 荻生徂徕,《政談》，卷三。

22 关于荻生北溪，参考大庭修,《江戸時代における中国文化受容の研究》，同朋舍，1984；大庭修编,《享保時代の日中関係資料三　荻生北渓集》，关西大学出版部，1995。

23 大庭修,《享保時代の日中関係資料二朱氏三兄弟集》，关西大学出版部，1995，页 111。

24 广为人知的早期著作有：后藤末雄,《中国思想のフランス西漸》1、2，矢沢利彦校订，平凡社东洋文库，1996；L.A Maverick, *China, a Model for Europe*, Paul Anderson Company, 1946；最近的著作有：许明龙,《欧洲十八世纪“中国热”》，山西教育出版社，1999。

25 矢沢利彦编译,《イエズス会士中国書簡集 4 社会編》，平凡社东洋文库，1973，页 242。

26 这里根据的是该书的英译本。Du Halde, *The General History of China*, London, 1736, Vol.2, p.9.

27 矢沢利彦编译,《イエズス会士中国書簡集 4 社会編》，页 113—114、148。

译者注：中文翻译引自（法）杜赫德编,《耶稣会士中国书简集：中国回忆录》，第 3 卷，郑德弟、朱静等译，大象出版社，2001，页 189、249—250。

28 孟德斯鸠,《法の精神》上，野田良之等译，岩波文库，1989，页 247。我在翻译上进行了一些改动，比如将皇帝的“诉讼”译成“处罚”等。

译者注：此处作者进行了翻译修改，故正文引文根据日文译出。中译版参见孟德斯鸠，《论法的精神》上册，张雁深译，商务印书馆，1995，页 127。

29 魁奈（Quesnay）的 *Le Despotisme de la Chine*, 1767，由 Maverick 翻译成英文，收入 L.A Maverick, *China, a Model for Europe* 一书中。此处根据英译叙述了其大意。参见该书，页 241—242。

30 后藤末雄，《中国思想のフランス西漸》2，矢沢利彦校订，页 80—81。

31 L.A Maverick, *China, a Model for Europe*，p.206.

32 L.A Maverick, *China, a Model for Europe*，p.207-211.

33 L.A Maverick, *China, a Model for Europe*，p.220-221.

34 Gregory Blue,“China and the Writing of World History in the West”, *Paper prepared for the XIXth International Congress of Historical Sciences*, Oslo, 6-13, August 2000. 布鲁的论文是选取了从伏尔泰到布罗代尔的三十余人（流派）的著作，并从中整理这些论者的中国观的大作。在讨论中，虽然有人提问他所使用的 incorporate 一词自身是否是种族中心主义的，但是，本来人就是要以某些东西为中心才能认识世界吧。本文选取的许多论者的观点也无疑是有所偏颇的，但能从中出发提出具有普遍意义的问题。

35 梁启超，《中国专制政治进化史论》(1902)，收入《饮冰室合集》一，中华书局，1989。

36 秦晖，《从“戏说乾隆”到“胡说雍正”》，《问题与主义》，长春出版社，1999。关于《雍正王朝》，蒙滝野正二郎先生与山本英史先生赐教，在此谨表谢忱。

37 海瑞是明末著名的清廉官僚。吴晗的历史剧《海瑞罢官》，刻画了铁骨铮铮的他被罢官一事，被批判为反革命的宣传，成为“文革”的导火线。

第四部

契约与正义

第九章

买卖土地与买卖人口

——围绕“所有”的比较的尝试[1]

绪言

最近几年，围绕着“所有”的议论，在其问题圈急速扩大的同时，也在一种“混沌”的感觉中迎来了崭新的兴盛。其理由之一在于，在过去的所有论中，无论是肯定的还是否定的讨论，其前提框架都是“从共同体所有到私有”或者“资本主义的所有形态及其克服”等历史发展的观念，而这些观念现在已经逐渐失去了力量。在抛弃这样的框架、再次回到根源去思考的潮流之中，不只是“人对物的所有”关系，还有自我所有与他人支配等关于人与社会的原理性问题，都互相缠绕着显性化起来。今天，围绕着“所有”的立场各式各样，从自由意志论者（libertarian）到社群主义者（communitarian），还有不属于任何一个群体、只是在问题的困难中沉潜的人们。在此，与其说是人们有着在历史发展之上展望终极解决方案的清晰乐观的期待，毋宁说是大家共享着一种模糊的内省式的自觉，即关于所有的问题对人类而言是永远的难题。其理由之二则在于，历史上种种社会中“所有”的存在方式的多样性，已经比从前更为详细而明晰。它们一一推倒了我们的常识，可以说带给了我们新鲜的震撼。但是，把这些多样性整理起来，在我们的头脑中清晰定位，这样的框架却并不存在。不以自己的文化为中心，而是在一定的坐标轴中眺望多样的事物与现象，这样的框架是可能的吗？

本文在篇幅和能力许可的范围内，尽可能广泛地将近些年围绕“所有”的问题纳入视野，以比较历史上多样的“所有”的存在方式为目标，尝试整理若干问题。

一、考察的范围与方法

一般而言，比较历史的难处是从设定对象的难处开始的，亦即将什么与什么相比较。来看一下“所有”这个词语，不能说它在现代日语中有着毫无争议的固定意义，而即使它在日本还有一定程度的共识，也无法保证在其他文化圈中一定有正确的对应词语。在不同的地域中，语言——这是世界的认知结构的方式——是不同的，因此这是必然的事情。我们不能以“所有”自身是自明而普遍的，只不过其存在方式有多种形态这一朴素的信念为前提来进行讨论。尽管如此，我们仍然可以感觉到，在不同的文化圈中，与“所有”等词语近似的共通之物还是存在的。甚至可以说，如果没有以这种共通性为媒介去“翻译”的工作，我们就没法去了解其他文化。实际上，各种社会中的人们，正是一边进行着这种近似的翻译（这翻译可能是“错误”的），一边再行解释并改变自己的社会。我们所使用的“所有”一词中，毋庸置疑，也与中文的“所有”和欧美的

property 等概念相互缠绕、相互影响。

如果认可这一事实的话，那么就不能停留于一个正当却消极的讨论，即不可以把我们的“所有”概念直接适用于其他文化，而应该尝试提出如下所述的问题：我们用“所有”一词想要表现的或者说想要去比较的，究竟是什么？用什么词语去表现这个东西，才最容易进行公允的对话？

比如说，也存在像杉岛敬志那样的方向。他将土地“所有”的概念明确限定于洛克（Locke）的意义（虽然洛克式“所有”观念的内容自身亦有争论之处，但杉岛把它解释为基于自我所有［self-ownership］观念之劳动所有说），对在此以外的人类和土地关系行为都使用别的语言（“土地制度”等）来表现。[2] 但是，这样严格的区别却或许阻碍我们注意到世界史上“所有”观念的多样性与其历史意义，比如：近代欧洲内部也存在的关于所有论的差异，[3] 与前近代中国和伊斯兰世界中类似“私人所有”（private ownership）的现象，还有游牧社会和刀耕火耨的农业社会中所有权的诞生过程及其与洛克理论的关系，[4] 等等。洛克理论本应含有对如此多样的“所有”观念做出软性比较的广阔可能性。本文想要做的，不是像杉岛担心的那样，把近代固定的“所有”概念当成自明的分析工具去套用于其他社会，而是在于扩大“所有”一词的含义、令其软性化的方向上。易言之，认为可以用“所有”一词近似地捆绑起来的共通课题在多数人类社会都存在，本文希望在这样的思考方向下推进讨论。这些课题大略如下所述。

如果人类是完全孤独地生活，或者是在完全没有纷争的社会中生活，那么所有并不会成为问题。然而，为了在多人竞争的社会中保持秩序，关于某人乃至某集团对于自己、他人、万物能够贯彻自己的意志而进行活动的范围，彼此之间在一定程度上共有某种想法，这是非常必要的。也就是说，“谁”和“什么”双方里面有着什么划分（分节化）并且“谁”能任意处理“什么”，这种对应关系需要作为共通认识而成立。这不是说关于这种认识不存在对立或纷争，而是说即使发生对立，还存在着相对稳定的结构，这种结构能在一定程度上解决这种对立。更进一步说，这样的想法并不限于“某人所有某物”的表现形式。通过与之相反的“无所有”或者说“神灵等超自然物对天地、人类的所有”等形式，也可以将他们想说的事情表现出来。

在像上述这样把握“所有”的课题的基础上，本文想要处理以下两个互补的问题。第一，是支撑“所有”的整体性逻辑，即为什么“所有”会被正当化的问题。譬如，在前近代中国和伊斯兰社会中，虽然可以看到基于个人所有权的、相对自由而活跃的交易，但这些所有的方式，是被近代欧洲式的“所有权”观念所支撑的吗？若着急地想要在宋代中国和早期伊斯兰社会中发现“近代式的所有权”，就会漏过各种社会都存在把所有权正当化的固有理论这一事实。不是以“文明化”或“近代化”的尺度去评价所有权的发展程度，而是将支撑各种社会的所有权的理论都模型化地表示出来，这是本文的第一个课题。

另一方面，无论这些基本原理有着怎样的区别，多数社会确实都存在共通的所有观念——譬如“国家的土地所有”之类的东西。与其用“亚细亚专制”的残存之类的形式去解释这些观念，还不如将其理解为种种社会中人们致力于应对关于所有的难题而选取的策略。这些策略的共通性提醒我们，关于所有的难题超越了时代和地域而具有一定的普遍性。本文的第二个课题在于，基于中立的而非欧洲中心的坐标轴，在围绕所有的种种策略之间，尝试在广阔的视野下平衡地“比较”。

本文中选取的几个侧面，当然不能网罗围绕“所有”的可能进行比较的全部侧面，不过是非常有限的数个侧面的素描。但是，与今后更为正式的比较尝试相联系的论点，现在都试着以尽可能明确的形式展现出来。如蒙批评，实属荣幸。

二、清代中国的所有观念

在本节中，作为对以上两个问题进行比较的出发点，首先要简略叙述关于清代中国的所有的存在方式。[5]相当于我们所说的“所有”的观念，在清代中国普遍以如下的方式表达出来。第一，通过“有”“所有”的系统的语言，用动词的形式表现，如“民所自有之田”“小的有祖遗之田二亩”。第二，关于土地、家宅等产生收益的对象,使用“业”“产业”之词。譬如“卖与某某为业”“祖遗之产业”。第三,“主”一词被频繁使用。如“业主”“田主”“银主”“主仆”“一田两主”等,指可以以自己的意志支配某一对象（包含不动产、动产、人等广泛范围）的人。第四，当然也存在着更简单的情况，使用如“我的房子”等“谁谁的”这类形容词来表示所有。这些语言都相应地支撑着清代的民事秩序，被人们十分明了地通用。但是，必须注意到，与罗马法和伊斯兰法的世界不同，关于在法律上内容严密的“所有”概念，以及围绕这一概念进行的讨论，在中国大体上是不怎么兴盛的。

在清代中国，一般物资自不必说，即使是对土地和人，其使用、收益、处置基本上也都是任凭“所有”者的自由。虽然回顾帝制中国的历史，关于土地的买卖和奴婢的蓄养、买卖，在限制和放任之间也曾有过摇摆，但清代中国是无论对土地还是人都大多倾向于允许民间自由契约的时代。戒能通孝这样评价中国农村惯行中的土地所有权：“是抽象权、私权、个人权、财产权、无限制权、绝对权，且有着弹性”，“从表面的观察看来，类似于近代诸法典的所有权概念”。[6]如他所说，一般而言，明清时代的所有方式可谓仿似于近代的所有权，具有“自由”的特征。然而，详细看来，又能见到别的侧面。

以下，通过几个问题来观察。第一个问题是“谁”所有，即所有的主体的存在方式。譬如考虑土地和家庭财物、收成的农作物等时，这是谁的东西呢？它们的使用、收益、处置是由谁决定的呢？就这个问题，研究史上有几点被论及。第一点是，中国的家（这里是指同居共财的父系血缘集团）的基本类型为父家长型的家（存在一名对家族全员而言是直系尊长的家），在其中，家产是为家长的父亲所有，还是说家产是家族共有？关于该点，滋贺秀三进行了详细讨论，他认为，“如果着眼于家产的权利主体是谁这一法律归属问题，那么家产明显是父亲的东西”，但对于家产最终将在儿子之间均分这一“继承”的原则，即使是父亲也不能违反。父子之间人格的同一性即“父子一体”的原则，可以解释这种表面上相反的事态。父与子并非不相干的个人，而是可以相互主张权利的、在理念上不存在利害对立的存在。“儿子的人格被父亲吸收。于是作为家产权利主体出现的只是父亲一人，在所有这一领域中，父亲的权利不被儿子的存在所制约。另一方面，父亲的人格延长到儿子身上。在父亲死后，家产也必定要归属于作为其人格延长的儿子。”[7]在此，作为所有的主体的“人”，与其说是个别的“人”，不如说是从祖先到子孙永远连续的生命之流的一部分。作为家族全员直系尊长的家长，在该时间点是体现这一生命之流的人，对于该生命的持有物即家产，当然是由家长来做出决定。但是，如同家族的人格被家长所涵摄了一样，家长的人格也已经被死去的祖先所涵摄，要想违背从祖先到子孙的生命之流所命令之事，即使是家长也不被容许。

关于所有主体的另一个问题，则触及“王土王民”论。“普天之下，莫非王土，率土之滨，莫非王臣”(《诗经》）中所见之“王土王民”论，即全部土地和全部人民都是君主的东西，在整个中国帝制时代，这一讨论至少在理念上是一贯存在的。然而，考虑清代的状况，即土地买卖和人身买卖盛行，对土地和奴婢的使用、收益、处置几乎没有国家规制，那么“王土王民”论可以说已经形式化，只不过是意识形态了。关于这个问题，可以从与土地买卖和人身买卖起源相关的一般观念予以说明。

当时，常规的讨论认为，在土地买卖和人身买卖开始之前，本源的状态是君主把土地分配给人民（即周代的“井田”制度），以保障其生活。譬如，“井田废，而民无恒业，富者拟王侯，则贫者不得不鬻田宅。鬻田宅不已，其势不得不至于鬻身，鬻男女”。[8] 渡边信一郎将以井田为例的古代“分田”观念解释为：作为“以收束于天子（王权）的整体这一观念为不可或缺的前提”之带有负担的小农私人土地占有。[9] 如此一来，从君主那里“分散”的土地，随着君主分配、回收制度的衰退，由农民相互转手买卖至今，于是，被买卖的本来是君主的土地。无论是土地还是人，原本都是君主的东西，若非如此，也不会有现在的私人所有。但是，另一方面，今天通过买卖展开的私人所有的存在方式，却背叛了君主保障万民生存这一本源的状态。从这一反论中产生的发生史意义上的紧张关系，成为对所有的现状进行内在批判的契机，前引张履祥的话，也应该读出这样的批判。于是，虽然现实中私人所有盛行，但只要人们意识到其弊病，“王土王民”论就在整个帝制时代都保持着生命力。[10]

基于上述讨论进行考虑的话，在中国作为所有主体的“人”，不是我们一般认为的“享有自己人身所有权”（洛克）的个人，而应该认为是作为人伦关系网中一个结点的“人”。家长涵摄着子孙人格的同时，家长的人格也被涵摄在亡故祖先的人格之中。作为主人役使奴婢的富裕者，也不过是“王民”之一人。所有物品的人，在理念上也被什么人所有。这样的状况，或许有人看作是“个人的自立”以前的共同体乃至亚细亚社会的特质。但应该注意的是，在中国，规制人的人伦之网是无限地开放扩大的，也不能设想存在作为排他性所有主体的“共同体”或“专制君主”。无论怎样的社会团体，都不可能主张一种能够对抗国家介入的内部支配特权。即使是皇帝，如果以天下为“我一人之产业”，以天下之收入为“我产业之花息”，[11] 也要被责难其忘记了本应奉献全社会的任务。在中国，当约束个人的人伦道德之强受到瞩目的同时，共同体和国家的规制实际上却很微弱，可以说是高自由度的社会，这是由人伦之网的开放性所导致的。

第二个问题则是所有“什么”。中国人所有的是对象物自身，还是应该以别的观念来表示的东西？特别是在土地和人的情况下，这个问题会更为凸显。寺田浩明的“业”论以明清时代的“一田两主”惯行（佃农买卖独立于地主的佃权，结果在一块土地上，地租收益权的所有者即地主，和佃作权的所有者即佃农，两个“主”同时存在，这种观念下的状态）为中心，尝试回答这个问题。寺田认为，在明清时代的土地法秩序中，交易对象不是作为实体的土地，而是作为经营受益对象的土地（业）。当一块土地的收益方法恰好是总括性的时候，就成了一田一主的状态，而当同一块土地上以稳定的形式确立了多个单位的收益行为、其各自独立进行交易时，就有了一田之上的多个“业主”。[12] 在此等“业”的观念中，很容易看到与王土论的整合性。考虑“废井田”以来土地所有的发展，原初的（一田一主的）土地所有、买卖，无非是让一块土地上自行经营（管业）的正当性，以契约形式被其后的所有者所继承。“反过来说，在中国近世物权法的世界中，被称为‘主’之时，其意思从最初开始就不包含对对象的领域专有性与全面支配。”[13] 不存在对土地拥有排他性所有权的单一所有者，这一点可以说是“王土论”的必然归结。

一块土地上重合着种种“所有”，这种状态可能让人想起近代式的一元所有权成立以前封建制度下的“多层所有权”。与固定的身份制度相结合的“多层所有权”，被认为是阻碍拥有上级所有权的领主和拥有下级所有权的农民双方的自由经济活动的桎梏。然而，应该注意到，中国这种所有的多层性，与其说是加在所有者的自由经济活动上的规制，毋宁说如所谓“无论具有何种内容的契约，人民都可以自由地缔结，所以存在着各种私法性关系”，[14] 是在自由的民间惯行中展开的。排他性的土地所有权观念不存在，于是在土地上成立的种种受益行为被作为能够处置的单位被辗转买卖，生出了流动的土地市场。且只要这种流动性没有引起什么社会问题，人们的“自由”契约关系就被政府大致允许。

那么，对人的所有又是怎样的呢？中国的奴婢在法律上是视同财物进行买卖、家产分割等处置的对象，但同时，即使是主人也不得对其任意杀害，奴婢在法律上仍有被当作人来对待的一面，屡屡用“半人半物”一语来表现。[15] 易言之，主人对奴婢没有绝对的权利，这可以说是根植于不容许人为他人完全“所有”的“王民”观念。相比于土地买卖，法律对人身买卖的规制更为严格。法律上的长期方针是把奴婢的来源局限于犯罪者的子孙与战争掳掠，抑制通过买卖将良民奴婢化的行为。但实际上，想要根绝民间穷人的人身买卖是不可能的，围绕着民间自然生成的所有 / 隶属关系，如何以适当的法律去处理，法律自身也经过了复杂的变迁。[16] 在中国的历史中，清代正是关于良民奴婢化的法律朝向最自由化的方向的时期。

良民成为奴婢，并不是完全成为主人的所有物。但同时，也不能认为是原样保持良民的人格，只将服役劳动作为商品贩卖这一情况。主仆关系应当理解为人与人之间有差别的人伦关系，即身份的问题。成为奴仆，则他在人格上从属于主人。从奴仆被称为“家人”“义男”的习惯可知，两者之间的关系是拟制于与父母和子女之间“父子一体”感觉近似的血缘性尊卑关系。这种感觉不同于我们在使用“所有”一词时想象的那种“人”任意使用、处置其外部的“物”时的感觉，毋宁说更接近在一个身体里中枢部位运作其末端部位时的感觉。

所有是人与物之间关系，同时也是人—人关系，即人—物关系在多数人当中如何相互调整的问题。在中国，这样的人—人关系与其说是自我所有的、平等的诸人之间的关系，毋宁说是在开放而广阔的人伦关系网结点中的人们的相互关系。在这个网中谁都不能得到自由。在被他人或强或弱地制约着的同时，仍在其范围内进行相当自由的活动，该活动以“好的秩序”为目标，为“在全面的视野中调整人际关系”的官、民的努力所支撑。[17]

清代民事法秩序的存在方式是现在论争活跃的领域，各种文献看法不一。[18]清代的民事裁判在多大程度上是基于规则的？非规则的民事秩序又是如何成立的？在此无法介绍围绕该问题展开的讨论，但是对当时的地方官而言，其课题应该是充分考虑形式性规则的实质效用（通过预测可能性来抑制犯罪的效果等），根据情况虚心努力以导向最合适的结果。

三、所有权的基础

如上节所述，在中国，作为所有主体的“人”不是自我所有的个人，而是作为开放的人伦关系网的一个结点的人。像这样从中国的所有主体的角度来认知的关于所有的存在方式，在比较的视野中应该置于什么位置呢？

首先，让我们考虑一下所有权的根本性基础。作为所有权的基础，我们所知的一种极限形态是洛克的自然权式的所有权论，在此处，所有具有先于国家的正当性。“人皆持有对自身的所有权，他的身体的劳动、手的动作皆是他自己之物。”他从无主的自然中获取的任何东西，皆是“他以自己的劳动掺和其中，亦即是以他自身的什么东西附加于其上，就这样成为他的所有物”。[19]

虽然在中世纪后期至近代早期欧洲，私权意识的形成、展开过程是复杂的，[20]但也有学者将像洛克一般的前国家式私权意识上溯，归根于中世纪纷乱的、凭实力斗争的世界。村上淳一认为，“在欧洲，本来以实力为保证的前国家式的权利体系是私法或者民事法”。[21]虽然权利的主体由具有进行武装斗争力量的集团变成个人，但从欧洲中世纪继承至近世的、以前国家式的权利意识为基础的所有权思考方式，仍然可以认定是构成所有权基础的一种形式。寺田浩明举出“从个体出发以其持有份额为确定性依据的规则”和“从全体利益的观点出发分割个体相应获得份额的方法”，作为“围绕社会秩序或民事秩序的形成而运作的规范的两种极端形态”，将前者命名为“A规范”，后者命名为“B规范”。[22]借用这个分类，可将前一类型理念化并称之为A型。与之相对，以“从全体分配”理论为基础的所有权类型则作为B型。在此不说“规范”而说“型”，是因为想要考察的不是在现实社会中个体权利规则在何等程度上更为优先的问题，而是“寻求正当性基础的逻辑”的问题。譬如，“为了全体的利益有必要保护个体的权利”，倘若这样想的人很多，那么如同寺田所指出的那样，在B型理论的基础上，实际上“A规范”会更优先。相反亦然。

值得注意的是，A型理论虽然从个体一方出发，但要使每个所有主体所主张的权利并不仅是任意的主张，而是作为普遍的“法”被承认的话，一定也需要支撑社会秩序的公权力。易言之，为了让“具有普遍效力的、不被事实左右的法”成立，而不是让实力发挥作用，就必须存在能够判断什么是法并制裁逃脱、违背行为的公权力。这种公权力自然会倾向于追求通过法律运作来维持全体秩序这一行政上的目标，而未必以分别判断每个主张的是非为唯一课题。在从中世纪到近世国家制度的变化中去理解司法体系的成立时，与其去注意“原型”的连续性，倒不如去注意使法成为普遍的法的公权力之存在与否的问题。譬如在中世日本，也可以看到同样的过程，新田一郎就研究了这个问题。[23]

显然，支撑私法体系的“前国家式的实力斗争”的要素，与“凭借公权力维持秩序”的要素，两者无法轻易融合，因而形成紧张关系。诺齐克（Nozick）等人的原理性的自由意志主义，正是从这种紧张关系中产生出来的。[24]现代西欧的诉讼观念、法律观念，可以说是从包含着相互紧张关系的这两个层面中产生的。[25]这两个层面的共存之所以成为可能，则是由于存在以下这种明晰的二重结构：从以全体的秩序维持为目标的行政任务中，明确地开启了独立的法的世界；通过这个被建构起来的法的世界，维持秩序这一全体的利益被间接地追求。因此，将这样一种法的世界的建构性对象化并重新探讨，成为近年以来法哲学的一个主要潮流。

与上述（A型）的展开相对，在帝制中国，所有论的原始形象是“分田”即君主将王土分配给王民的印象（B型）。渡边信一郎分析了“分田”的“分”的观念，认为是古代中国社会论的关键词之一，不只是所有的问题，也包括人伦关系和认识方法等在内的问题圈，要之，这是关于将世界正确分节化并构成秩序的词汇。[26]自不待言，“分”一词是以“全体”为前提才得以存在的。根据渡边对《荀子》之言的分析，虽然人类的力量还不如动物，人类却能够支配动物，这是因为人类组成社会、产生分工，而为了让人类即使相互争斗也还能组成社会，那无论是人还是物，都必须在全体之中以正确的“分”去定位。于是，知晓这一正确的“分配”方式的人，才可说是好的君主。即，所有的正当性不是依据个别的人和对象物的直接关系，而是依据全体之中“分配”的正确性。在此，作为所有的主体的“人”，已是在全体之中被定位的人。

如上所述，事实上的私人所有正是以该原型为起点展开的。中国历史上，国家屡次尝试介入大土地所有的展开，对此反对的讨论也颇为盛行，但应该注意到，这些争论的展开与其说是为了个别权利的问题，不如说是围绕着全体的利益——即从全体的观点看来，是介入合适还是放任合适，是以这样的形式展开的讨论。[27] 当围绕所有的政策摆向放任一侧的时候，中国的社会一见之下呈现出极为自由的契约性的面貌。但是，应当注意，这种自由并不必然与主张对抗全体社会的、固有的“权利”观念相联系，而可以是包容在追求“对全体社会而言的最适点”的理论之中的。

在此需要留意的是，A 型、B 型的对比并不一定与“个人主义的社会”对“集团主义的社会”这样单纯的类型化相联系。两者一见之下是对立的两极，但实际上，双方的内部都孕育着对个体权利的关心和对全体福祉的关心。

譬如，在洛克的所有论中投影着当时美洲大陆“无尽的土地”的形象，但实际上，在土地过度丰富的情况下，即使是农耕社会也未必会产生土地私有的观念（譬如加藤雅信介绍的美洲印第安社会[28]）。加藤认为，所有权是从对生产资料的劳动投入中产生的，他的看法虽然有与洛克相近之处，但其方向性是相当不同的。在加藤那里，在逻辑上来说产生所有权的是围绕耕作的土地而出现的显在或潜在的竞争。与之相对，在洛克那里，土地是无尽的，竞争是不存在的（专有并不会给他人造成损害），故而所有权的原始取得具有正当性。在竞争中才具有意义的所有权，却以假定的无竞争状态为基础进行构建，这一反论性的事态是怎样产生的呢？这大概是因为洛克的关心不仅在于私人所有权的确立，也在于这种确立是以不与全体福祉相抵触的形式为基础来建构的。洛克的所有论确实辩证地讨论了私人所有权的绝对性、排他性，但“至少在还留有足够多的同样好的东西给其他人共有的条件下”，人能够拥有施加了自身劳动的东西。对洛克这一著名的“但书”加以不同程度的重视，就会产生多样的实践性结论。

另一方面，如前所述，中国的所有论具有从全体的利益说起的B型的倾向。这与其说是从不知竞争的农耕共同体的意识中产生的，倒毋宁说是从荀子的“分”的典型议论可以看出的那样，“在资源不足的竞争社会中，社会秩序怎样成为可能”，是从这种迫切的危机意识中产生出来的。与霍布斯相似，这一“全体”指向可谓是经由危机感而形成的。在战国时期的中国，未开发的土地无疑还有很多，但荀子的讨论背景不是眼前那广大无主土地的农业社会，而是人们为了从外敌和猛兽那里保护自己而集结起来居住的人口稠密的都市社会，正是严酷的生存竞争的画面支撑着他的讨论。

上述称为A型、B型的一对模型，在围绕所有进行比较尝试之际，在多大程度上可以成为普遍有用的轴线呢？如同在方法论的个人主义和结构主义两大社会理论潮流中可见的那样，人类在思考所谓社会之时，是从个体出发思考还是从全体出发思考，若考虑这种大的方向性的区别，上述类型具有相当的通用性。然而，应该注意到，如上所述，这两者都是伴随着在个体和全体的紧张关系中奠定所有权基础的问题关心而产生的讨论。在资源相对丰富、围绕着所有的紧张关系微弱的社会中，这种问题关心自身当然是薄弱的。

那么，在资源明显相对不足的竞争社会之一——伊斯兰社会中是怎样的呢？伊斯兰学者的学说举出社会分工能力作为人类优越于野兽的原因，并认为为了在这种社会中建立秩序，权力是必要的，[29]这种学说显示出与荀子之论惊人的一致性。关于这种所有论，也可以找到与中国的相似之处。譬如关于农地（哈拉吉地），其“物体自身（恩[30]）的所有权”通过“法伊（不动产的战利品）理论”属于穆斯林共同体的总体，与此相对，“使用价值（曼法阿[31]）的所有权”为个人所有，而后者的强度实质上可与近代法中的所有权相比，可以通过买卖、让渡等方式辗转迁移。这与中国的“王土”和私人所有关系极为类似。

然而，这样的土地国有原则，是否可以认为是来自如中国的王土思想中所见的那种 B 型理论，这里仍存在问题。据岛田襄平的论述，土地国有原则与其说是从伊斯兰法本身的原理产生的，毋宁说是从如何确保新征服地的税收这一国家的现实需要出发，由伍麦叶王朝的法学学者创造出来的。[32]尽管关于这样的哈拉吉地的国家土地所有论是否被所有的伊斯兰法学学者所共有，还有人提出强烈的疑问，[33]不过，无论如何，虽然国有土地在数量上占据了伊斯兰世界土地的大半，但作为土地范畴，它是一种“特殊的即例外的土地范畴”，这一点可以说是被广泛认可的。[34]于是，除了哈拉吉地那样的例外，恩和曼法阿合并起来的完全所有权“与我们所说的所有权完全相同”,[35]而恩和曼法阿的区别本身,原本可能就是为了考虑“征服地的物体自身的所有属于伊斯兰共同体全体，与此相对，其使用价值以支付被称为哈拉吉的租金为条件属于个人”，而作为“概念性前提”被引入的。[36]

像这样的所有权观念，与以“全体”为理论前提构想的“所有”B 型理论并不相同。而与此同时，与先于“全体”将个别的所有假定为本源性存在的“无代表不纳税”式的 A 型的想法也不同。那么，伊斯兰法本来的“所有论”的原理性基础理论，难道应该是 A 型和 B 型的折中吗？在此想到的是，伊斯兰法中“正确”的本源不是“全体的福祉”或“个体的权利”，而是归于“神的意志”。柳桥博之举出“向预言者和教友等权威寻求法律规定的一元性根据的倾向”，将其作为穆斯林法学者的一种一般性倾向。[37]8世纪末至9世纪初的法学学者为“法伊理论”建立基础的时候，他们在《可兰经》中寻求其根据。[38]神先于个别的所有主体、也先于社会全体的人伦之网的结点而存在，“伊斯兰法（沙里亚）”作为神之命令的体系存在，在法学学者之间作为沙里亚被认知，如此一来，就不必再向上追问“为什么这种所有方式是正确的”了。对人类而言，这可说是被赐予之物。因此，伊斯兰法中既有一见之下与王土思想相类似的土地国有理论，又有洗练的个人所有权的理论，但没有必要去探寻将二者统一起来的哲学性“原理”了吧。易言之，无论是洛克的自然权思想，还是中国的“分”思想，也许都只是在非神赐法律的社会中才是必要的、寻求正当性基础的逻辑。

如果这样的思考方式是正确的话，虽然伊斯兰法中所有权的存在方式同时包含了“A 规范”的要素和“B 规范”的要素，但与此同时，也可以说它提示了将 A 型、B 型共通的“寻求正当性基础”想法相对化的另一种理论吧。

四、所有中的自由与不自由

以上，描述了构成所有权的整体性基础的几种类型。本节将选取若干关于所有的个别性问题，把这些问题作为应对“所有”的难题而采用的策略尝试以比较的视角将其呈现出来。这里所谓“所有”的难题，是指围绕着所有的“自由”和“不自由”相互缠绕的问题。

在近代欧洲，对土地的一元性的、排他性的所有权的确立（土地买卖的自由化），和自我所有观念的确立（人身隶属的否定），是“个人自立”之盾的两面。即使被社会主义思想等批判，这一“自由”

的所有权的存在方式应该被视作所有权展开的一个目标，这是无法否定的。在这一意义上，当讨论所有的时候，无论是肯定的还是批判的，洛克那里所见之“所有上的个人主义”都被赋予了作为基准点的地位。然而，强化某一权利就是在弱化其他权利。自由和不自由是以复杂的形式缠绕在一起的。考虑到多种多样的所有论可以说是在普遍存在于人类社会的这种缠绕中展开的，那么所谓近代式的所有权也是在这种缠绕中摸索的一种尝试，而在“王土王民”论那样一见之下仿佛与个人的自立背道而驰的讨论之中，亦可看出其作为应对这一难题之策略的一面。本节希望从拓展这种策略的可能性这一观点出发，描绘围绕所有的若干问题。

第一，尝试考察在众多社会中可见的“理念性的上级所有权”。中国的王土思想等就是例子。考虑到君主或国家持有土地的观念很多时候与其说是以“自由地利用、受益、处置”为内容的所谓“所有”，毋宁说多是意味着权力的支配、领有，因而将之称为“所有”可能并不合适。不过，由于本文极为广阔地选取了“所有”的意义，所以只要在当时的观念中有着什么“所有”的含义，都把它包含在“所有”之中来考察。

一方面，这样的理念正当化了与私人所有相对的、从全体福祉乃至国家利益的观念出发的介入。就中国而言，历史上屡次出现的大土地所有制限制论、土地买卖限制论的背景正是这样的王土论。“富者田连阡陌，贫者无立锥之地”的现状，支撑着以复古的王土论为论据的、对私人土地所有制的限制论。在此意义上，王土论没有随着私人土地所有的展开而退潮，而是在意识到私人土地所有过度展开及其弊病的局面下被大力提倡。如同沟口雄三极力主张的那样，这一思想以全体人民的调和式生存而非私有权之确立为目标，亦可以认为其与孙文的共和主义、民生主义及之后的社会主义革命是相连的。[39]

与以全体福祉为目标的王土论稍有不同，也存在着从国家权力的强化、国家财政的扩张的观点出发提倡王土论（土地国有论）的情况。前述伊斯兰世界中哈拉吉地的国有论就是一个例子，但应该注意到，这种认识是在近代国家成立期中被再次强化的。埃及的穆罕默德·阿里的禁止耕作民自由移动和土地处置的土地国有政策，就可以说是将伊斯兰的土地国有原则以严厉的统制政策表现出来的一个例子。[40]穆罕默德·阿里的统制政策未获实效即告终结，同时，埃及政府引入了私人土地所有权，但其过程并非单纯是国家土地所有权的废止，而是与国家可以自由处置土地这一传统观念结合起来，通过国家权力设定了私人所有权。[41]同样，奥斯曼帝国 1858 年的土地法，也与确保国有土地税收的目的相连，朝着整理既存的复杂的土地关系、确立私人所有权这一方向推进。据 Islamoğlu 所说，“在这个意义上，私人的、个人的所有权在法律与行政上的确立，与其乃国有土地的这一状况不可分割”。[42]在明治初年的日本和大韩帝国中，援用儒教王土论的土地国有、君有论也曾高扬一时。[43]本书[44]所收石川登的论文中讨论的沙捞越（Sarawak）[45]的土地国有化也是饶有趣味的一例。在东南亚的岛屿部分，英国、荷兰殖民政府往往否认当地社会中私人所有的存在，而以“国家即最高地主”说为论据，宣称土地的国有。这样的土地国有论，可以说一方面保持着与传统王土论的微妙关系，一方面则作为支撑近代国家形成乃至殖民地统治的理论发挥着作用。

另一方面，这种理念性的上级所有权，并不只在介入自由经济或增加税收等强化国家统制的方向上发挥功能。毋宁说，通过将民间的私人土地所有权相对化，也反过来支撑着土地使用权的多样的、流畅的流通。无论是在中国还是在伊斯兰世界中，与土地国有（王有）观念同时，农民土地用益权（业、塔沙卢夫[46]）的流通亦作为惯行而盛行。在中国，从君主自身权利的观点来看，王土思想实际上几乎是没有意义的虚构讨论。然而，中国没有产生将私人所有权绝对化的思想，而种种掣肘私人所有权的惯行，只要其不造成社会问题就会被放任不管，这恐怕要说与王土思想有一定的关联。在这些惯行之中，也存在像同族的先买和找价（补足土地价格的请求）等那样阻碍土地顺畅流通的惯行。但在另一方面，像“一田两主”惯行那样，也产生了土地的种种权利相应于需求而被多样地分割并流通的状况。伊斯兰世界的卧各夫[47]恐怕也可以说发挥着同样的功能，“（被捐献因而成为卧各夫的商馆）建筑全体的所有权被冻结，却能通过部分租赁权的买卖，对其商业、经济功能的长期或短期的需求与供给做出弹性应对”。[48]相比于排除了地主土地所有对农业资本的制约的近代资本主义土地公有论，[49]这一方向包含着与其共通的逻辑，可以感受到，像这样的理念性的上级所有权所具有的意义不止存在于前近代的中国和伊斯兰世界中。如上所述，理念性的上级所有权不是古代的不合理的遗留制度，而可以说是为了解决私人土地所有权所存在的问题，支撑着种种洗练的结构而发挥着功能的。像加藤博指出的那样，“私人所有权的设定非但没有支撑经济的合理性、带来交易费用的削减，还甚至与经济合理性相敌对”，[50]这种情况也经常存在，能够从中看到理念性的上级所有权的一种“合理性”。但是，这样的功能也会被认为反而阻碍了自由的经济活动，或者招致经济过度流动化的局面，此时，所有权的一元化就成为课题。近代所有权的“绝对性”，也必须在使其成立、将其引入的各种具体历史背景中进行考察吧。

第二，与上述对土地的理念性的上级所有权相对比，尝试考察对人的所有。在中国，土地所有的问题和人身所有的问题在一定程度上可以看作是平行的。根据王土王民的思想，土地和人民本来都是属于君主的，但民间困穷之人售卖土地或售卖自身与孩子却是无法避免的。因此，对政府而言，就需要酌量全体的福祉和秩序，在放任与介入之间取得平衡。总的来说，相比于对土地的介入，对人身所有的介入更为强烈，但（在事实上固不用说，在法律上）承认债务奴隶存在的时代也并不少见。如前所述，这样将奴隶当作“半人半物”来处理的做法，是因为主人对奴婢的所有并不是绝对的，这是根植于“王民”思想的产物。

在伊斯兰世界中，家内奴隶被称作“既是财产也是人”。[51]与中国的不同之处在于，在中国穷人成为富人邻居的奴仆，这样的事情屡屡发生，奴婢的地位与宗教和人种上的他者性几乎没有关系。与此相对，在伊斯兰法中，穆斯林之间的奴隶化是不被允许的（但实际上对于非洲黑人似乎没有遵守这一原则[52]）。这是由于作为神的奴隶的穆斯林不能所有与之相同的穆斯林。这样的思考方式，与中国想要避免“王民”所有“王民”的限制拥有奴婢的政策有着共通之处。因此，中国和伊斯兰世界中限制债务奴隶化的意向，不是基于人所有其自身的看法，毋宁说是将超越自身的“王”或“神”的所有设定为理念上的基础。

因此，在中国，放任土地买卖的倾向与放任人身买卖的倾向，几乎与王土王民规制的松弛这一方向相连动。与之相对，在近代欧洲，对土地的一元性、排他性所有权的确立，则与自我所有观念之确立联结在一起。于是，欧洲土地买卖的自由化与（至少在白人之间的）基本人权观念、对人身隶属的否定是连动的。

但是，倘若将自我所有的观念贯彻到底，那在逻辑上说也联结着缔结奴隶契约的自由（想要卖掉自己的时候可以卖掉自己的自由）吧。如果完全的所有意味着自由行使处置权，那么像“卖掉属于自己的自己有什么错”这样的讨论也是成立的。这样的论点早已被早期的自我所有论者提出，[53]对于今天的自由意志论者（libertarian）而言也是值得探讨的问题。[54]近年围绕着私人所有的讨论之所以与脏器移植和性工作等身体、生命的问题密切相关，正是因为围绕着

“我的身体”的这些问题将自我所有观念中存在的悖论（paradox）尖锐地问题化了。[55] 对于脏器和性的买卖，以及与人工流产和优生等相关的伦理难题，并不能通过“自己的所有物由自己来支配”这一自我所有论者的满满的自信来完全解决。可以说，正是从这种感觉出发，支配自己的不可能性被重新发现，人们在摸索着超越自己的“什么东西”——虽然这大概已经不是“王”或者“神”——的意义。

像这样的讨论，可以看作是过去“市民社会派”的问题关心——“私人所有”带来的资本支配和异化状况——的延长。[56] 只不过，相比于平田清明等人的讨论指向“夺回自己被剥夺了的个体性，‘重建’自己在起始处保有的‘个体的所有’”，[57] 在现在的讨论中，“个体”轮廓的明确性被打上了问号。同时，贯穿在平田论说之中的亚洲和西欧的对比——“个人所有成立的西欧和个人所有不成立的亚洲”之间鲜明的对比——如今也处于被相对化之中。

近年来关乎生命伦理的所有论，另一方面也关乎“自己是什么”的问题。我的身体或脏器或性，是可能让渡的客体，还是我自身呢？深入到自己身体内部的这一问题，也可以反过来向外延展。我们对让渡自己的身体或脏器或性感到抵触，是因为感到其中包含着自己的人格，那么感到衣服或家具什物、土地中也包含着所有者的人格，因而不能让渡，这样的事情也是存在的吧。关于身体的这种感觉就是正确的，关于身体以外的东西则是迷信的，这样的对比恐怕不能成立。包含着所有者人格的物品不是单纯的商品，即使被让渡了，也仍然带有“本来的主人”的人格。基于互酬性的赠答社会，正是以这样的观念为基础而成立的。

关注人和物的这种固着关系时，“所有”不是处置权的称谓，而是意味着始终保有其固着关系——没有从物上放手的自由、被与物之间的关系所束缚。在日本史上，像这样的“固着的所有”受到了极大的关注。胜俣镇夫指出，“土地与主人应为一体的观念，是贯穿中世社会的基本的土地观念之一”，这是被开荒农民的意识所支撑的观念，认为“土地不是单纯的物件，而是自己给予了并还在持续给予生命的东西”。让渡给他人、进入假死状态的土地，经由自己之手夺回而再次苏醒，这是被称之为“地发”的“德政状况”。据胜俣所言，土地和主人一体的观念，是“来自未开化民族中的一种巫术式的土地所有观”。[58] 白川部达夫也讨论了近世的贫苦农民的所有观念，这种观念是无年季限制的典地请赎惯行的基础。[59] 这与其说是巫术式的，不如说是惯行式的土地与人的联结。白川部指出，中国的物权变动有着最大限度的自由，但取得权利的原因并不绝对，与此相比，在近世日本存在着被称为检地账[60] 和百姓株式[61] 这一具备绝对性的基准，这一基准带有阻止物权自由变动的性质。他还指出，作为领主征税账簿的检地账也具有作为民众土地账簿的意义。与其他东亚小农社会相比，从中可以看出日本的特质。[62]

在中国，人与其职业或身份性地位以及土地可以相互分离地流动，与此相对，在近世日本，这三者可以说是被固定地联结在一起的。“人”与“职业 / 身份”“土地 / 家产”，这三者有着多样的联结方式。或许存在“人”的“职业 / 身份”被固定，“土地 / 家产”却能自由买卖的情况。另一方面，小谷汪之生动地描绘了 16 至 18 世纪印度西部的“瓦坦[63] 体制”社会，其中地域社会正式成员的“地位 / 职业”和“家产”被捆绑在一起，可以看到它作为“股份”那样的单位被买卖的状况。[64]

当把“所有”一词看作人与物之间具体的固着状态而非处置权的时候，即产生了（被认为是）为日本的研究史增添了独特色调的“无所有的自由”这一论点。通过与固着性的所有的世界分离，进入作为“无所有”的世界的“市”，物就成为“神物”“佛物”，可以进行自由的市场交换。[65] 表现为“神物”“佛物”的“无所有”，反而具有对自由交换和商品经济的亲和性，这一论点与上述“理念性的上级所有权”的问题也有关联。不过，对于在普遍扩大而开放的人伦关系中被定义的中国的“人”而言，与所有的世界分离、作为避难所[66]的“自由”的空间确实不可能存在。如果说在中世日本能够存在这般特权式的空间，这是因为在当时的日本并立着主张固有权利的固着性所有的世界，所以“自由”的市场作为与此不同的特别空间而产生于这些世界的夹缝之中。在这个意义上，社会中并立着主张固有权利的固着性所有的世界这一日本社会结构的特征，与中世日本的“自由”空间，是互为表里的。

结 语

以上，以清代中国的“所有”为起点，基于与种种地域进行比较的视野，尝试提出了几个论点。不论本文的尝试成功与否，以下将简单作出总结。第一，在讨论清代中国的所有观念的部分（第二节）中，着眼于所有主体自身被置于开放的人伦关系之网的结点这一点上，就“谁”所有的问题和所有“什么”的问题，尽可能努力地进行了综合的讨论。土地所有和人身所有的问题，家族法、身份法和土地法的问题，各自都是大问题，已经分别有很多讨论，在此则发挥蛮勇，想要作出一览无余的素描。第二，从所有的根本性框架这一点出发，对中国的特质进行比较史的考察（第三节）。虽然尝试打破常规的中西比较的构图，但必须坦言这未必成功。从伊斯兰世界中抽出的“第三种”类型是否妥当，还想请教专家的意见。第三，关于所有和自由的问题，以理念性的上级所有权问题和自我所有的问题为轴线，尝试整理过去诸多研究中的种种论点。虽然就世界史上的各个时代、地域讨论了所有与自由之间的悖论性（paradoxical）关系，但我想从比较史的角度看讨论还不够充分。我不是想将自由的欧洲与不自由的亚洲相对立，也不是与之相对抗地强调亚洲的“自由”，而是想在多种多样的历史事例中确认所谓“自由”的本来的多义性和复杂性。

当初想要描绘的鸟瞰式的比较示意图，终究是不可能了，变成好比是在地上此处的胡同、那处的哈拉[67]之间游荡的状态。但就这样彷徨着，也觉得抓住了哪怕些微的以比较为目标的感觉或者说可能的脉络。在现在只不过是任意的表面的比较，但仍期待它能够萌芽，以便将来再尝试广阔地展望更为体系化的“人类能够构想的所有的存在方式的可能性”。

补 记

本文原载之书是由文部科学省科学研究费补助金创成基础研究“现代伊斯兰世界的动态研究”（現代イスラム世界の動態的研究）第 5 班“伊斯兰的历史和文化”（イスラムの歴史と文化）C 组“比较史的可能性”（比較史の可能性）研究会的活动成果编集而成的。编者是三浦彻、关本照夫、岸本美绪三人。该研究会的活动从 1999 年持续到 2001 年，期间有多人参加。作为负责人之一的我，说这话或许有些奇怪，但至今为止我虽然参加过许多以“比较”为名的研讨会和研究会，但还不知道有像“比较史的可能性”研究会这样认真做比较研究的研究会。关于该研究会的设想，三浦彻在同书的《序》中进行了详细讨论，其中之一的特色就是“原理性的比较”，即不止于现象的比较，而是为了能够进行有意义的比较，以共通坐标轴的自觉使用与洗练化为目标。另一特色则是不止于进行欧洲和伊斯兰地域或欧洲和中国之间的东西比较，也将亚细亚诸地域之间的比较纳入视野。

本文确实忠实遵守这两项方针。然而，不可否认，由于战线开拓太广，超过能力所及，结果有些不可收拾的感觉。既然不是自己的学习笔记，而是给他人阅读的文章，还是应该剪裁得更为清楚吧。不过，通过这个研究会我也发现，被称为比较史的共同研究，与其说是从一开始就在流畅有序的框架中思考，毋宁说是在脑袋被填满的一片混沌之中逐渐去摸索什么东西。作为纪念，故将本文收入论文集[68]中。

（毛亦可译）

注释

1 本文原载三浦彻等编，《イスラーム地域研究叢書 4 比較史のアジア 所有・契約・市場・公正》，东京大学出版会，2004 年。

2 杉岛敬志，《土地・身体・文化の所有》，收入杉岛敬志编，《土地所有の政治史：人類学的視点》，风响社，1999，页 14—18。

3 A. 瑞安（Alan Ryan），《所有》，森村进、樱井徹译，昭和堂，1993（原版于 1987 年），页 71—128。

4 加藤雅信，《「所有権」の誕生》，三省堂，2001，页 178—181。

5 更为详细的、主要是关于土地所有的说明，请参照：寺田浩明，《中国近世における自然の領有》，收入柴田三千雄等编，《歴史における自然》，シリーズ世界史への問い 1，岩波书店，1989；《権利と冤抑：清代聴訟世界の全体像》，《法学》，61 卷 5 号，1997，页 1—84。

6 戒能通孝，《支那土地法慣行序説》，收入氏著，《法律社会学の諸問題》，日本评论社，1943。

7 滋贺秀三，《中国家族法の原理》，创文社，1967，页 208—214。

8 张履祥，《杨园先生全集》，卷十九，《义男妇》。

9 渡边信一郎，《中国古代社会論》，青木书店，1986，页 111。

10 岸本美绪，《「租覈」の土地所有論》，《中国—社会と文化》1 号，1986。

11 黄宗羲，《明夷待访录》，“原君”，中华书局，1981，页 2。

12 寺田浩明，《田面田底慣行の法的性格：概念的検討を中心として》，《東洋文化研究所紀要》93 册，1983，页 33—131。

13 寺田浩明，《中国近世における自然の領有》，收入柴田三千雄等编，《歴史における自然》（シリーズ世界史への問い 1），岩波书店，1989，页 219—220。

14 《台湾私法》，第一卷上，临时台湾旧惯调查会，1911，页 159。

15 仁井田陞，《中国身分法史》，东京大学出版会，1983（原出版于 1942 年），页 900—937。

16 高桥芳郎，《宋—清身分法の研究》，北海道大学出版会，2001。

17 滋贺秀三，《清代中国の法と裁判》，创文社，1984，页 284。

18 滋贺秀三，《清代中国の法と裁判》，创文社，1984；《清代の民事裁判について》，《中国—社会と文化》13 号，1998，页 226—252。寺田浩明，《中国近世における自然の領有》，柴田三千雄等编，《歴史における自然》，シリーズ世界史への問い 1，岩波书店，1989；《清代民事司法論における「裁判」と「調停」》，《中国史学》

5 号，1995，页 177—218；《権利と冤抑：清代聴訟世界の全体像》，《法学》61 卷 5 号，1997，页 1—84；《満員電車のモデル：明清期の社会理解と秩序形成》，今井弘道等编，《変容するアジアの法と哲学》，有斐阁，1999；《近代法秩序と清代民事法秩序》，石井三记等编，《近代法の再定位》，创文社，2001。Huang, P.P.C., *Civil Justice in China: Representation and Practice in the Qing*, Stanford University Press, 1996. 森田成满，《清代に於ける民事法秩序の構造》，《星薬科大学一般教育論集》12 号，1995，页 41—58；《清代に於ける民事法秩序の構造再論》，山内进编，《混沌のなかの所有》，国际书院，2000。梁治平，《清代习惯法：社会与国家》，中国政法大学出版社，1996。

19 J. 洛克（John Locke）：《市民政府論》，鹈饲信成译，岩波书店，1968，页 32—33。译者注：中文译为《政府论》（下篇）。

20 Tuck, R., *Natural Right Theories: Their Origin and Development*, Cambridge University Press, 1979.

21 村上淳一，《〈権利のための闘争〉を読む》，岩波书店，1983，页 85。

22 寺田浩明，《明清期中国社会における「社会規範」の位置と内実》，《「比較史の可能性」研究会活動の記録 2001 年度》，イスラーム地域研究第 5 班イスラームの歴史と文化，2002。

23 新田一郎，《日本中世の社会と法：国制史的変容》，东京大学出版会，1995。

24 R. 诺齐克（Robert Nozick），《アナーキー・国家・ユートピア》，岛津格译，木铎社，1996（原出版于 1974 年）。
译者注：中文译为《无政府、国家与乌托邦》。

25 村上淳一，《〈権利のための闘争〉を読む》，岩波书店，1983，页 56。

26 渡边信一郎，《中国古代国家の思想構造》，校仓书房，1994，页 23—63。

27 岸本美绪，《〈租覈〉の土地所有論》，《中国—社会と文化》1 号，1986，页 56—73。

28 加藤雅信，《「所有権」の誕生》，三省堂，2001，页 27—39。

29 伊本·赫勒敦（Ibn Khaldūn），《历史序説》一，森本公诚译，岩波书店，2001（写作于 1377 年左右），页 134—140。

30 译者注：原文アイン，对应于阿拉伯语 'ayn，汉语无惯用音译词，通常翻译为“实物”。

31 译者注：原文マンファア，对应于阿拉伯语 manfa'a，汉语无惯用音译词，通常翻译为“用益”。

32 岛田襄平，《初期イスラーム国家の研究》，中央大学出版部，1996，页 288—344。

33 Johansen, B., *The Islamic Law and Land Tax and Rent*, Croom Helm, 1988.

34 加藤博,《文明としてのイスラム：多元的社会叙述の試み》，东京大学出版会，1995，页 155。

35 柳桥博之,《イスラーム財産法の成立と変容》，创文社，1998，页 18。

36 柳桥博之,《イスラーム私法における所有権概念：占有、所有、庇護関係》,《「比較史の可能性」研究会活動の記録 1999 年度》，イスラーム地域研究第 5 班イスラームの歴史と文化，2000，页 10—11。

37 柳桥博之,《イスラーム財産法の成立と変容》，创文社，1998，页 iii。

38 岛田襄平,《初期イスラーム国家の研究》，中央大学出版部，1996，页 336—337。

39 沟口雄三,《方法としての中国》，东京大学出版会，1989，页 12—20。

40 加藤博,《私的土地所有権とエジプト社会》，创文社，1993，页 119—129。

41 加藤博,《私的土地所有権とエジプト社会》，创文社，1993，页 113—225。

42 Islamoğlu, H., "Property as a Contested Domain: A Reevaluation of the Ottoman Land Code of 1958", R. Owen (ed.), *New Perspectives on Property and Land in the Middle East*, Cambridge, Harvard University Press, 2000, p.27.

43 铃木正幸,《皇室財産考》上下,《新しい歴史学のために》200 号，页 1—14，201 号，页 1—14，1990。金载昊,《皇室財政と「租税国家」の成立》,《社会経済史学》66 卷 2 号，2000，页 3—23。

44 译者注：指原文首发的三浦彻等编,《イスラーム地域研究叢書 4　比較史のアジア　所有・契約・市場・公正》，东京大学出版会，2004 年。

45 译者注：马来西亚面积最大的一个邦。

46 译者注：原文タサッルフ，对应土耳其语 tasarruf，汉语无惯用音译词，通常翻译为“用益”。

47 译者注：原文ワクフ，对应阿拉伯语 waqf，指伊斯兰教的公共财产，常用汉语音译为卧各夫、瓦克夫、瓦合甫等。

48 加藤博,《文明としてのイスラム：多元的社会叙述の試み》，东京大学出版会，1995，页 200。

49 椎名重明编,《土地公有の史的研究》，御茶の水书房，1978。

50 加藤博,《イスラム世界論：トリックスターとしての神》，东京大学出版会，2002，页 80。

51 Marmon, S., "Domestic Slavery in the Mamluk Empire: A Preliminary Sketch", in S. Marmon (ed.), *Slavery in the Islamic Middle East*, Markus Wiener, 1999.

52 Hunwick, J., "Islamic Law and Polemics over Race and Slavery in North and West Africa (16th-19th Century)", S. Marmon (ed.), *Slavery in the Islamic Middle East*, Markus Wiener, 1999.

53 参　照 Tuck, R., *Natural Right Theories: Their Origin and Development*, Cambridge University Press, 1979, pp.54.

54 R. 诺齐克（Robert Nozick),《アナーキー・国家・ユートピア》, 页 536。

55 代表性的讨论有：立岩真也,《私的所有論》, 劲草书房，1997。

56 平田清明,《市民社会と社会主義》, 岩波书店，1969 ；山之内靖,《現代社会の歴史的位相》, 日本评论社，1982 ；等等。

57 平田清明,《市民社会と社会主義》, 岩波书店，1969，页 144。

58 胜俣镇夫,《戦国法成立史論》, 东京大学出版会，1979，页 87—115。

59 白川部达夫,《日本近世の村と百姓的世界》, 校仓书房，1994，页 19—56。

60 译者注：日本江户时代以村为单位的土地登记册。详细记录每块土地的等级、面积、标准收获量、耕作者，此外对石高、农民、房屋占山、山林、沼泽等也一一记录，以此掌控土地和农民。

61 译者注：日本江户时代存在在检地账等公文书上登记“百姓株式”即百姓户数的政策，且存在固定每一村庄的“百姓株式”即百姓户数的倾向。故文中称其带有绝对性的基准。

62 白川部达夫,《日本近世の土地所有意識——近世史の立場から》,《「比較史の可能性」研究会活動の記録 2001 年度》, イスラーム地域研究第 5 班イスラームの歴史と文化，2002。

63 译者注：在印度西部的“瓦坦”制下，担任乡村公职的人，因任职而得到一块免税的土地。这种村庄、村庄公职以及该公职人员的免税地都称为“瓦坦”。

64 小谷汪之,《インドの中世社会》, 岩波书店，1989。

65 网野善彦,《無縁・公界・楽》, 平凡社，1978。

66 译者注：原文アジール，对应于德语 asyl，指习惯上被认同能够庇护罪犯、奴隶、负债者等人的具有“圣域”性质的避难所。日本历史上的“缘切寺”被认为属于这种避难所。

67 译者注：原文为街区（ハーラ)，即阿拉伯语 ḥāra，指伊斯兰社会的街区。

68 译者注：指岸本美绪,《明清史論集 2 地域社会論再考》, 研文出版，2012。

第十章

礼教、契约、生存

——试析明清民事审判中的衡平原则[1]

一、前言

过去二十多年来，后期帝制中国的民事审判（亦即关于户婚田土等“细事”的州县自理审判）的性质，可说是中国法制史研究的重点之一，许多研究者更特别关注州县官裁断时的根据或是所谓的“法源”问题。简单地说，其主要争论点在于，州县官进行裁断时究竟是依据法律，抑或依据“天理、人情”等非实定性的判断基准？这个围绕着“情、理、法”的论题，一般多认为发端于黄宗智（Philip C. C. Huang）和滋贺秀三之间的论战，即便两者的对立点实际上并不仅止于法律与情理之间单纯的二者择一。[2]

本文讨论的“衡平原则”虽与上述“情、理、法”问题密切相关，但目的并非厘清三者的相对重要性，而在于进一步具体地探讨当时人谈论“情、理、法”时的思考理路。清代官员往往用“衡”字来说明他们裁断的过程，诸如：

讼狱之烦兴也由乎人情，其受理也准乎国法，持国之法以断人情，使之各有轻重之分，而无轻重之紊，在听者之善用其心如权衡。[3]

刑名家之恒言，曰按律、查例，然一于法，而不权以情，则百姓人人在犯法之中，官亦人人在犯法之中，幸而未发觉耳。律例者，借已发觉，防未发觉，故不得不严备。情者，乃律例之精意，变化无方，非可以事物言语尽者，在人善悟耳。吾乡左笏卿（按：左绍佐）刑部为言：治民用四分律可耳，用律及六分，则民不堪矣。此即孔子薄责于人、不为已甚之心，真读书人知律之言也。有犯必惩，乃论甘心怙恶之人。若寻常百姓，以一时血气之误，遂陷刑网，为父母妻子终身之忧，以父母斯民之心衡之，必有一番平恕之道处此也。[4]

"衡"是这些文章的关键词，但"衡"的对象究竟为何？乍看之下，他们似乎在追求国法和人情之间的平衡。但正如第二条引文所云，情者乃律例之精意，则两者在内容上并无二致，甚至可说是"情一元论"。[5]若是如此，他们又该透过何种途径来达到"情"的最适点？这点实难言传，因为据其自称："情者……变化无方，非可以事物言语尽者，在人善悟耳。"这种不着边际的性质，似乎使人无法进一步具体追求当时州县官审判时的内在逻辑。

滋贺秀三曾在其大作《清代诉讼制度之民事法源的概括性考察》末尾，述及日后有待继续探究的课题：

（本文）即便日后完成，也依然存在着根本上的不足。这主要是因为，如前所述，"情""理"只是一种修辞，并非有着概念规定的术语，而像本文这种着眼于文字的研究方法，存在着根本的局限性。或许惟有不拘泥于字义，关注案情内容本身，

> 进而试探出审判过程中实际发挥作用的判断类型或思考倾向，才能如实地解明中国式情理之结构。由于这种方式无法对复杂而多样的案件内容进行总体性的研究，是以或许必须针对婚约、金钱债权或地界等争等事案分类进行研究。[6]

究竟是否能够按照滋贺的方案，从个别领域审判过程的具体分析出发，尝试厘清“中国式情理结构”之全体样貌？本文以“礼教、契约、生存”三个要素为中心，试图分析支撑清代民事审判的内在逻辑。不同于“情、理、法”，由于“礼教、契约、生存”三个概念并非当时人经常并称的一组语词，故未免令人产生突如其来之感。其实，这三个概念出自我阅读民事审判史料的过程时中自然浮现的灵感，亦即：影响地方官裁断的各种要素，是否能够大致归纳为这三个？是否能以这三个要素为基准点，测绘出当时州县官的思考理路？

若要更认真地说，则要想借由这三个要素来完全理解明清州县官的思路，恐怕仍不容易，但我们历史学者恐怕也只能试图掌握他们习用的话语，试着提出整合式的解释，借以形成暂定的假说。期待本文提供的暂时性假说，能得到更多读者的指正。

由于本文主要只是提供一个暂时性假说，有几点问题要先请读者谅察。

第一，本文在实证方面几乎没有增添新的史实，内容主要基于我先前关于田宅买卖（找价回赎问题）和人口买卖（就中买妻、典妻问题）研究课题的既有成果。史料方面，我以往的研究以判牍为中心，其中又特别受惠于东京大学东洋文化研究所“大木文库”所收集（以及滋贺秀三制作的复印本）判牍。近年来，随着《历代判例判牍》[7]等法律文献集的陆续出版，以及判牍目录的制作，[8]更多有用的判牍变得比以前更加容易使用。但本文尚未充分利用这些史料，更广泛的研究只能期之将来。本文除了判牍史料，还参考诸位学者最近作品中使用的巴县、南部县等原始档案。由于我从未在档案馆直接阅读过县衙档案，所以本文涉及的档案史料，除少数已然出版和日本国内可以阅览的复本之外，都基于这些学者的论文，在此先行致谢，下文引用时亦将注明出处。[9]

第二，本文主要针对州县民事审判进行分析，并不包括刑科题本等有关人命案件的中央政府审理纪录。不过，本文有时候会涉及省级与中央政府高阶官员对民事法律的讨论内容，因为无论是法律的制定，或是法条解释的变更，也都能反映当时官员有关民事审判的思考逻辑。实定性的法律既非一成不变，那么各级官员又是基于何种考虑而改变法律的？即便州县官未必依法审理，但就官员的思考逻辑而言，州县官和上级官员之间可能是分享了一定程度的共识。

此外，本文使用的判牍史料中，有许多是知府或推官所制作，并不止于州县层次。虽然从形式上来看，府层次的判牍和州县层次的判牍十分相似，与中央政府的司法档案大不相同，但就内容而言，府的裁断和州县的裁断之间是否具有不同倾向？这个问题目前仍未有明确结论。[10] 本文姑且将府的判牍和州县的判牍放在一起，作为基层地方审判（即广义的州县审判）的史料来进行分析。

第三，在本文的副题，我使用了“衡平”一词，并在行文间将欧洲的“衡平”概念放在心头。苏成捷（Matthew H. Sommer）在他有关卖妻案件审判的力作中指出：

> 假如我们想要借用西方法律传统，来模拟解释县官处理这些一般县级案件的弹性模式，那可能是“衡平”（equity）概念。在英国的传统，法官在审判时为了缓和抽象的成文法规定之粗暴，会引用“衡平”的概念，即借由考虑实际案件中值得同情的情况以轻减刑责……我们在卖妻案件的审判里发现某些类似

于英国衡平概念的运作现象。[11]

这种中西模拟可能招致批评，毕竟整个司法制度中“弹性”判断的位置和作用，中英之间恐怕存在许多差异。但与此同时，我对苏成捷指出的模拟深感兴趣。英国衡平法官的“衡平”思路和明清官员的“权衡”思路之间，有多少异同之处？囿于能力所限，本文无法详细讨论，但副题中的“衡平”一词仍代表本文背后存在的问题意识。

二、作为研究假说的三个要素：礼教、契约、生存

由于“礼教”“契约”“生存”等语词的含义颇为复杂，因此我将在第二节先简单讨论其含义，并解释本文当中的用法。

（一）礼教

本文将在较为广泛的意义上使用“礼教”一词。据沟口雄三等编辑的《中国思想文化事典》，对于“礼”的项目有如下总括性说明：

> 借由维持尊卑差等的阶层秩序来谋求社会秩序的规定。本来是有关亲族集团或乡村社会内部父权制尊卑秩序的规定，但后来扩张为维持统治者间内部秩序的规范，如君臣关系和国际外交等。作为日常一般的礼俗，表现为伴随宗法上祭祀礼仪习俗的积累，以及据此为背景的人伦秩序规定。特别在庆吊仪式等人生大事之际，参加人员的差等关系为仪式进行时十分重要

的关键，因此对各人在仪式中的动作、措辞、服装仪容等都有详细指示。[12]

就关于民事审判的观点而言，重要的是日常一般礼俗的部分。明代以后，这些礼俗透过国家和乡绅推进的教化活动，逐渐渗透于乡村社会。“礼”的这种实践性层面，可以称为“礼教”。礼教一词或许使人想起五四时期思想家所批评的“吃人”式非人性道德，但此处并不蕴含贬义。礼教不但涵括这种僵硬的面向，也代表较为自然的家族内尊尊、亲亲情感。

滋贺秀三早已讨论过“礼”是否为民事法源之一。滋贺的结论如下：

听讼时基本上在官员脑海里发挥主导作用的，是上述所考察的情理。经义和礼的功能不过只是对情理的作用提供端绪。情理本身是无法写成文章的无形之物，相异于此，经义和礼则依据古典文章等有形之物。相对于纯粹非实定性的情理，经义和礼具备某种实定性，因此能够提供端绪。在这个意义上，经义和礼的位置相当近似于国家法律……（但相较于经义、礼，法律具有较大的实定性和具体性。因此）人们首先援用法律作为依据，而经文的引用只有在补足或加强法律时才出现。而且在私法领域内，礼能够提供端绪的范围事实上只限于包括继承法的身份法范畴，财产法则几乎与礼无关。就此所见，礼的功能也有限制。实际上，就比率来看，言及礼的事例意外地少。[13]

滋贺此处讨论的“礼”和本文想分析的“礼教”有所不同。滋贺所谓的“礼”属于古典文章内的规范，相对于此，本文中的“礼教”是较为日常性的伦理观念。诚如地方官在关于卖妻纠纷的告示或堂谕中常使用“败伦伤化”“廉耻罔恤”等语斥责卖妻行为，可见他们在此当下意识到当时人所认知的“礼教”概念。

虽然滋贺认为就整体看来“礼”的作用并不大，但也诚如他所指出，礼在身份法领域中仍有不少影响力。就地方官每天面临的实际情况来看，他们意识的重点应该因案件而不同。例如在审理卖妻案件时，可能从“礼教”的立场严斥违背人伦的行为；隔天处理土地买卖案件时，则专门注意到“契约”，而不谈“礼教”；但如果这是宗族内部的买卖，又可能从人伦（礼教）的立场来修正裁断等。地方官的着眼点，随着案件性质和具体情节而灵活地变化。一言以蔽之，这种灵活性总归因于“情理”的作用；然而，是否能够更具体地分析“情理”判断的内容？本文将采取微观且动态的视角，考察在不同时空环境和案件背景之下，“礼教”（以及“契约”“生存”等）之要素对地方官的判断发挥何种作用。“礼教”并不是一套完全整合且毫无内部冲突的体系。如某位地方官指出：

> 妇人从一而终，转卖有关风化。但其中不无贫极颠连，两图活命。或因父母病故无资，甘心舍妻棺殓，或值本夫病危莫措，需费势迫出身，似觉情可矜原。[14]

此处讨论的内容主要是“礼教”（“妇人从一而终，转卖有关风化”）和“生存”（“贫极颠连，两图活命”）之间的平衡问题，但地方官还提出另一种“礼教”论点（“因父母病故无资，甘心舍妻棺殓”）来加强他的主张（“情可矜原”）。因此，本文所关注的问题，不仅是三个要素之间的关系，还包括各个要素内部的对立情况。

（二）契约

关于“契约”的含义，近年有几篇论文讨论中国的“契”和西方“contract”概念的不同。曾小萍（Madeleine Zelin）等编论文集所收录的几篇论文均涉及这个问题，如孔迈隆（Myron Cohen）在其论文的开头提问：“西方的‘contract’概念，即使如何广义，可否适用于帝政后期中国文化所产出的各种具备签名和证人的文书？”（页37）孔迈隆的论文和欧中坦（Jonathan Ocko）的论文都指出，中国的“契约”与其说是两者间的法律关系，不如说是位处多方向网络中的人们所形成的社会关系（页88、196—197）。

巩涛（Jérôme Bourgon）的中文论文《地毯上的图案》用更锐利的笔锋抨击“contract”和中国“契据”的混同。据其所说，（1）西方式“contract”的基础是绝对且排他的财产权，但清代中国没有这种绝对财产权；（2）清代的契据一般不采用双务合同而采取单契形式，卖方和买方的地位不平等，这种形式与西方contractual doctrine中自由合意的法理完全相反；（3）中国契据上有很多签署者，他们形成社会压力来干涉土地买卖，这种情况和西方的专门性公证人保护交易安全的形式显然相反。巩涛主张，中国的契据和西方的“contract”完全不同，因而“将两者用相同的术语称作‘契约’或‘契约关系’将会引起误解”。[15]

对上述中西“契约”异质论，我表示同意。[16]本文中使用的“契约”一词是指中国式的契约，即明清时代官员和庶民所了解的“契、约”概念。“契、约”并不是一种如同西洋“contract”般严密的法律概念，只是经由人们自愿而达成合意的社会性事实（以及作为其证据的文书），但一般认为它应该受到尊重。因为从实际的观点来看，人们自愿而非强迫的合意，正是经济秩序稳定的基础。“契、约”被使用的范围颇广，涵盖不动产、动产、人口等买卖和借贷等各方面。

在中国的民事法领域，除了人口买卖、官有地（官田、旗地、屯田等）买卖以外，对一般不动产、动产的买卖以及借贷等经济关系，政府基本上采取保护民间契约的态度，取缔霸占、盗卖等行为，尽管相关律文为数不多。

政府对民间契约的保护，未必意味着政府的目的在于保障所有权。以土地契约为例，当时政府的目的可以说是借由厘清土地归属关系，消除别人介入的余地，避免土地相关的混乱和纠纷发生，并且希望征税得以顺利进行。其结果虽然导致土地关系的相对稳定，但并不能认为政府坚持的一贯原则，目的在于维护土地所有者对国家权力及全体社会所能主张的土地所有权。反之，这是以全社会的安宁为第一要务，根据具体情况所采取的行政调整。

诚如上述诸论文指出，中国的契约无法脱离当事者周边的社会关系网络。这些社会关系在支撑契约关系的同时，有时也阻碍契约的顺利实行。政府要“保护”契约时，对这种社会关系的态度随时空环境不同而有变化。以亲邻的先买惯行为例，宋元时代有法律承认亲邻的先买权，但到明代却被取消，清朝司法实践中对亲邻先买权也采取不支持的态度。[17] 政府态度的变化，与其说是由于土地所有权观念的变化，不如归因于政府关注到这种惯行对契约秩序的恶性影响。

相较于上述诸论文所提示的西方模式，中国的契约关系，从某种角度来看确实多样而自由。20 世纪初在台湾进行民事惯行调查的日本学者认为：“无论任何内容的契约，人民都可以自由缔结，所以存在着各种私法性关系。”[18] 例如“田面买卖”或“典卖（附回赎条件的买卖）”等契约关系，就维护绝对财产权的立场而言应该遭到排斥，但明清政府的基本方针是，只要没发生严重的问题，即对“自愿非逼”的各种契约采取容忍态度。容忍且尊重民间契约的这种态度，乃是本文假设的三个要素之一。虽然这个要素多在土地买卖案件上发挥作用，但也不可忽视它在人口买卖案件中的效用。

（三）生存

保障人民的生存，使“人人得其所”，是建立良好社会秩序的基础条件。清政府在这方面的成就相当可观，常平仓等大规模的粮食政策并非同时期欧洲国家所能实现。政府保障人民生存的意向，主要在行政方面发挥作用，而在民事法的领域很少看到相关规定。以清朝中期的粮食问题为例，政府有时发布有利于贫民的规定，诸如令富家出卖粮食、令地主减免佃租等，但基本上对这种立法采取十分消极的态度，其理由之一在于防止贫民借此政令掀起暴动。[19]若要维持社会安宁，政府不该明确表露袒护贫民的姿态，亦即不让贫民感到自己有维持生存权般的正当性，对贫民的关怀应该表现为常规之外特别的恩惠。

虽然如此，在有关民事的若干规定中，依然能够发现对窘迫性买卖的特别措施（如“因贫卖妻”“因贫卖墓地”等）。特别在明清时代的州县审判中，“生存”要素也在地方官的脑海里发挥重大作用。明末文人曾记载其对于找价诉讼流行的观察道：

> 寿（福建寿宁）讼最简亦最无情。如鬻产者再三加贴，尚告白占……所望不奢，故年月稍近，有司往往怜贫量断，亦从俗云。[20]
>
> 俗卖产业与人，数年之后，辄求足其直，谓之尽价。此最恶薄之风，而闽中尤甚。官府不知，动以为卖者贫而买者富，每讼辄为断给。[21]

买卖双方之间的贫富差距，是影响到州县官裁断的重要因素之一。“得业者应吃亏”（因为买主富裕，所以他应该向卖主让步）之语，在几种清代判语中都可见（详后述）。

值得注意的是，地方官脑海中的贫民形象不但基于经济上的贫穷，而且与“愚”“无知”“无耻”等文化上、道德上的缺陷难以分割。地方官对贫民的容忍态度，一方面表现为对贫穷的同情，另一方面则表现在放弃对这些“虮虱之民”施行教化的无奈感上。本文所谓的“生存”要素，指的是官员既对社会底层人民展露一种家长式关怀，而又无可奈何地放任其自由，由这两种情感相互结合而成的一种特殊心态。诉讼当事者也积极利用这种形象，试图博取官员的同情和宽恕。

三、田宅买卖——以找价回赎问题为中心

（一）有关找价回赎的法律规定

在明清时代有关田宅买卖的诉讼中，关于找价回赎的案件占相当大的部分。[22]18 世纪前半期广东省罗定州知州逯英记述道：

> 田经绝卖，例无收赎，勒索不遂，捏典翻控，此奸民之故智，而罗定州为尤甚。卑职抵任以来，日逐收阅呈词，具控伪契占产者十之七八，亦追吊契验讯，十皆九虚。[23]

即便逯英的记述无法适用于全国，但在明末以来土地价格攀升的趋势中，[24]这类关于围绕找价回赎的纠纷，也在全国各地呈现明显增加的倾向。[25]

为应付找价回赎诉讼增加的情况，中央政府遂于明代中期以后制定了几种法律。[26]第一种是试图借由设定出诉年限来减少诉讼的法规。如下述弘治《问刑条例》所收录的条例，此后均以户律“典卖田宅”条的附例收入明律和清律，在清代中期以前多被视为田宅回赎相关问题的主要基准：

> 告争家财田产，但系五年之上，并虽未及五年，验有亲族写立分书已定，出卖文契是实者，断令照旧管业，不许重分再赎，告词立案不行。[27]

然而，这条规定由于五年的期限太短、时间限制和文书具备之间的优先顺位暧昧等理由招致混乱，逐渐变得有名无实。

第二种是明确区别“绝卖”和“典”的法规。雍正八年（1730）与乾隆十八年（1753）的定例即属此类。如下述乾隆十八年的定例：

> 嗣后民间置买产业，如系典契，务于契内注明“回赎”字样；如系卖契，亦于契内注明“绝卖永不回赎”字样。其自乾隆十八年定例以前，典卖契载未明之产，如在三十年以内，契无“绝卖”字样者，听其照例分别找赎。若远在三十年以外，契内虽无“绝卖”字样，但未注明回赎者，即以绝产论，概不许找赎。如有混行争告者，均照不应重罪治罪。[28]

这条定例使人民在立契时严格区别典契和卖（绝卖）契，企图为找价回赎的审判提供明确基准。“三十年”的年限是一种临时措施，与乾隆十八年以后订立的契约无关。

第三种是承认回赎已绝卖土地的规定，作为灾害时的特别措施。此类地方官建议虽然零星存在，但乾隆中期前均未获得皇帝的同意；

然而在乾隆五十年大饥荒之际，河南巡抚毕沅上奏的提议，却在皇帝积极推动之下得以实施。乾隆五十一年五月辛未，皇帝发布上谕道：

据毕沅奏，豫省连岁不登，凡有恒产之家，往往变卖糊口。近更有于青黄不接之时，将转瞬成熟麦地，贱价准卖。山西等富户，闻风赴豫，借此准折地亩。贫民一经失业，虽遇丰稔之年，亦无凭借。现在饬属晓谕，勒限报明地方官，酌核原卖价值，分别取赎，毋许买主图利占据等语。所奏实属可嘉……但折内所奏，犹有未尽周到之处。若非明降谕旨严定章程，恐地方官力量有所不及，而为富不仁者，尤无所畏惧，仍属有名无实……此等贱买贵卖之田，核其原价，勒限听原主回赎……倘有财力不赡，不能给与本利回赎者，在买主已获厚利，自当于本利十分之中，酌减三四分听赎，方合天理人情。[29]

这个措施原先限于山西富户在河南放债准折的事例，但此后又推广于其他地区：

谕军机大臣等：据明兴奏，东省各属灾区，当粮贵食缺之际，贫民迫不及待，即恒业亦作绝产求售，而有力之家，亦未免乘人之急，图贱绝买。应照豫省之例，一概准令回赎等语。所办尚好。东省灾歉之区，虽无晋省等处富商大贾越境放债准折地亩之事，但该省民人谊属桑梓，尤宜共敦任恤，若因贫乏食，急于售产，遂致乘机贱买，希图占为己有，即与晋民之利债准折无异。[30]

同样的措施还可在嘉庆年间的直隶、河南、山东等处得见，[31] 即便这些命令似乎未能获得恒常性的法律地位。

接下来稍微将焦点转向关于找价回赎的地方性法规。由于绝卖后要求找价的行为自明末以后扩展到全国，在若干省份逐渐形成比较稳定的习惯，所以清代有些地方官将找价习惯引进地方性规定之中。如康熙末年浙江天台县知县戴兆佳在告示中指出：

> 至于找价一项，现奉抚宪通行饬令勒石永禁催取……但此一卖不容再赎，一价不许再找，乃据他处之契明价足者而言。若在天台，则有难以一例施行者。天台田土交关，有正必有找，有卖契而无捣根（按：找价收据），不许推收过户……是从前大小一切田土买卖，若不分已绝未绝，概以不赎不找之法绳之，在买者坐拥膏腴，固志得而意满，在卖者剜肉无填，呕心无血，能不禹禹然向隅而泣乎？然天台百姓又最贪而最黠，若一开断赎断找之门，皆纷纷抱牍前来……讼端蜂起，案牍星繁。[32]

由此可见戴兆佳承认，有正契而无“捣根”者，卖主与原中人及买主协商，依照俗例，照时价收取代价。

从上节提示的“礼教、契约、生存”三个要素来看，明清时代有关找价回赎的法律特点何在？由于在田宅买卖的范畴中，“礼教”要素几乎没有作用，所以在此姑且不论。[33]在关于田宅买卖的范畴中，最为核心的要素是“契约”。第一种年限式规定，乃是出自官衙单方面企图减少诉讼负担的构想而来，与尊重当事者的合意之准则有所违背，其实效性十分有限。

第二种规定的目的是通过“契约”内容的明确化，来加强司法判断的规则性，即若系典契便允许找赎，若系绝契则禁止找赎。“契约”要素几乎是这些规定唯一的基础。相较于此，戴兆佳《天台治略》的告示，乍看之下似乎已对“契约”要素加以改变，但其逻辑却未必与重视“契约”的态度互相矛盾。戴兆佳主张：找价的习惯已经扎根于天台地区，人们在订立买卖契约时，已经先考虑该习惯后才决定价格，换言之，即便在契约上并未记载，支付找价仍属于他们当初合意内容的一部分。为此，一律禁止找价的规定势必将抵触人们本来的合意内容，而无法得到支持。值得注意的是，如果某种习惯的形成是基于人们的共识，进而得到稳定的地位，该习惯就将成为人们订立“契约”时的（无论明示与否）合意事项之一，所以以维持契约秩序为目的的官员们会重视这些习惯，亦属理所当然。同时，有些习惯则会对契约秩序发挥负面作用，导致地方官对习惯的态度因时因事而有不同。

第三种规定明确表现出“契约”和“生存”两项要素之间的调整过程。实际上，不仅在自然灾害的年份，即便在平常时期，卖地者一般也都困于家计之窘迫。当时的官员如何看待这种在穷困状态下卖地契约的正当性？从清代地方官对此类事件的批示中，经常可以发现他们对以原价过于便宜为借口、要求找价回赎的原告严厉斥责的事例：

> 田房交易，此卖彼售，必凭中保官牙，照时值低昂，公评定价，一姓得银，一姓受业，俱系情愿，若价昂则售者不售，价亏则卖者不卖，原无勉强于其间也。或有依势逼勒，或借利债盘算，果有冤抑，在受害之人当时必然陈控，何待远年始行告理乎？揆其实情，不过借端装头，以餍其加找之欲耳。[34]
>
> 售卖产业，急需减价，事所常有，何能借口？[35]

这些都是明确地站在“契约”立场的发言。卖主出于迫切需要，自愿减价出售，不外乎是“自愿非逼”的契约，谁能规避？如果按照市场经济原则，买主利用卖者的穷困，减价收买土地也是正当的行为，无从置喙。但是，乾隆末年饥荒时的上谕却采取完全相反的立场，允许穷困潦倒的农民回赎土地，认为商人乘农民穷困之机囤买土地实属“为富不仁”之举，“其情甚恶”。可见乾隆侧重于“生存”的立场，十分明显。

但实际上，以“生存”要素为中心的穷民救济法律将会面临两项困难。第一，这些法律相当容易引起穷民对富民的反抗风潮。濒临生存危机的庶民并不像皇帝想象中那样纯朴可怜。乾隆五十一年六月乙酉，皇帝对毕沅奏折的内容做了以下告诫：

> 其（毕沅）所称……恐有中州无籍之徒，希图白退地亩，不偿原价，准令买主呈控，照数退还，以昭平允一节，此论甚公……河南业户，倘因朕如此加恩，竟欲白退地亩，不偿原价，则地方无籍之徒，志在希图便宜。此风亦不可长。试思从前弃产时，原因灾旱频仍，饥寒洊迫，故将地亩贱值售卖，以救目前之急。晋民在彼，虽系乘机贱买，究非白占人田。今因地方官查办，辄思不交原价，归还旧产，有是理乎？[36]

皇帝面对“白退地亩”运动的危险，在一定程度上仍承认山西商人“乘机贱买”契约的正当性。第二，以改变本来契约内容为主旨的这类命令，导致契约秩序的不稳定化，进而可能对遭逢灾害的贫民生存造成恶性影响。究其原因，对于富民来说，购买贫民灾后能够以原价回赎的地亩，实无利益可图，导致富民踌躇不前，反而让灾区贫民失去谋生之路。

总而言之，制定明确包含“生存”要素的法律，在实际上颇为困难。在民事司法上，若要从“生存”角度来关怀人民，恐怕只有在自由度较高的州县自理审判范围中得以实现。这可以说是一种默认的分工，而不仅是州县官遵守法律与否的问题。

（二）找价回赎诉讼

据上面所引逯英记述，当时诉讼中，以已卖不动产的找价回赎问题为主要内容的案件为多，其中卖主或其家族以“伪契占产”为由告买主或其家族的案件亦占多数。我调查各种判牍（包括部分档案）中得到的印象也接近逯英的看法。但通过定量分析来计算出此种案件比率的方法，实际上十分困难，因为分类案件时，没法制定明确且客观的标准。即便原告告状时的目的在获得找价，也未必会以找价回赎为核心事由来提起诉讼。告状上的事由各式各样，诸如勒买土地、无理霸占、欺侮孤寡、倚势逞凶、屠杀抄家，甚至准备谋反、协助叛乱等。原告的最终目的是借端威逼对方给钱，不问具体理由如何。为求一耸地方官之听闻，原告往往捏造荒诞无稽的罪状，即所谓“无谎不成状”；而地方官也绝非生手，运用熟练而敏锐的观察力，看穿案件的起因和原告的目的。在此兹举一件简单的案例：

> 审得：周茂之父周君斐，有田售于周见山，为日已久，一卖一加之外，又复索增，业已有违宪禁矣。乃因所索不遂，而周茂捏为运米通叛之诬词，朦准肆害。今再三穷诘，则见山所载者，乃田中之籽粒，而并非海上之糇粮也。即所列之词证吴甫、周仲辉，亦证其虚诳矣。昔起不风之波，今消见晛之雪。虽经责儆，尚应坐诬，念其乡愚，姑开一面，以示矜宥之仁矣。[37]

地方官在审理过程中发现事件的起因仍是要求找价回赎，即原告要求找价回赎未遂，故采取诬告诉讼的手段。惟有经过地方官推断之后，该案件才可能进行分类，诸如户婚田土或斗殴杀人、找价回赎或勒买霸占等。研究者在分类判牍中的案件时，也必须基于地方官的判断，亦即“分类”本身即包括地方官的主观判断因素。

一旦地方官将案件判定为与找价回赎有关，此后的思路便较为明朗。问题的中心（即原告的要求是否具备正当性）在于当初买卖的性质：如果是典，原告便可找价回赎；如果是绝，则不可以。地方官透过调查，探究双方说辞是否属实：诸如契约属于绝或典，有无找价收据，契约是否伪造、有无涂改等。几乎在所有的判词中，地方官皆根据这些调查来论述事实经过，明断是非。地方官基于“契约”准则所做的判断，与法律并无矛盾，故从结果来看，地方官的裁断基本上与法律一致。但就次要性判断而言，地方官裁量的余地相当大，未必与法律相同。以下将着眼于“生存”和“礼教”二者，探索地方官进行次要性判断的思考模式。

1. 生存

在有关找价回赎的审判中，特别引人注目的是，即便不少判词认定一方当事者并无过错，但由于种种理由，依然判定当事者必须向对方让步。其中最常见的理由，是其中一方的贫困（大多数是卖主）或双方之间的贫富差距。有一件案例记载，一位家境贫困的卖主趁着妻子离世，兹以“霸地殴命”状告买主，地方官虽然斥责卖主“顽钝至此，真未如之何也”，却命令买主付给对方五两的助丧费；[38] 另一件案例则是不顾找价已经付清的事实，以“民间有找价之例，子幼母寡”为由，引用“得业者亏”的谚语，命买主支付找价五两；[39] 又有一件案例记载，尽管买主已付找价，没有找价的余地，地方官却援用“得业者亏”的谚语，命令买主支付找价；[40] 更有一件案例述及，原经绝卖之地产，业无找价之理，地方官却以可怜卖主年老贫困为由，命令支付找价。[41]

关于令买主让步的幅度，地方官的判断未必一致。如松江府推官毛一鹭对某件上海县的回赎案件的裁断所示：

> 唐模楫所告之田，乃黄卿先年卖之乔宦，转数年而归大成，即大成今再鬻之模楫，已将十年矣。卿妻薛氏一旦挈幼孙黄恩以剿杀鸣府，盖非氏本意，则姚德与黄希孟挑之也。此事于理于法俱左，而前断尚许回赎者，盖怜老妇弱子茕茕相吊，而思完其旧巢也。第孤寡可悯，而律例不可越，刁风不可长。夫以辗转相售历年久远之田，令薛氏遽得尽赎，则自薛氏而上谁无原主，自薛氏而下谁非原主？倘彼此俱以主自恃，此田终何归宿也？且令弃业者无日不可回赎，无人不可回赎，而受业者殆矣。即以薛氏老寡，孙甫垂髫，宜少加恩恤。奈此告又不尽出薛氏之意也，无已，则参情法之中，以半归薛氏取赎，半听模楫管业……且与前怜老恤孤之意，又不至矛盾也。[42]

此处所谓“前断”，指的应是上海知县的裁断。依毛一鹭所见，前断太过侧重于“情”，有撼动契约秩序之虞，遂将主张“全部回赎”的前断改为“一半回赎”，希望达到“情法之中”。

2. 礼教

第二项次要要素是礼教，特别是一族内的尊卑或情谊问题。张肯堂在前引关于找价的判词中首先写道：“五服之内有贫而饕者，复在尊行，斯亦人生之一累。”这句话表示，族内的卑幼不能拒绝“贫而饕”的尊长所提出的找价等要求，即便卑幼方面毫无任何瑕疵。张肯堂也认为，这毕竟是无可奈何的情况，卑幼只得接受。在找价回赎的案件中，同族内的纠纷相当多，而地方官裁断时或多或少都会考虑到原告和被告之间的亲族关系如何。

有一件案例记载，卖主对买主（即卖主之兄）要求找价，买主不付，地方官遂以“不能广尺布斗粟之谊，使成雀角，富而好礼，非其人也”为由，斥责买主，又拟一并对卖主、买主施以杖刑；[43]

另一件案例是堂兄弟之间的纠纷，卖主（兄）向买主（弟）六次勒索找价，之后再以烤烙父母、诈银千两等为由诬告买主，但地方官念及“衅起阋墙”，姑从宽免；[44] 又有一件案例是卖主（堂侄）绝卖后向买主（堂叔）要求找价，虽然曲直分明，但因卖主贫困且双方有叔侄之谊，故地方官下令买主应该每年对卖主支付若干钱谷。[45]

总而言之，在找价回赎的诉讼中，地方官主要的着眼点在“契约”（法），而“生存”“礼教”则作为次要要素，对“契约”（法）的僵硬性发挥缓和作用。以下将接着探讨“契约”“生存”“礼教”这三者在“卖妻、典妻”审判中的作用。

四、人口买卖——以卖妻、典妻问题为中心

（一）有关卖妻、典妻的法律规定

在明律、清律中有关卖妻、典妻的律条大致有三。清律规定（括号内为清律原文的小注）：[46]

> （1）户律婚姻“典雇妻女”条：凡将妻妾受财（立约出）典（验日暂）雇与人为妻妾者，（本夫）杖八十，典女者（父）杖六十，妇女不坐。若将妻妾妄坐姊妹嫁人者杖一百，妻妾杖八十。知而典娶者各与同罪，并离异（女给亲，妻妾归宗），财礼入官。不知者不坐，追还财礼（乃离异）。
>
> （2）刑律贼盗下“略人略卖人”条：略卖……若己之妾，子孙之妇者，杖八十，徙二年，（略卖）子孙之妾，减二等……其（和略）卖妻为婢，及卖大功以下（尊卑）亲为奴婢者，各

从凡人和略法。若(受寄所卖人口之)窝主及买者知情,并与犯人同罪……并追价入官。不知者,俱不坐,追价还主。

(3)刑律犯奸“纵容妻妾犯奸”条:凡纵容妻妾与人通奸,本夫奸夫奸妇各杖九十……若用财买休卖休(因而)和(同)娶人妻者,本夫本妇及买休人各杖一百,妇人离异归宗,财礼入官。若买休人与妇人用计,逼勒本夫休弃,其夫别无卖休之情者不坐,买休人及本妇各杖六十徙一年,妇人余罪收赎,给付本夫,从其嫁卖……

这些法律明文禁止卖妻、典妻行为,即便民间此种习俗相当普遍。这些法律所依据的主要原理,是以家族道德为中心的“礼教”。“典雇妻女”条主要的着眼点,在问责于以金钱为目的强迫妻妾、女儿接受不正当婚姻之夫、父等主婚者之罪,而“纵容妻妾犯奸”条的“买休卖休”项目则将卖妻行为视为通奸的一种衍生,可见这两条法律都是以维持礼教秩序为目的。“略人略卖人”条之制定,目的在于处罚人身买卖业者,本与家族道德无甚关系,惟因贩卖家中妇女属人身买卖其中一项,而使该条有所涉及,并于条文中明令禁止。由此可见,不同于土地买卖,在卖妻、典妻的范畴中,法律站在与“契约”完全对立的立场。

在这些律条当中,明清时代的卖妻、典妻审判里最常被援引的是“买休卖休”条,但明清时代的官界对于这条律文的解释却有分歧。对此,曾就薛允升《唐明律合编》卷二十六的记事详加讨论。究竟“买休卖休”规定的适用对象是否仅限定于本妇与买方间已有奸情的前提之上?据苏成捷研究,针对此一问题,明末已有主张限定的大理寺卿王诤,和主张不限定的刑部尚书毛恺等人交相论辩。结果是根据隆庆三年(1569)的御旨,判定“买休卖休”条只适用于有奸情的情况。然而,“买休卖休”条的广义解释(即在没有通奸的情形下亦可适用）依然存续，到了清代之后甚至占据优势。[47]

在上述论战中，都察院左都御史王廷反对刑部的广义解释，并提议道：

> 欲将图财嫁卖者，问以不应，量追财礼入官；其贫病嫁卖及后夫用财买娶，别无此情者，不坐。于情虽便，颇属纷更，惟上加裁定。[48]

王廷似乎是将卖妻案件分为三种情况，分别提议拟罪方法：（1）若在买卖前已有奸情者，适用买休卖休规定；（2）虽无奸情但图财嫁卖者，问以不应为律；（3）既无奸情，困于贫病而被迫卖妻，并且经人购买者，本夫、后夫和本妇都不坐罪。王廷的看法大致是：犯奸明确违反礼教，应照本条处罚。至于图谋利益的卖妻行为，即便没有奸情，由于礼教优先于契约，是以仍应受罚，惟其刑罚轻于买休卖休。因贫卖妻是为求生存而万不得已之举，生存优先于礼教，故不应该处罚。针对王廷的提议，隆庆皇帝回答："买休卖休本属奸条，今后有犯，非系有奸情者，不得引用。"然而，就如何处罚因贫卖妻者一事，皇帝的意见仍不太明确。

除了中央政府的法律专家之外，遇到卖妻诉讼的地方官也对此提出看法。明末的陕西按察使许维新，记述其调查辖区内审判纪录时所发现的"不近情"情况道：

> 如贫人卖妇，问以买休卖休罪，银追入官。因与属吏议曰："贫人至卖妇，亦不啻剜肤矣。白弃一妇，银入官又加罪，不已甚乎？"曰："夫妇从一而终，恶其二三也，故交罪之。"曰："似矣。继妻改嫁，律未尝禁也。此律之后曰，妻追本夫从其嫁卖，如何又不令从一，而律自二三乎？然此用律之误也。买休卖休

原在奸条，自先通奸而遂买之者言耳。其曰买休者，买之使休，卖休者以休为卖，若所谓卖奸之文也。此为败伦伤教，所以交罪，岂与贫人卖妻者等乎？”[49]

上述围绕贫民卖妻问题的对话，“属吏”拘泥于礼教立场，与许维新重视生存的立场呈现鲜明对比。许维新的看法与清代后期包世臣的主张颇有共同之处：

凡民间以本夫不能养活嫁卖其妻者，皆科卖休……窃谓，买休卖休若非有奸在前，自当入嫁娶违律之门。且夫妻相守，人之至情，或以贫难饥馑离散逃生，任教养斯民之责者，方当引以为愧。至小民力不能依礼聘娶，买妻以图宗祀者，揆以情理，又岂能齐以一切之法？是寻常因贫卖妻之案，不得指为买休卖休，断无疑义。[50]

郭松义、定宜庄的研究从刑案等资料中收集到102宗清代卖妻事例，其中以家贫无法生活为由的有54宗，占一半以上，其他的理由则为“丈夫外出未归”（20%）、“妻子有私通行为”（11%）、“夫妻不和与婆媳关系不睦”（9%）等。[51]因贫卖妻比率之高，究竟是实际情况，抑或是当事者博取审判者同情的策略，目前暂且不论。如何处理因贫卖妻案件，确为明清时代官员遭逢卖妻诉讼时的一大问题。

相同于上节所讨论的土地问题，似乎在处理因贫卖妻案件上也存在着一种分工。在较高层次的地方行政机构，借由制定新的法规、修正从前的法律解释等方法，来谋求法律和实情的平衡；而在州县层次，地方官比较自由地发挥准情酌理的能力。州县审判容后再述，在此先简单介绍清代中期为应付因贫卖妻问题而制定的省级新例。[52]

因贫卖妻相关新例之制定，兹以江苏省为开端。[53]乾隆初年江苏曾发生一件卖妻事案，按察使引用买休卖休律拟罪，尽管他建议的实际处理方法与法律相左。为此，按察使的提议遭巡抚陈大受批驳道：

> 若贫病卖妻之类，概引此条，其财礼既不能为治生与医殓之用，而费去者又难复追。或本妇无宗可归，离异必致失所。如后夫原不知情，不追还其财礼又拟以满杖，亦属冤抑。《据会》有云："家贫将妻不告官嫁卖与人为妻妾，依不应，妇人乃归后夫。"洵足补律文之未备。总之此等案件，犯者颇多，全在随事揆情，或比附典雇妻女，或援引妄作姊妹嫁人，或照《据会》拟以不应，庶几情罪不致两相矛盾。

此处所谓的《据会》，指的是崇祯年间彭应弼撰写的注释书《明律刑书据会》。此案被退回到按察使处，按察使遂根据巡抚意见修订定案（修订定案的大意是：本夫、本妇和后夫按照不应重律，处杖八十。妇人与后夫完娶，财礼银毋庸议追）。日后巡抚将此案通饬江苏全省，其文如下：

> 查：妇人从一而终，转卖有关风化。但其中不无贫极颠连，两图活命，或因父母病故无资，甘心舍妻棺殓，或值本夫病危莫措，需费势迫出身，似觉情可矜原，自应照《据会》科断，又宜比附典雇各条，期于情罪允协。至实系卖休买休，乃当援引本律定拟，不致有干出入。此等案件情态百端，江苏各郡颇多，引断须归平允。合亟通饬，嗣后，凡遇此等案件，务须参考律意，揆情准法，毋致拘泥失平。

这条新规定为浙江省所仿效，其后扩大到湖北、江西、福建等各省，但似乎未受中央政府采纳为全国性的规定。究竟这条新规定的核心为何？值得注意的是，这条规定并不像明末一部官员所建议，让因贫卖妻的当事者“不坐罪”。依照“不应为”或其他法律，当事者必须接受（至少在名目上）相当严重的身体刑罚。但按照新法规，买卖契约本身不被取消。对因贫卖妻的当事者来说，重要的不是一过性（而且往往减免的）杖刑，而是财礼和女人到底判归谁家的问题。

值得注意的是，在土地买卖的相关法律和卖妻典妻的相关法律当中，“生存”与“契约”两者关系的差异。在土地买卖的相关法律上，考虑“生存”要素和严格遵守“契约”两者相互矛盾。对贫民的同情往往显现在与原契约相抵触的命令中，例如在自然灾害时允许回赎的特别措施。但在有关卖妻的案件中，对贫民的同情却反而导致承认卖妻契约的结果。“生存”和“契约”站在相同立场，缓和“礼教（法）”的强硬规定，共同发挥“平允”的作用。

（二）卖妻、典妻诉讼

关于卖妻、典妻诉讼的事由，已有扎实的先行研究利用清朝后期的地方档案来进行分析。苏成捷整理了四川巴县、四川南部县、直隶宝坻县总共 251 件有关卖妻的诉讼文书，将其诉讼理由归纳为三种类型。各类型所占的比率如下：[54]

遭到卖夫或他家人的勒索，为 41%；
妻子和（或）她的娘家反对交易，为 32%；
其他人勒索或金钱纠纷，为 10%；
其他琐碎纠纷，为 17%。

此外，吴佩林则将南部县 91 件诉讼例分类为：[55]

嫁后图索（原夫、原夫家族、娘家人对买方勒索），为 69.2%；

未得到家族和妻子娘家等同意，为 18.7%；

未得到嫁卖钱（财礼分配不当），为 3.3%；

其他，为 8.8%。

虽然苏成捷和吴佩林的分类方法不同，但可以确定在清代后期四川，嫁后图索的案例相当多。

对于这种嫁后图索的案件，地方官的裁断如何？首先可举数则明末清初判语为例证：

张化行须糜丈夫，不能庇其一妻，售之崔明旺……盖伉俪情绝矣，乃索诈不休，并速之讼，去帷之妻视为奇货，为明旺者拒之不能，啖之不饱，舍上控而外，岂有御之之策乎？夫田产贸易，价或有昂于旧者，然自一加再加而外，亦自赧焉不能出口，曾是一妇人耳，华落理贱，势所必然，而求多不已，化行之贪而忘丑则已甚矣……非（按：与教唆者一起）并杖之以死化行之心，明旺之祸，正未有已耳。[56]

看得：沈弘素无耻刁棍也。有妻郑氏不能自赡，遂改号瑞山，假以亲弟身故大伯主婚为名……嫁与高禹门为室，且华烛之夜，亲迎过门，与之合卺，素方恬然无语，婚书炳然可凭也。未转眄即有十两之诈，岂以妻为金穴而夫妇之间不妨有市道乎？今复再肆狂吠，致烦宪听，而郑氏、原媒供证凿凿，即弘素亦自认年荒愿卖，并无奸拐情由。弘素无耻刁诬，法应重拟，但事在赦前，姑与援宥，然而幸矣。郑氏仍高禹门领回，以安家室。

> 沈弘素不得借端讦骗，以滋寡廉鲜耻之风。可也。[57]

上述两例明确显现出明末清初时判词的特色，亦即并不言及买休卖休等禁止卖妻的法律，只站在“契约”的立场来斥责图索者。只要卖妻契约属于自愿非逼，且有明确证据，那就应该遵守。单就这点来说，与土地买卖毫无二致。

为何明末清初的地方官会如此思考？可能是因为他们面对诉讼时，最重视的是谁惹起了祸端，而非双方的行为合法与否。将背约图索的卖主和被迫出钱的买主相较之下，加害者和被害者的区别昭然可判。因此，地方官自然会站在买主的立场，命令卖主遵守契约。

到清代后期，地方官的判词中频频出现“买休卖休”一语。有些地方官主张，卖妻审判应该严格地遵照法律进行，例如光绪年间董沛的《汝东判语》写道：

> 夫妇为人伦之始，列在三纲，百世不易，惟夫亡再醮，不入禁令，此圣人体恤之情也。至卖休买休，律有明条，风俗日偷，难免违犯，如其无人控告，官长断不能挨户稽查，一经亲属讦发，官长即不得不按例剖断。如谓有媒妁婚书，即是明媒正娶，此尤大谬。世有典雇妻女、同姓为婚、尊卑为婚等类，发觉到官，虽有媒妁，亦必照律更正，虽有婚书，亦必照律离异。盖国家所以治民者，贵于立法，官长所以治民者，贵于奉法，安有百姓而可违法妄行者乎？[58]

董沛对审理只重契约的批评颇为严厉，但从他必须如此极力主张此事来看，恐怕正反映出当时审理只重契约的流行。就董沛的判语所见，他似乎也在实际的审判中采取较为严格的遵法（遵礼）方针；但一般而言，即便清末地方官曾经言及买休卖休律，却也未必会按照法律裁断。例如李钧《判语录存》记载的一件案例：

> （按：刘海德迫于负债，将妻子阎氏卖给齐明韶。其后海德以霸妻逼约为由，控明韶于县）刘海德本应照卖休律折责，念已受杖，姑免重科，掌责三十，以示薄惩。齐明韶虽非知情买休，然误娶有夫之妇，亦应离异归宗，但刘海德赤贫无藉，断不能追还财礼，未免向隅，且该氏情恋后夫，再三哀恳，姑从权仍准完娶，酌令帮给刘海德钱二十千，以资生理。[59]

值得注意的是，这一判词采用“本应……姑（念）……”形式，亦即“原则上虽应遵守法律，但在考虑实际情况之后，姑且采用缓和措施”之意。此一格式在县衙档案中也频频出现，兹举南部县档案中结构最简单的例子（甘结状中引用的堂词）如下：

> 杨大志（卖主）同王正坤（买主）不应买休卖休，均各掌责。例应将财礼充公，姑念贫民，免充。其陈氏已在王正坤家下产生一子，免离，仍令王正坤领回团聚。[60]

毛立平在其讨论南部县民事案件的论文中，注意到“例应……姑念……”之格式，指出“透过从‘例应’到‘姑念’的转换，县官既可部分地遵从清律，又能灵活地顾及百姓的实际情况，使判决具有实际操作性”。[61] 相较于上文曾稍微提及的省级“因贫卖妻”定例制定过程，制定“因贫卖妻”定例的官员则试图借由制定新的法规，来减少法律和实际情况之间的差距。相异于此，州县的“例应……姑念……”格式虽仍保持法律和实情之间的鸿沟，但却也可在此鸿沟中发现官员“权衡”的余地。

那么，清代后期地方官的实际裁断和法律之间究竟有多大差距？苏成捷详尽地分析了买休卖休规定的三个面向［1）妻子离异归宗，2）财礼入官，3）对本夫本妇后夫加以杖刑］在实际裁断中的实现程度。限于篇幅，在此只能介绍大致的结论。在以巴县为中心的 180 件堂谕中，1）妻子回归娘家 71 件，回归后夫 60 件，回归本夫 26 件；2）财礼入官 7 件，由卖主保留 111 件，退回给买主 17 件；3）本夫受杖 99 件，后夫 61 件，媒人 58 件，妻子 26 件。[62] 毛立平也以南部县的 36 件案例为对象进行同样的调查，结果为妻子回归娘家共 12 件，回归后夫 16 件，回归本夫 8 件。[63] 由此可见，地方官的裁断结果在两个调查中都呈现分歧。以下再从“契约”“礼教”“生存”三个方面来探讨其多样性的背景。

1. 契约

如上所述，尽管法律上明文禁止，但民间依然相当重视卖妻、典妻契约，即便在审判时也亦同。惟地方官支持其契约与否，则视案情而定。主导地方官判断的要因之一，在于该契约是否得到关系人的充分合意。

就契约文书的形式来看，卖妻契约和卖地契约并无多大差异。但一般地说，卖妻契约需要较多关系者的承认，尽管立契人只有一个人。记载台湾习惯的“台湾私法”早已指出：

> 行将典雇或者嫁卖妻子时，首先需要与妻子的娘家协议，若娘家方面不赞成，就一般的惯例，应归还聘金并赎回妻子。若娘家无意赎回，则无论其原因如何，本夫可以公然典或卖妻子。另外，台湾有因贫困卖妻的实例。在台湾，只要妻子同意，无论何时本夫均得嫁卖之。[64]

换言之，在台湾的一般家庭，典或卖妻子时需要娘家的同意。

即使是因贫卖妻，本夫也必须先得到妻子的承诺之后，方可卖之。

据吴佩林对南部县档案的研究，嫁卖行为需得到丈夫、夫家人、母家人（妻子的娘家）三方的同意，[65] 否则有可能被诉之衙门。从诉讼的结果来看，“对于不通家人或族人知晓的嫁卖行为，衙门一般不予支持”。[66] 苏成捷也强调卖妻行为中妻子和娘家的主体位置。据其统计，在妻子或娘家明确反对卖妻交易的情况下，县官倾向将其断归娘家；然而在妻子或娘家不反对卖妻一事，且本夫的主要目的仅在获取金钱的情况下，将妻子断归后夫是最方便而顺利的解决方法。按照苏成捷的看法来说，州县官令妻子离异归宗的裁断也未必能表示出他们的遵法方针，而是重视妻子或娘家意向之结果。

以本夫为立契人的契约文书，背后存在着许多关系人的同意。地方官所重视的契约不仅是契约文书本身，而是支撑契约的整体合意。王又槐在乾隆年间成书的《办案要略》中，指出因贫卖妻案件的多样性：

> 因贫卖妻者，虽意起于男人，而其情多由于妇人怨嫌贫苦，不肯安居也。若妇人果勤于纺绩针线，夫妻和合，虽贫不作嫁卖之想。亦有男人浪荡萧条，因而卖妻，妻不愿离者。又有年荒无度，苟延性命者，更有买休卖休者，本夫或于当卖之时藏踪匿迹，改名换姓，既卖之后出而控称拐带私逃者，不可不察。[67]

如此多样的情况正是地方官在审理卖妻案件时候必须掌握的重要背景。

2. 礼教

在地方官处理卖妻案件时，礼教要素发挥两种作用。第一，某些时候地方官认为母子之情高于法或契约。例如毛一鹭在一件诉讼中，接受其子女之恳求而取消卖妻契约，让妻子回归本夫：

> 沈显与妻诸氏业生子女五人，后以好赌之故，不能保其家室，将妻卖于沈霓。霓与显固同姓不族者也。越三年而诸氏在霓亦且生女数月矣，乃显以加价不遂，先捏欺奸诳宪，县断绝卖属真，各坐以杖，仍断加银二两。原媒陆义乃左袒沈霓，不以断银付显，致显复以前词为控。今细勘原契，固出自显手，况妇归霓有年，宜无复全之理。第临审时，沈山（显）二子抱母哀号，神色为动，且必欲卖身赎母，泪如雨，头抢地，阅其情景，大为恻然。继犹以原价难之，而彼且不出三日具矣。夫结发之妇，既生既育，中道而辄弃之，固显落魄使然，今其子必欲得母，鸟哺之情，自是真恳，即霓亦有幼女在抱，终不能以此易彼也。惟是沈显迭词太诳，沈霓违断启衅，陆义从中阻挠，难免再科……诸氏给与沈显完娶，幼女听沈霓收养。[68]

在被卖的妻子希望回归本夫时，子女的情况似乎影响到地方官的判断。又例如在一件案例中，妻子和后夫之间有了孩子，但和本夫之间没有。虽然妻子要求回到本夫家，但地方官依然判为："（后夫）明婚正娶而生子，则后夫当为亲夫……（令妻子归后夫）不特正夫妻之义，亦以全母子之伦也。"[69]与此相反，另有一件在妻子被卖后，仅仅三天便奔回原夫的事例："俞氏（妻子）以不忍割其幼女为辞。夫妻子母总有天性，嫁妇复回岂得已哉？……（至于聘金，令卖主、中人等想办法）清还德桂（买主）以全俞氏子母可也。"[70]

地方官重视礼教的第二个方向是犯奸等有关性道德的问题。地方官谈及母子之情时，口气较为和蔼，但若卖妻案件涉及犯奸或者族内买卖时，地方官的态度却十分强硬。例如某件案例中，地方官使用“犬猪不若”“人貌畜行”等语，指责将妻子典为姐夫之妾的当事者，并对本夫、后夫加以实刑，令妻子回归本夫。[71]又有一件案例是本夫把孕妾卖给邻居，地方官认为买夫事先应该已知道妻子怀孕，“未婚之先不无苟行可知……寡廉鲜耻，一至于斯”，遂将妻子断离归宗，买主决杖示惩。[72]另一件案例中，买主刁奸之后和买妻子，买休卖休之情十分明确，地方官采断妻子离异归宗，至于财礼，应该入官，但念及本夫赤贫，已经花费采用免追措施等。[73]在事先有奸情的案例中，无论地方官是否按照买休卖休律来论断，契约最终都被取消。

3. 生存

在卖妻、典妻诉讼中，地方官承认契约的裁断本身，便已寓含保护生存之意。因此不同于土地买卖，在卖妻诉讼的嫁后图索案件中，地方官令买主支付找价的例子似乎较少。至于卖地后的找价，只要恶质性不太强烈，往往被认为是出于不得已而能受到同情；但卖妻后的找价一般则认为是寡廉鲜耻之举，故饱受斥责和侮蔑。就免追财礼及缓和刑罚等方面来说，地方官往往以“乡愚”“贫民”“妇愚无知”“蚁虱之民”等为由采取缓免措施，也可以说是地方官重视生存要素的一个表现。

苏成捷在他关于招夫养夫的论文中指出：

> 表现形式不尽相同的一妻多夫现象是一种生存策略，是“小人物”应对重大的社会和经济问题的一种方式，这些问题在过去几个世纪里一直困扰着中国。概括地说，这些策略凝聚着更广阔的三种力量，即失衡的性别比例和随之而来的单身男子过剩，遍布各地的妇女身体和生殖力的市场，以及越来越多的农民家庭的生存危机。[74]

虽然这篇论文的主题是招夫养夫，但卖妻、典妻、租妻等行为的背景，也正是上述引文所指出的三种力量，故在这层意义上，卖妻、典妻、租妻等行为与招夫养夫等行为之间实有其连续性，彼此关系颇为密切，在实际社会行为上经常不易截然区分。清代官员也了解这些行为出于小民为维持生存的策略，正因如此，买休卖休的法律和“因贫卖妻”之间的关系特别受到官员的注目。然而，严格禁止卖妻、典妻的法律和现实社会小民的生存策略之间相去甚远，使得地方官不得不忽视法律，或者援用“例应……姑念……”格式来因应这段差距。

总结起来，在卖妻、典妻问题上，法律站在礼教的立场，严格禁止这些行为。“契约”“生存”作为次要要素，对“礼教（法）”的僵硬性发挥缓和作用。但相较于土地买卖的相关法律，关于卖妻、典妻的法律与现实差距较大，使得地方官的裁断离开法律的幅度不得不随之扩大，裁断的多样性也为之增加。

五、结语

以“法、情、理”为焦点的民事审判研究，倾向以“法”为基准点，来测量其与地方官“情、理”判断之间的距离。相异于此，本文试图以“礼教、契约、生存”为基准点，来测绘法律和裁断如何随着事案性质的差异而移动于这三个基准点之间。非但地方官的裁断有随事权衡的灵活性，法律（或其解释）本身也在这三个要素之间，以追求达到“平允”的均衡点而不断变化，即便其灵活性远不及于地方审判。

“礼教、契约、生存”之间并非三者择一的关系。实际上的法律和裁断，乃是这三种要素或多或少结合而成的结果，恰似色彩上的三原色。然而，清代民事司法中所见复杂多彩的各种判断标准，究竟是否能够归纳于这三者？诚如前言所述，“礼教、契约、生存”三者只是本文的初步性假设，或许尚有其他原色存在，这个课题仍待日后再论。

过去有关“情、理、法”的讨论，似乎倾向着眼于中国和西方之间的司法制度及法律观念的异同。“礼教、契约、生存”论无意否定或取代“情、理、法”问题。但我认为，透过“礼教、契约、生存”的框架，或许可以从新的视角来探讨清代人和现代人“衡平”思考的异同。兹以现代社会面临的问题为例：我们是否可以在某种程度上承认或管制性工作、代孕等行为？诸如此类的问题，至今都无法得到普遍性的合意。每个人都会从各自的道德观点（我们的“礼教”）——如基本人权、宗教等——来评论这些行为，但同时我们也知道问题绝非如此简单。究竟应该如何考虑当事者的主体性判断（契约），以及当下难以改变的社会状态（生存）？又该如何综合各方考虑，方能达到较为平允的结论？[75]

虽然清代人的“礼教”和我们的道德观念之间在内容上存在相当大的差异，但我们的社会却也尚未解决清代人所面临的与“礼教、契约、生存”相关的问题，从而也未能达成尽善尽美的结局。在这层意义上说，则清代人对于“礼教、契约、生存”问题的摸索，或许还是可为我们带来某些启发。

注释

1　本文初稿曾发表于“明清中国的法律与社会变迁”国际学术研讨会（香港中文大学历史系举办，2014 年 9 月 5—6 日，香港：香港中文大学），后载于《法制史研究》第 27 期，2015 年。

2　曾介绍或涉及黄与滋贺论战的文章不胜枚举，此处仅引用两位学者明确交相批评的两篇论文：Philip C. C. Huang, *Civil Justice in China: Representation and Practice in the Qing*（Stanford University Press, 1996）, Introduction；滋贺秀三，《清代の民事裁判について》,《中国－社会と文化》13 号，1998 年 6 月。

3　潘杓灿，《未信编》，卷四，《刑名下》。

4　吴光耀，光绪二十七年至二十八年，四川秀山县知县，《秀山公牍》，卷三。

5　滋贺秀三早已注意到“王道近人情”“王法本于人情”等当时的常套说法，指出不仅国法与情理之间并无矛盾，且人情更被视为一切基准之首。滋贺秀三，《清代中国の法と裁判》，第四章，创文社，1984。

6　滋贺秀三，《清代中国の法と裁判》，创文社，页 292。译文参考滋贺秀三等著、王亚新等编，《明清时期的民事审判与民间契约》（法律出版社，1998）所收录范愉的汉译，惟有若干改动。

7　杨一凡等主编，《历代判例判牍》，中国社会科学出版社，2005。

8　目前最完备的判牍数据目录，当属三木聡等编，《伝統中国判牘資料目録》，汲古书院，2010。本文所用判牍资料当中有关诸如制作年代、庋藏机关等详情，仍请参看此书。

9　以黄宗智为代表的一群学者认为，判牍史料和档案史料之间有着明显差异，前者着重在“表达”（representation），而后者则偏重在“实践”（practice）。Philip C. C. Huang, *Civil Justice in China: Representation and Practice in the Qing*；苏成捷，《清代县衙的卖妻案件审判：以 272 件巴县、南部与宝坻县案子为例证》，收入邱澎生、陈熙远编，《明清法律运作中的权力与文化》，“中研院”、联经出版事业公司，2009，页 345—396。但本文并未避免使用判牍，其理由有三：第一，清代前期以前，几乎没有档案史料可用；第二，在判牍史料中，作者为显示自己的能力，倾向于收录较为复杂（即需要“准情酌理”）的案件，故可从中窥见地方官的思路，对本文的分析较有帮助；第三，就内容来说，我不认为判牍文章与原件之间真的在审判主旨方面存在重大差异，但这点仍待今后详加研究。

10　我曾经在有关找价回赎的前稿（《明清時代における「找価回贖」問題》,《中国－社会と文化》12 号，1997 年 6 月，页 263—293），指出，顾及感情的裁断在州县审判较多，但在府以上的判词中则少见。对此，姜永琳的评论指出，松江府推官毛一鹭的判牍中也有许多重视“情”的裁断。Yonglin Jiang（姜永琳），“Haggling over Property: Land Sales Lawsuits during Late Ming China,” *Études chinoises*, 28（Nov. 2009），p.45. 我在撰写前稿时，对明末推官的判牍调查不够，正如姜永琳指出，明末推官的裁断中，有很多案例侧重于“情”。我接受他的批评。

11 苏成捷，《清代县衙的卖妻案件审判：以 272 件巴县、南部与宝坻县案子为例证》，收入邱澎生、陈熙远编，《明清法律运作中的权力与文化》，“中研院”、联经出版事业公司，2009，页 389。

12 沟口雄三等编，《中国思想文化事典》，东京大学出版会，2001，页 230，户川芳郎、小岛毅执笔部分。

13 滋贺秀三，《清代中国の法と裁判》，创文社，页 316—317。

14 万维翰辑，《治浙成规》，卷六，《因贫居丧嫁娶援照因贫卖妻成例量减科罪免其离异》。

15 巩涛，《地毯上的图案》，收入邱澎生、陈熙远编，《明清法律运作中的权力与文化》，“中研院”、联经出版事业公司，2009，页 245。实际上，我不太清楚巩涛是否反对汉字圈的学者将明清中国的“契”“约”称作“契约”。如果本文中“契约”一词的用法不合适的话，我将乐意换成别的语词。

16 关于 20 世纪初期以来在日本学界展开的相关讨论，我曾在 1993 年发表的论文《明清契約文書》，收入滋贺秀三编《中国法制史：基本資料研究》（东京大学出版会，1993，页 759—805）以及 2009 年发表的《明清契約文書研究の動向：1990 年代以降を中心に》，收入大岛立子编《前近代中国の法と社会：成果と課題》（财团法人东洋文库，2009，页 3—22）中做过简单的整理。

17 柴荣，《中国古代先问亲邻制度考析》，《法学研究》，2007 年 4 期，页 131—141。

18 《台湾私法》，第一卷上，临时台湾旧惯调查委员会，1910，页 159。

19 参看岸本美绪，《清代中国の物価と経済変動》，第八章，研文出版，1997。

20 冯梦龙，《寿宁待志》，卷上，《狱讼》，魏同贤主编，《冯梦龙全集》，第 9 册，上海古籍出版社，1993，页 79。

21 谢肇淛，《五杂组》，卷四，上海书店出版社，2001，页 79。

22 就典卖的不动产来说，找价回赎并不违法，但对已经绝卖的不动产要求找价回赎却属于不合法的行为，即便民间有绝卖后要求找价的习惯。因此找价回赎纠纷的关键，主要在于当初本来的买卖是“绝”或“典”。

23 逯英，雍正九年至乾隆元年，广东番禺县知县、南雄府保昌县署知县、罗定州知州，《遵缴田价等事》，《诚求录》，卷四。

24 关于土地价格上升和找价回赎纠纷的关系，参看岸本美绪，《土地市場と「找価回贖」問題》，收入大岛立子编，《宋－清代の法と地域社会》，财团法人东洋文库，2006，页 241—246。

25 据姜永琳研究，17 世纪初担任松江府推官的毛一鹭，其判牍集《云间谳略》收录的 12 件土地讼案中，全部都和找价、回赎或同时与两者相关。Yonglin Jiang, "Haggling over Property: Land Sales Lawsuits during Late Ming China," *Études chinoises*, 28 (Nov. 2009), p. 29.

26 关于中央政府有关找价回赎的法律制定过程，参看寺田浩明，《清代中期の典規制における期限の意味について》，收入《東洋法史の探究——島田正郎博士頌寿記念論集》，汲古书院，1987，页 339—366。

27 黄彰健编著，《明代律例汇编》下，"中研院"历史语言研究所，1979，页 493。

28 吴坛著，马建石等主编，《大清律例通考校注》，中国政法大学出版社，1992，页 437。

29 《清高宗实录》，卷一二五五，"乾隆五十一年五月辛未"条。

30 《清高宗实录》，卷一二五七，"乾隆五十一年六月庚子"条。

31 《清仁宗实录》，卷二八六，"嘉庆十九年闰二月乙亥"条；卷二九六，"嘉庆十九年九月戊戌"条；等等。

32 戴兆佳，康熙五十八年至六十年，浙江台州府天台县知县，《天台治略》，卷六，《一件严禁富户掯赎刁民告找告赎事》。

33 不过值得注意的是，墓地买卖的相关法律，则在"契约""生存"之外还同时涉及"礼教"要素，我对此一课题虽感兴趣，但限于篇幅，只能在本文中从略。参看：中岛乐章，《墓地を売ってはいけないか？——唐－清代における墓地売却禁令》，《九州大学東洋史論集》37 号，九州大学文学部东洋史研究会，2004.4，页 66—125；以及森田成满，《清代法における墳塚の秩序》，《星薬科大学一般教育論集》17 号，星药科大学，1999，页 21—56。

34 卢崇兴，康熙十五至十七年，浙江嘉兴府知府，《守禾日纪》卷三，《一件严禁田房加价以遏刁风以奠民生事》。

35 逯英，雍正九年至乾隆元年，广东番禺县知县、南雄府保昌县署知县、罗定州知州，《诚求录》，卷二，《案后风波等事》。

36 《清高宗实录》卷一二五六，"乾隆五十一年六月乙酉"条。这个时期的回赎风潮也影响到曲阜的孔府。《曲阜孔府档案史料选编》，第 3 编第 6 册，齐鲁书社，1983，页 1610—1614、1623。

37 卢崇兴，康熙十五至十七年，浙江嘉兴府知府，《守禾日纪》，卷六，《一件违禁通叛等事》。

38 张肯堂，崇祯二年至八年，北直隶大名府浚县知县，《䜩辞》，卷九，《刘泽久》，收入《明代史籍汇刊》，台北：台湾学生书局，1970，页 527—528。

39 李之芳，顺治五年至十年，浙江金华府推官，《棘听草》，卷二十，《本县一件为占抄剧变事》。

40 戴兆佳，康熙五十八年至六十年，浙江台州府天台县知县，《天台治略》，卷十，《一件僧秀峰具》。

41 《太湖厅档案》，十九，《为撒泼诈扰等事》，日本国立国会图书馆藏。

42 毛一鹭，万历三十四年至三十九年，南直隶松江府推官，《云间谳略》，杨一凡等主编，《历代判例判牍》，第 3 册，中国社会科学出版社，2005，页 446。此案例已为姜永琳所介绍，参看：Yonglin Jiang, "Haggling over Property, Land Sales Lawsuits during Late Ming China," *Études chinoises*, 28 , Nov. 2009, pp. 42-43.

43 颜俊彦，崇祯元年至三年，广东广州府推官，《盟水斋存牍 · 谳略》，卷五，《息词卢祈延卢新元》，中国政法大学出版社，2002，页 228。

44 卢崇兴，康熙十五至十七年，浙江嘉兴府知府，《守禾日纪》，卷四，《一件不共冤深事》。

45 胡学醇，道光二十四年至咸丰元年，山东博平县知县，《问心一隅》，卷上，《宋自修控宋兴仁殴辱一案》。

46 吴坛著，马建石等主编，《大清律例通考校注》，中国政法大学出版社，1992，页 444—445、749、955。

47 Sommer, *Sex, Law, and Society in Late Imperial China,* Stanford: Stanford University Press, 2000, pp. 57-64.

48 《明穆宗实录》，卷二十九，"隆庆三年正月甲戌"条，《明实录》，第 10 册，"中研院"历史语言研究所，1962，页 9949。

49 许维新，《许周翰先生稿钞》, 卷四，《河东按牍 · 兵事略三》。

50 包世臣，《齐民四术》, 卷七上，《议刑条答》(嘉庆二十五年)，中华书局，2001，页 234。包世臣的说法已为苏成捷引用在其著作的结论部分。Sommer, *Sex, Law, and Society in Late Imperial China,* p. 319.

51 郭松义、定宜庄，《清代民间婚书研究》，人民出版社，2005，页 231。

52 关于这些定例的制定和传播过程，参看岸本美绪，《妻を売ってはいけないか？明清時代の売妻 · 典妻慣行》,《中国史学》8 卷，1998，页 243—246。

53 以下有关江苏省新定例的记述，依据万维翰辑，《治浙成规》，卷六，《因贫居丧嫁娶援照因贫卖妻成例量减科罪免其离异》。

54 苏成捷，《清代县衙的卖妻案件审判：以 272 件巴县、南部与宝坻县案子为例证》，收入邱澎生、陈熙远编，《明清法律运作中的权力与文化》，"中研院"、联经出版事业公司，2009，页 353。

55 吴佩林，《清代南部县之婚姻与社会研究》，收入蔡东洲等著，《清代南部县衙档案研究》，中华书局，2012，页 543。

56 张肯堂，崇祯二年至八年，北直隶大名府浚县知县，《䇛辞》，卷七，《张化行》，收入《明代史籍汇刊》，台北：台湾学生书局，1970，页 395—396。

57 卢崇兴，康熙十五至十七年，浙江嘉兴府知府，《守禾日纪》，卷五，《一件奸拐事》。

58 董沛，光绪八年，江西抚州府东乡县知县，《汝东判语》，卷三，《陈王氏呈词判》。

59 李钧，道光九年至十二年，河南河南府知府，《判语录存》，卷四，《已卖复讹事》。

60 转引自吴佩林，《从〈南部档案〉看清代县审民事诉讼大样——侧重于户婚案件的考察》，《中外法学》2012 第 6 期，页 1300。

61 毛立平，《“妇愚无知”：嘉道时期民事案件审理中的下层妇女》，《清史研究》2012 年第 3 期，页 103。

62 苏成捷，《清代县衙的卖妻案件审判：以 272 件巴县、南部与宝坻县案子为例证》，收入邱澎生、陈熙远编，《明清法律运作中的权力与文化》，“中研院”、联经出版事业公司，2009，页 361—375。

63 毛立平，《“妇愚无知”：嘉道时期民事案件审理中的下层妇女》，《清史研究》，2012 年第 3 期，页 102。

64 《台湾私法》，第二卷下，临时台湾旧惯调查委员会，1911，页 343。

65 吴佩林认为，契约书中所谓的“三面说合”，指的是丈夫、夫家人和母家人三者。在一般契约中，“三面”意指卖主、买主和中人三者，或许南部县有特别的用法。

66 吴佩林，《清代南部县之婚姻与社会研究》，收入蔡东洲等著，《清代南部县衙档案研究》，中华书局，2012，页 545、549。

67 王又槐，《办案要略》，群众出版社，1987，页 54。

68 毛一鹭，万历三十四年至三十九年，南直隶松江府推官，《云间谳略》，杨一凡等主编，《历代判例判牍》，第 3 册，中国社会科学出版社，页 538—539。相同的判词也收入于《凭山阁增辑留青新集》，但当事者之名却改做陈旭，不知是否仅为误植，兹记于此，留待日后考察。

69 叶自灿，《极惨即变事》，《资治新书》初集，卷十三，《李渔全集》，卷十六，浙江古籍出版社，1991，页 509—510。

70 李之芳，顺治五年至十年，浙江金华府推官，《棘听草》，卷二十，《本县一件为宪剿局拐事》。

71 李清，崇祯五年至十一年，浙江宁波府推官，《奸占事二》，陆有珣等注，《折狱新语》，卷五，吉林人民出版社，1989，页 332—333。

72 朱在镐，《活拆发妻事》，《资治新书》二集，《李渔全集》，卷十七，浙江古籍出版社，1990，页 756—757。

73 施宏，康熙二十四年至二十七年，浙江杭州府临安县知县，《奸占拆婚事》，潘杓灿辑，《未信编二集》，卷五。

74 苏成捷，《作为生存策略的清代一妻多夫现象》，收入黄东兰主编，《身体·心性·权力》，浙江人民出版社，2005，页 258。

75 就这些问题意识来说，本文与其说是属于法律史乃至法制史的范畴，不如说是从思想史的角度来探讨人们公平感觉的一个尝试。

第五部

中国社会与日本的历史学

第十一章

动乱与自治

——日中历史形象的交错[1]

绪言

距今约一百年前，辛亥革命前后的中国面对两千年来未曾有过的体制变革，迎来了政治思想、社会思想急剧变动的时期。这段时期也恰好是日本的历史学科脱离明治维新后的草创期、开始独自发展的时期。历史研究和时事问题、日本史研究和中国史研究，相互延伸、激发讨论的现象，在这一时期绝非罕见。这自然可以说是因为历史学还处在未成熟的阶段，不像现在这样高度专门化、细分化，但同时也可以从中看出在成长期的学科中屡屡可见的素朴而有生气的、开放的学术性关心。

本文将把辛亥革命前后中国社会的动荡给予日本历史学者的灵感作为一个切入口，考察一部分比较日本社会和中国社会的尝试对当时及以后的历史学产生了怎样的影响。我原本也不是日本史的专家，所以对当时的历史学家所说是否妥当并不能加以评价。在此想要讨论的问题，毋宁说是当时提出的问题群是怎样的，它们的影响范围又有多广。如果以现在精致的研究所达到的程度为前提而论，以下所述诸问题的比较框架当然非常粗糙。不过，通过重新关注当时的历史学家以新鲜的眼光捕捉到的问题群，大概可以尝试探寻在一百年后的今天，日本史研究和中国史研究进行重新对话的头绪。

一、三浦周行所见辛亥革命后的中国

三浦周行在辛亥革命爆发后半年（1912 年 2 月）所写的《战国时代的国民议会》(《戦国時代の国民議会》)，作为“日本中世史研究中一揆史研究的开端”[2]、“发明我国人民自治传统的纪念碑式的著作”[3]而广为人知。此外，同样广为人知的是，这篇论文的构想来自辛亥革命后的动乱中各地建立的“保安会”“市民会”[4]等团体。在此将基于三浦的两篇论文，即《战国时代的国民议会》（以下简称《国民议会》）和此前在辛亥革命爆发后不久的 1911 年 12 月 2 日写作的《从国史看支那的动乱》(《国史上より観たる支那の動乱》)[5]（以下简称《支那的动乱》)，尝试探讨三浦关心的是诞生于中国动乱之中的社会团体的哪些方面。当时，在京都帝国大学史学科与三浦同事的中国史研究者内藤湖南，有着作为记者的经历，基于他独特的历史观，对辛亥革命前后中国的动向也发表了讨论。三浦的关心与内藤的讨论又有哪些重合之处呢?

（一）《从国史看支那的动乱》

在《支那的动乱》中，三浦说，他一方面面对革命爆发后政局的变化，“令人惊异于其变化之极端”，认为要预测将来非常困难，另一方面“每日以手头报纸报道与我国史上同样或类似情况对照比较，往往有会心之处，不由觉兴味盎然”。这篇论文首先从动乱的最大原因在于“满汉种族之争”的观点出发，围绕着“种族之原因”与日本进行比较。据三浦说，日本史上虽然也存在“天孙种族和出云种族”“虾夷、熊袭对大和民族朝廷的叛乱”等异族间的对立、骚乱，但由于“大和民族的同化力强大，能够自然消灭异族的观念，至于不能同化的种族，则长年累月尽力进行顽强的征服”，因而不至于像今日中国那样引起种族革命的动乱。[6]

第二个比较的维度是“政治之原因”，即就革命派的“革命”“共和”主张到底能否实现与日本史进行比较。三浦一方面以为“革命易姓之观念难以深入我国之人心”，“不可能在国史上找到像对满洲朝廷发动革命动乱的类似例子”，另一方面仍“如若强行联想反朝廷之事”，举出了可谓在日本史上长期作为基本架构的公家（侍奉天皇的官员与贵族）政治对武家政治的对立构图。不过，相比中国与日本的共通之处，三浦在此强调的仍是两国的不同。“在我邦中，无论如何过激之武家，皆止步于行废立之事，不曾尝试完全废除皇位。”“（日本的）战国时代（从15世纪中叶到16世纪中叶）一面为皇室极其式微之时代，另一面又为尊皇心勃发之时代……当此时代之末造，无论奠定统一基础之信长，还是完成统一之秀吉、家康，皆为顺从此时代之趋势、不忘勤劳王事之辈。”“闻支那之革命主义者常羡望我国维新之鸿业，多以维新志士自任……然而，当牢记维新志士背后存在大藩巨阀……维新改革虽然其事业重大而影响广泛，仍得以有序顺利进行，之所以然正因有大藩巨阀绝大之势力为其靠山。”[7]

也就是说，日本史上虽然存在以“反朝廷”或“反幕府”形式表现出来的公武对立，但它们都不是要否认对方存在，实质上是在名分与实力之上互相支撑的结构。正因如此，大的历史变动也能够

“有序”地进行。与之形成对比的是，中国的革命派虽然做出了全盘否定皇帝政治、宣布实行共和政治的“破天荒之一大革命”，但是并没有准备好代替皇帝政治的秩序架构。这就是三浦的观察。“动乱发生以来，对各地蜂起各军之间未有联系、不成统一之事实之暴露，吾人不由生意外之感。”“在民主政体之下，国家观念缺乏之诸势力互相寻衅，当激成日益分裂之势，可想见国步之艰难当较今日更甚。”

不过，三浦并非否认革命后的中国完成国民统合的可能性。这种可能性与其说是国内政治势力相互角力的结果，不如说是在外国压力下诞生的。“我国维新前后沸腾之舆论终能趋于归一，确实基于国民对外之自觉者为多。对外关系之危机，对我国运之进展有转祸为福之妙用，是更毋容置疑。”在中国也存在同样的条件。“与最近支那国民之自觉同时，彼等对外国展示出极卓绝之国民结合力。袁（世凯）氏谕革命军云，祸乱愈久，则愈招致为列国分裂之厄运。革命军未敢轻动，皆以今日尚未有列国干涉之事实。然若一朝及见其实现，更诱发第二之对外国民自觉，动乱、内讧皆一时偃息，举国一致，抵御外侮，兹则进入稳健革命时期绝非无望。”“不知巨大之干涉有望为支那之统一开辟一条活路”云云。

《支那的动乱》一文，最后就“动乱之经过”进行了日中比较，这一部分日后成为在《战国时代的国民议会》中展开讨论的素材。在此，三浦着眼于在中国各地成立的“保安会”“市民会”等团体，将其作为“动乱后之新现象”。这些团体在政治上的方向未必是一致的。“论者或以之为各地官宪绅董等以独立之美名躲避官革两军之侵犯者，将其看作既非真独立、亦非支持革命军者，然事实未必如此。是等之中既出自真中立之目的，为保地方之安宁，为防土匪之蜂起，必力为调停于官革两军之间，宣言避免交战……而其中又有同情革命军、以声援为目的者。”

在与日本史的比较中，三浦关心的与其说是政治的动向，毋宁说是担负地方团结与秩序维持的团体的社会特性。“动乱之后，官革两军动辄杀害无辜，放火抄掠盛行，土匪海贼到处跋扈，人心不得安堵，此种状况酷似我国史上之战国时代。应仁文明之乱后，国内到处为兵士马蹄不时蹂躏，人命财产安全为所威胁，人心常汹汹，不遑安治产业。以是下克上之风臻至绝顶，上至大名，下至民人，各结同盟，诉诸暴力，行其所欲，谁皆效此而行，遂成一揆之全盛时代，甚至有尝试盲人一揆之奇特事件。然在此种场合，人民结合力意外旺盛，除雷同附和、在不规律结盟之下，常常要求此时代之特产——德政之土一揆[8]之外，亦有以有节制之行动达成国民之团结，以制止武人之跋扈、达成自卫之目的者。”接着，他在简单介绍山城国一揆的例子后，再次讨论中国的现状。“支那之地方独立，亦由稍与之类似之动机产生。惟其异于我国之点在于，系迫于一时必要而成立，其指挥下一般无应有之兵力……若此种民兵能显示出威力，方始稍能带来独立色彩。”

不过，无论是一揆还是保安会，《支那的动乱》都指出这些团体的独立性是在动乱这一特殊时期的一时之现象。“如上武装独立仅是动乱时代一时之现象。既然原非立于坚固确实之基础之上，待社会秩序恢复、渐次统一之时，皆难逃消亡之命运。信长、秀吉均始于利用此种民兵，其后统一之业就绪，即力为撤废。秀吉没收人民所有武器，迫其从事生业，家康又循其遗制，极力图谋社会制度之确立，以至完全禁绝前代民兵之踪迹……不知支那之秀吉、家康又果为何人哉？”

以上概括了相比于《国民议会》一文不太为人所知的《支那的动乱》的内容，下节将尝试对这两篇文章的内容进行比较探讨。

（二）《战国时代的国民议会》

写于《支那的动乱》之后两个月的《国民议会》一文，将问题的焦点集中在《支那的动乱》中的一部分内容，即关于社会团体的问题上，并把讨论的中心从眼前的中国动乱转移至日本战国时期的一揆问题。与此同时，文中对战国时代一揆的性质作出了相当积极的评价，这一点为学界所注目。该文的要点与《支那的动乱》没有太大差异，以下将举出若干特征之处。

《支那的动乱》一文中也使用了"召开国民大会"的表达来描述山城国一揆，而《国民议会》一文更是在标题中使用了"国民议会"这样的近代式用语，强烈地表现出对与近代日本社会状况的关联性的关心。作者述称："（在中国建立的保安会、市民会）作为时代现象之彰显，不只关乎邻邦的治乱，亦在探究社会问题趋于兴盛之今日，不失可稍作参考，以资征考我国自治体之起源。"[9]

而战国时代的一揆之所以是"我国自治体之起源"，是因为它不只是支配层的联合，还伴有"平民阶级之觉醒"。"战国时代，将军权威扫地，无能约束部下……本应为军队生命之军纪废弛，临战则惟事掠夺，底层人民常苦于此，望生命财产安全而不可得……于是不问农民工商，俱皆携带兵器，练习武艺，学武士之行成为习俗。""据社会制度观察此种变化，实为一大革命。乃是因为，如此高自标榜之武士并不株守特权，允许其蔑视之底层人民仿行其所为。""（虽然大名一揆、土一揆、一向一揆[10]等一揆的性质是多样的，）若知此等一揆之所恃正在其武力，任谁皆能想到，这般一揆运动普及于全社会，是伴随阶级制度之崩坏而发生之自然倾向。"

堺（大阪附近的城市）有武装起来的"市民之自治集结"，农村地区有率领民兵的、数十个村庄的集结，站在这些都市、村庄规模的运动顶点的，就是实现了"一国人民全部"集结的山城国一揆。

文明十七年（1485）十一月召开的“未曾有之议会”中，列席的是“山城国中之土民即平民，年龄在十五六岁至六十岁之间，议题为当与畠山两阵交涉之案件”。据《兴福寺寺务方记》记载，“山城国众三十八人一揆云云”，认为一揆的领导者有三十八个人。三浦一方面认同这种观点，另一方面也说，“若并观当时其他记录，中有山城国人集会、同一国中土民等群集、山城国众同党同心、山城一国中国人等公议等，不可不认为一揆系基于国民多数之意志……不可认为其如支那所见情况，系多数国民附和雷同少数人之意见，于独立美名之下观望形势”。此处提出中国的类似团体中存在非基于“多数之意志”而“附和雷同少数人之意见”的情况，这一点颇有意思。如何识别两者的区别是相当困难的问题，将在下节中再做处理。

《国民议会》一文的特点，在于有关战国时代的一揆对后世影响的观点。《支那的动乱》强调这些一揆是被战国时代的动乱触发的“一时之现象”，而《国民议会》却以明治维新后的变革为念，以为“古今之间，或有一缕脉络相贯通”。那么，在哪些方面可以看出“一缕脉络相贯通”呢？文中虽然选取了“统一”和“平民阶级”两个图式来讲述，但可以说他的重心在“平民阶级”。“战国时代虽一面可看作极不统一之时代，然从另一面观之，亦可以为统一之曙光稍见……阶级制度改革无疑开始于明治维新后，然而在此时代又因事实上之崩坏，促成武士以外平民阶级之觉醒，使少许改革得以实现。山城之国民议会由当时如农民工商等底层土民组织而成，但收获如斯事功，与其说与武士阶级对峙，毋宁说呈现出凌驾其上之奇观。彼等平时服从于社会制度之强制，然由于被严重迫害，亦自我觉醒，展示出不愧与武士阶级并驾而驰之素质。若能对之善加诱导，至四民一致，盛行经纶，未必需待明治之维新。”不过，实际上，此后秀吉、家康主导的统一事业的成功，伴随着“匡正阶级制度之纷乱、恢复武士之特权、抑损农民工商等人、收其所有之兵仗，令其专注生业”的政策，结果，百姓、町人的地位变得“与武士阶级截然不得相犯”。

三浦在《国民议会》的末尾，关于从战国到江户时代的动向，称“余今既非敢言其利害，亦无以此讽今之意”。该文主旨对战国时代“平民阶级之觉醒”的共感毫无隐瞒，由是观之，这样的措辞恐怕只是结语中一种修饰性的韬晦。不过，当中国趋向未定，活生生的动乱状态尚在眼前，三浦就想到了《国民议会》一文的意旨，从这一原委看来，该文不只是从现在的高度出发、发现并表彰过去的优秀传统这样轻松的事情，而是包含着不安与紧张，可以从中读出相当复杂的含义。动乱时期形成的这种集结，自然反映出广泛的“平民”的意志，但从中是否真的可以建立起与一般性秩序的连接？这既是当时中国的改革者和中国研究者面临的切实问题，也是此后在中国社会论中作为广泛暗流的潜在课题。

下一节将从三浦的中国集团观中汲取若干问题，放在从清末到民国的较长时间段中，并以之与中国史研究者内藤湖南的学说的比较为中心，尝试在更为广泛的言论状况中定位这些问题。这些问题是：第一，认为以平民为主体的社会，其生机勃勃的结合力在应对动乱与危机时进行防卫性聚集才得以发挥的想法；第二，关于这种集团中的领导力和“阶级”的性质；第三，以这种形式丛生的集团，要以何种方式形成（或无法形成）更大的、一般性的秩序的问题。以下将依次进行讨论。

二、动乱和社会集团——中国社会论的潜流

上文以三浦周行的两篇论文为素材，窥见他的讨论的特征，而

内藤湖南与三浦同在1907年就职于京都帝国大学史学科，在内藤的时事论、中国史论中，可以看到与三浦共通的特征。近年来已有研究[11]不再孤立地讨论内藤的历史观，而是把他放在包括内田银藏、原胜郎等在内的“京都文化史学”的潮流中加以考察。三浦和内藤之间也被设想有围绕中国社会观进行交流。本文不考察他们谁影响谁的优先性问题，而是希望重视当时历史学界中一部分学者之间有着类似的问题意识这一点。

（一）动乱与自治

在内藤湖南的较有系统的中国时事论中，与三浦的两篇论文时代比较接近、内容也相关联的，在此可以举出基于他1911年5月的演讲并在同年6月的《大阪朝日新闻》中刊载的《清国的立宪政治》（《清国の立憲政治》）一文。[12]由于这是辛亥革命爆发前的文章，当然没有提及三浦关注的“保安会”等团体，但在将动乱状况看作民主思想的摇篮这一点上，仍然可以看出他与三浦的讨论的共通性。

在这篇文章中，内藤提出“清国的立宪政治能成功吗”的问题，讨论其成功与否与“中等阶级的健全”如何相关。从外部观察，要说西洋式的立宪政治在中国是否成功，其前途虽然是艰难的，但“如今一方面即立足支那一方考虑，（思考）支那有没有可以作为立宪政治之根底的思想”，那这样的思想确实存在，这就是“支那意料之外为一舆论之国家”，以及通过批判皇帝专制的明末清初的黄宗羲的民主思想等可以证明。更进一步，就“此民主思想是否真的实行过、以何种形式实行过等历史上之事实”，内藤还举例提到，“可以从近来之大骚乱即最新支那国情中产生之长发贼（太平天国）之际发现。此场大骚乱之平定，乃依靠民主思想之最大要素即平等主义之实行得以成功”。据内藤所说，这一实例就是清朝官僚曾国藩在家乡湖南组织的义勇军“湘军”。曾国藩在组织这支军队之时，不是靠官僚系统，而是通过地方精英以自身力量组织起来的，“在出示告示之时，也不是以作为告示之命令态度，而是以使用敬语之信件往返之形式。依赖乡绅等人，称如是人才请一概推荐，并以相当之礼遇任用。因此地方之人十分感激。（曾国藩）虽身为礼部侍郎之大官，却以平等之礼对待乡绅与书生，即使对地方豪农也待以同等之礼，有人才就置于幕中加以优待……这般平等主义是湖南军队之长处，促成了不见于官兵处之成功”。“平定长发贼之大业，从一方面看，可以说是不依靠官宪之力之民主思想、平等主义之发展。我认为，支那人此种思想乃立宪政治之一大要素。”

实际上，内藤对曾国藩的湘军给出如此高的评价，不是从辛亥革命前后才开始的，而是从他记者时代的时事论说中就已经可以看到。1901 年 9 月，在《大阪朝日新闻》上刊载的评论《清国改革难》[13] 中，他从政治、经济、社会诸方面指出中国改革的困难，而举出乡党意识的强烈，以及与此为表里的国家意识的淡薄，认为这是社会方面根本性的弊病。“支那社会组织中，最重要者为乡党。乡党者，大多是同姓亲族之发达者，实为支那社会组织之单位，又为社会组织之最大团体。其所谓国民者，不过是此等单位之乌合体……因此，如要在支那寻求有生命之团体，不能得到大于乡党组织者。这与其他文明国家以国民为有生命之一大团体之情况，有极大不同。比如对生命、财产之保护，乡党自己为之；或募勇以备盗贼，或设置义庄义学以相资给，无不优先乡党团体，而对乡党以外，均视为路人。”

对于带来这一情况的原因，内藤举出中国的天下主义和国内秩序的不稳定，认为“一则在于支那人不以其国为一国，而以为天下，一则在于恶政之积压与变乱之踵起，使稳知以生命财产之安固托付政府之无益”。质言之，前者是指出在中华中心的一元论文明观下，难以以对外竞争心为契机形成国民意识，后者是指出国内的恶政和动乱让民间自发团体不得已进行自卫。虽然这两者似乎是不同的原因，但可以说内藤认为无论如何，对外竞争、防卫意识是有生命力之团体性集结的不可欠缺的条件。

内藤虽然将乡党团体的并存视作国家统一的障碍，但他同时强调，此中也存在国家集结的契机。[14]“支那社会组织之弊虽诚如已述，其所利亦非绝无，即其地方自治体之完备是也。故……若有有力之政治家，以施其一乡者施之一国，亦必得与近世文明国之社会组织无大差矣。”

如果要从近世举出实例来展示这样的可能性，那就是曾国藩的湘军了。关于湘军，刚才介绍的题为《清国之立宪政治》的文章中已有涉及，在此不再重复，但《清国改革难》中就其背景，不止于“长发贼之乱”的直接要因，更以长期的视野进行说明，在此简单介绍。“（中国社会的）变化的征候，百年以来，颇见萌芽者。其著于表见者，实为社会之防卫……乾隆末年至嘉庆初年，若川湖陕之土匪（指席卷四川、湖北、山西三省的白莲教乱），从事镇抚之旗兵、绿营兵尽皆孱弱不中用，于是募乡兵之策行……意在当时，护乡之力竟非赖乡兵不能，如此之情势已明……支那社会组织之特色，显然影响其社会防卫之方法，莫显著于此时。至平定长发贼，更有有力者起于湘勇楚勇之间，至以其力及于天下耳。”

在此作为湘军兴起之背景举出的，是 18 世纪末的白莲教叛乱以来中国叛乱的状况，以及同时地方社会上握有武力的自卫团体成长的趋势——在中国史研究中，这往往被称作地方社会的“军事化”（militarization）[15]——这与三浦周行所说之“战国时代”有重合之处。[16]

三浦和内藤在历史中寻求“自治”传统的讨论，其共同特征可以归结如下：不是从编入国家统治基层的行政体系中的地方团体的日常活动中看出“自治”的传统，而是从直面“动乱”的人们迫不得已的自卫性集结中看到生机勃勃的自治萌芽。就清末的状况而言，以明治日本的制度为模板构筑地方自治制度的尝试，从 1905 年左右就开始在积极进行，[17] 可称之为省级地方议会的谘议局也在 1907 年成立，而三浦、内藤对这些尝试的评价都不高。三浦注目的“保安会”多为谘议局精英主导成立，由此看来，三浦或许对谘议局有正面评价，但三浦关心的不是清末的谘议局本身，他的关心始终是在辛亥革命这场未曾有之动乱中它们作为自立之集结而出现的这一点。[18] 而内藤也在 1914 年（最初的演讲在 1913 年）的《支那论》(《支那論》) 中，尝试从长期历史的视野出发讨论清末民初地方自治制度的构筑，他说:“于今日云变更此行政区划，理论或知其宜为，而内中实行非易。又能实行之处，若不扫除支那民政上之根本障碍，即人民如若不自觉为支那之国民、不生强烈之爱国心，即使玩弄种种小花招，亦决不能期待产生成绩。今日与其言修内治之工夫，不如言诚实求适合时宜之方针，居中央政府者、居地方者皆一致去私心、维持国家。必如此方可振兴如日本明治维新之际。”[19]

那么，这种爱国心要如何生长出来？关于这一点，内藤在 1924 年的《新支那论》(《新支那論》) 中，再次举曾国藩的湘勇为例，说：“今日之支那，支那人民面临必须以乡团自卫程度之骚乱愈发普遍，如曾国藩之天才人物奋起，自行编制军队，运用西式训练，以极认真之精神为之，如此，则支那统一绝非难事。”[20] 相较三浦在《支那的动乱》中从“列国之大大干涉”看到“支那统一之活路”的姿态，在此大概可以看出二者有共通之处。[21]

三浦和内藤都把“动乱”和“自治”视作互为表里的存在，从他们的讨论中可以捕捉到这样的形象：所谓“自治”与其说是“结构性的”不如说是“动态的”。[22]“自治”之所以是“自治”，不是因为确保了被上位权力认可的、有明确范围的自治性空间，而是因为直面了本应依据的外部秩序不在场的状况，因而从自身的内部设置了秩序的根据。虽然在集团内部也有受“法”制约的情况，但如果就集团的存在来说，那它的根据就一定是靠实力支撑以形成集结的这一事实。这些集团性的集结，不是国家制度上的秩序结构的一部分，而是形成新秩序的动态本身。以下将要讨论的几个问题点，都是从这种“自治”观中派生出来的。

（二）平民的结合

无论是三浦周行还是内藤湖南，都不是着眼于在社会表层展开的政治动向，而是着眼于以“平民阶级”“人民”为主体的社会全体的动向，以此来打造自己的历史学特色。三浦在1919年写作的《国史上的社会问题》中，批判了过去以政治史为中心的历史学，并讲述了一个暗流的隐喻：“不过认真观察的话，社会背面和下层流动着的暗流正在渐渐涨潮，至今为止一直是表面势力的上层，不知何时会被推入其中，逐渐与下层交替……不妨说国史上划时代的重大事变的背后，都必然潜伏着重大的社会问题。”[23]在经常被引用的内藤湖南的《支那论》中，也有与三浦相重合的同样比喻——表现为中国的“国土人民的广大的自然发动力”，“此种惯性、自然发动力的潜移默化，即使在如当下一样炫目地急剧变化之际，在其表面激烈地顺逆混杂着的流水的最底部，也必然有着朝向一定方向的缓慢、沉重、钝厚而强烈的推动力”。

与之相应，他们对一揆和乡党的注目，固然在于这些团体由“平民阶级”“土民”“人民”[24]等社会潜流为主体构成这一点，但也可以说其中以未分化的形式包含着几个问题：第一，这些团体的政治、意识形态的方向与其社会性质，未必是重合的关系；第二，团体内部的结构是垂直还是水平的问题；第三，决策和团体运作中的民主问题。

关于第一点，如孔飞力（Philip A. Kuhn）指出的那样，在清朝“军事化”的动向中形成的诸集团，“政治的、意识形态的倾向的不同，不一定伴随着组织规模和结合方式的不同”。[25] 举例而言，站在清朝的立场上、以正统的儒教为旗帜、镇压叛乱的集团，与对抗清朝、掀起宗教性、政治性叛乱的集团，如果着眼于他们的规模和组织形态，往往可以看到相似的形式。此外，相同的乡党集团，根据情势的不同，有时会支持叛乱的一方，有时会支持镇压的一方，这也不是罕见的事情。主体是“平民”并不一定意味着“反体制”。

在“一揆”的情况下也是同样的。如三浦所说，大名一揆和土一揆、一向一揆等“一揆”的政治方向性和意识形态各不相同，但它们都是在“阶级制度崩坏”的动乱时代中自然形成的结合，这一点社会性质是共通的。反言之，具有相似的社会性质，而实际的运动方向却正相反，这也是可能的。

是专门着眼于这些团体的政治的、意识形态的方向性——举典型的例子来说，通过阶级斗争乃至反体制斗争的框架中定位——去理解这些集团的历史意义，还是着眼于持有各种政治目的的诸集团所共通的“结合的形式”去捕捉其特征？不怕误解的话，也可以说前者是关心“斗争内容”，后者是关心“秩序形式”吧。在日后关于这些集团的研究中，这两个方向形成了未必重合的研究脉络。[26] 关于这一点，三浦和内藤都没有明示自己的姿态。在三浦之后的土一揆研究，可以看到对斗争的阶级性内容成为前景。不过，在辛亥革命前后的时间点，就像注目于“保安会”等很难说属于阶级斗争的团体所显示的那样，三浦关心的是动乱期秩序形成的一般情形。在这一点上，可以说当时他的研究包含着尚未分化的、向各种方向发展的萌芽。

第二点是关于团体内部的支配结构。关于这一点，前文已经说过，三浦虽然涉及记载山城国一揆的领导者为“三十八人”的史料，但他仍指出这次一揆是基于“国民多数的意志”,还将之与不基于“多数的意志”的“附和雷同少数者的意见”的中国的一部分事例相对比。换言之，三浦从中发现了基于“多数的意志”而非“少数者的支配”的一揆的存在方式，认为应该注目于这种历史特征。

与之相对，内藤举出的湘军的例子，虽然在曾国藩礼遇参加者这一点上，发现并正面评价了与官—民支配结构不同的“平等主义”“民主思想”，但不能否认，团体的结构自身仍具有以曾国藩这一领导为顶点的一极性、垂直性的性质。这一特性未必是内藤自己觉察到的，而是后来在橘樸等人的批判中被明确指出的。在橘写于1925年的评论《支那向何处去——读内藤虎次郎氏的〈新支那论〉》(《支那はどうなるか—内藤虎次郎氏の〈新支那論〉を読む—》)[27]中，橘樸重视中产阶级作为改造势力的命运，他称这与内藤在预测中国将来时重视乡团自卫是大体一致的。在此之上，他认为二者间的区别在于，内藤构想的是以“如曾国藩般的天才”为中心的向心性组织，与之相对，橘樸期待的是像都市同业集团那样的“民主性”(democratic)组织。[28]

橘樸所指出的可谓垂直的和水平的集团类型的区别，这种区别贯穿中国历史，一直存在。它与集团中的决策是根据参加者的自发意志，还是(即使看上去是获得参加者同意的)实际上由少数人意志所强制这一问题相互缠绕，成为关心中国社会团体性质的研究者讨论的对象。[29]不过，与其说问题在于应该将中国各个社会团体的性质分入哪一类，不如说在于怎么考虑以下的问题，即在中国要区分这两种类型意外困难，以及传统社会的中国人自身并不怎么意识到二者的区别。由于这一问题与上述第三点，即决策与团体运作中的民主问题相重合，接下来将讨论第三点。

橘樸强调中国同业团体的“民主”性质，但与此同时，也指出了同业团体的自治是“专制的”。橘樸称，同业团体的民主性质，理论上具有促生个人主义思想的倾向，但实际上各成员满足于同业团体专制式的自治，惯于牺牲个人意识、绝对服从同业团体的立法。作为其背景的，一是家族生活中牺牲与服从的习惯，二是同业团体是在欠缺法律和习惯保护的环境下以自我保护为目的的经济的、社会的斗争机构这一自觉意识，三是同业团体的政治专制性质是为了保护成员的共同利益而必须且有效的手段这一自觉意识。[30]像橘樸指出的那样，结构是民主的并不一定意味着运作是民主主义的（注重各人意志的平等，通过讨论形成合意这一意义上），民主的结构可以与专制的运作相结合。不过，一个组织既是民主的也是专制的，逻辑上说必须在此假定“全体意志的一致”。

与一揆中“一味同心”一语是关键词一样，在中国的诸社会团体中，“齐心”一语是重要的语汇。然而，如果集结成团体的个人，他们从最开始起就不是“同”心的，那么达到“同心”“齐心”要经历怎样的过程呢？胜俣镇夫着眼于中世“一味同心”过程中的多数表决手续，就“一味契约状”追问了这种转化的逻辑：“明明是通过多数表决来决议，为什么将其作为一味同心即全体一致的结果来夸示效力？”他的这种追问亦与此点相关。在此，胜俣称，“向神誓约，称会议全体成员自主表述了公平的意见，如此形成的决议”，“由于被认为是合乎道理的即正义的，这个决定也就是一味同心的决定”。[31]

与之相对，在中国的诸集团中，无论其政治方向与结构如何，首先可以说不存在通过多数表决手续进行决策的办法。据寺田浩明称，明清时期的中国人在说到乡约（在乡村层级结成的盟约）的时候，一般的说法是像这样的：“人人奔走于‘一己之私欲、一时之小利’中，‘至公无私’的主体倡说协同互助的必要，提示公共行动的基准，在众人唱和着这一主唱之中，结成盟约。”也就是说，在此，有德之主体进行主唱的基础，是假定了“从个别之人基于个别之心去主张、行动、相互斗争的状态，向着各主体不再持有个别之心的无媒介的一体状态”推移的过程。[32]如果把“个别之心”看作本来之心，这个过程或许可以看作是强制服从乃至乖离本来之心的不负责任的“附和雷同”。不过，如果把放弃对个别之心的执着视作回归本来之心，这个决定也谈不上是选择了自发的赞同。从这个逻辑来看，是自发的还是强制的赞同，这个二者择一的问题本身是没有意义的。

那么，在能够面对面召开会议的小规模团体中，特别是在直面动乱和竞争、被迫防卫的状态下，“同心”或许是可能实现的事情，但这样的集团丛生的状况，果真能走向整体性秩序的形成吗？这是又一个问题。

（三）集团形成与整体秩序

如上所述，三浦与内藤对这一点都表示出某种程度的两面性的见解。三浦一方面将一揆等武装独立视作“动乱时代一时之现象”，“待社会秩序恢复、渐次统一之时，皆难逃消亡之命运”，一方面却认为中国的统一或许可以指望列强的“巨大之干涉……开辟一条活路”，并指出这条“活路”是让危机中的人民的集结扩大到与国家一样大的规模。内藤则一方面视中国乡党意识之强大为阻碍国家意识形成的要因，一方面又展望像曾国藩的湘军那样的团体可以从乡党式的结合成长为国家规模的集结。[33]动乱中诞生的诸集团，在具有强烈的内在统合的契机的同时，与之相为表里，也存在着相互排斥、抗争的契机，这又应该怎么看？整体秩序的形成是从这样的集团中生长出来的吗？抑或克服了这些才成为可能？

“列强之巨大干涉”“骚乱之彻底”酿成了中国人民的国民意识，或许能给国民统一打开“一条活路”。三浦和内藤这样的预言，在某种意义上可以说是言中了。中国大陆完成强力的国家统合的中华人民共和国——支持她的广泛的人民的国家意识，可以说是因为将中国大陆广大地域卷入骚乱、让中国陷入存亡危机的日本的侵略而形成的。这也是中国共产党这一具备武力的先锋集团在其集结中将广大人民纳入的过程。但是，像这样的具有“斗争集团的连续扩大”性质的国家形成，[34]给中华人民共和国的政治留下了大的影响，这也是无法否定的。

在历史研究中，关于从动乱期到统一秩序形成的过程，内部集结力的连续性问题，与从斗争集团的集结到统一的、永久存续的秩序形成之间的质的转换问题，两者相互缠绕，超越时空构成一种具有共通性的复杂课题。一般说来，在平定动乱中产生的统一政权，往往对动乱期的诸集团采取强力弹压的姿态，因此或许强调统一政权与诸集团间的对立和断裂的见解较为强势。但在另一方面，着眼于其连续性的研究也形成了有力的潮流。就中国史而言，此类研究者可以举出增渊龙夫为代表性例子，他从人的结合的特质的连续性这一观点，探讨从春秋战国的动乱到秦汉帝国的形成这一过程。增渊认为，在春秋战国的动乱期中，基于“任侠的习俗”，人结合产生了多种多样的集团，这样的人的结合的纽带，不仅支撑着民间集团，而且支撑着同时在官僚制中正在生成的君主与官员的关系，关联着统一国家的统治机构。在地方秩序的侧面，秦汉帝国成立以后，虽然表面上覆盖着郡县制式的官僚机构，但在其背面，从内部支撑、规定着地方秩序的，则是以土豪、豪族为中心的人的结合的自律性秩序形成功能，其中可以看到先秦以来的习俗的连续性。[35]也就是说，他有着这样一种观点：无论是就历时还是共时而言，民间诸集团的秩序和统一帝国的秩序，都不是彼此断绝的，而是应该作为连续的、互相浸透的东西去捕捉。

此外，日本的一揆研究中恐怕也同样存在不把一揆之时代向近世统一之时代的转换视作单纯的一揆的弹压、解体，而是从一揆的结构本身去理解的潮流。可以举出胜俣镇夫的研究作为例子。胜俣称："战国动乱中登场的战国大名……将地方领主的一揆渐次整合进自己的权力体系之中。大名首先以这些一揆的保证者或代表者的形式出现，不久就将这些一揆创造出的协同的场转换为权力的'公'的场，于此树立起强固的权力构造。"[36] 当然，这种展开并不是直线式的存续和发展，而是经过了"自我否定"的曲折过程。不过，对这种伴随着连续性的结构转换的关心，对在统一政权下亦绵延存续的一揆传统的关注，以及通过对参加者心情的内面的理解去捕捉一揆特质的倾向，在此之上，胜俣和增渊之间存在着超越了研究对象的时代和地域差异而共通的东西。

结 语

以上驳杂的内容，以三浦周行的学说为线索，探索了围绕动乱期诸集团的日中历史形象交错的一端。在结语中要尝试思考的，则是中国的保安会给三浦的一揆论带去灵感这件事的意义。

从今天常识性的观点出发，明治日本的知识人看到中国的社会团体的时候，首先作为与之相比较的对象想到的，大概应该是江户时代的"村"和"町"这一离当时最近的旧体制，或者明治维新以后"村""町"的改观等。然而，三浦却从辛亥革命后的中国，越过四百年以上的岁月，想起了战国时代的一揆。

三浦在比较战国时代的一揆与20世纪初叶的中国的保安会时，究竟是怎么看待这二者之间横跨四百年以上的时间间隔的呢？一个解释是，他没有把"动乱期中自治集团形成"的问题看成特定历史阶段所产生的，而是将之作为动乱期中自然发生的也就是说超历史性的社会现象去捕捉。确实，在中国，春秋战国时代、魏晋南北朝时期、唐末五代、明末清初等大的社会变动时期，同时也是社会诸集团丛生的时期，这些集团的特性有超越时代的共通要素。清末的诸集团也不例外。另一个解释是，作为所谓历史发展的阶段，把日本的战国时代和中国的清末看作是同一阶段。确实，无论是三浦还是内藤，都是以“平民阶级”或“人民”力量的增大这一不可逆的动向为基准，有着捕捉历史大势的志向。这一志向与当时“京都文化史学”一大特征的对时代划分的关心正相契合。

三浦的两篇论文对这种历史阶段上的定位并没有明确的表述，我认为其中值得深思的，毋宁说还是将超越时空的社会现象作为一种同型性去感知，这种历史研究者的感觉的活动。这种同型性的感觉，从严密的发展阶段论的观点看来，也可以说是时代错误的。不过，在历史研究中，这种感觉常常起着重要作用，这一点不可忽视。关于人类社会的普遍性和多样性的自由感觉不适用于“发展阶段”和“社会类型”的固定框架，却常常通过闪烁的灵感通往重要问题的发现。在内心模糊沉淀着所关心的问题，以其他时代的现象为媒介，会突然浮现出明确的轮廓。

今天的学界中，各个分领域的历史研究者在讨论会上交换意见的机会很多。然而，这种机会或许是太多了，从其他领域敏感地捕获启示的感受性以及将这种启示踏踏实实地培养、深化出来的从容却正在失去。从这一点上看，日中历史形象的交错捕获了一百年前历史研究者的心，对其加以重新探讨也是有意义的吧。

补记

本文是在 2007 年 11 月召开的史学会大会日本中世史部会上，

担任题为"'人的羁绊'的中世"的讨论会的评议时，受到组织者村井章介的邀请，向该讨论会论文集提交的文稿。本文是重新写作，与当天的评议已经相去甚远。

我对"'人的羁绊'的中世"的题目写些什么感到困惑，但毕竟是作为日本史讨论会的评议人被约稿，因此觉得不能单纯谈论中国史上的"人的羁绊",即使有一点鲁莽也应该去与日本中世进行"比较"讨论。今年的历史学讨论会中，号称"比较"、邀请其他分领域研究者担任评议人的情况较多，但实际上报告人大多对其他领域的事并不关心，仅仅是自己的报告就已经竭尽全力了。我还有种印象，就是好不容易在同一个场合交流，却只是说些敷衍的对话，让人感到特别寂寞，如果这样的话还不如不要作"比较"呢。

考虑到这些，因此选取了以前就感兴趣的日本中世史家三浦周行的日中社会比较论。辛亥革命时期的地方团体与日本中世的一揆的比较，虽然也可以说是粗糙的，但并不仅是强行类比，能感觉到是在接近从动乱中产生秩序的过程这一核心问题。一百年前，像这样粗糙但是有魅力的"比较"论，在日本史和中国史之间是可能的。以三浦周行为起点，又将话题连接到内藤湖南、橘樸这样的为人熟悉的中国史专家，但结尾是我自己已经数次提到且并无新意的关于内藤和橘樸的讨论，谨此致歉。

"结语"部分言及"同型性"的感觉。像这样凭感觉的思考，或许被认为与逻辑性的"方法论"不相协调，但我的实感是，这在历史研究者的思考中实际上起到重要作用。关于这个问题，本论文集[37]所收的小文《比喻与中国社会论》(《比喻と中国社会論》)中也有涉及。

（毛亦可译）

注释

1 本文原载村井章介编,《「人のつながり」の中世》, 山川出版社, 2008。

2 佐藤和彦,《中世一揆史研究の軌跡》, 青木美智男等编,《一揆 1 一揆史入門》, 东京大学出版会, 1981, 页 161。
译者注:一揆原意为同心同德、齐心协力,日本中世时期的一揆是含义丰富的历史现象,有多种实际形态,一般多指武装起义或结社。

3 朝尾直弘,《解説》, 三浦周行,《国史上の社会問題》, 岩波文库, 1990, 页 200。

4 名为"保安会"等的团体,是 1911 年 10 月 10 日武昌起义爆发后在各地建立的。据郭廷以《近代中国史事日志》(台北:正中书局, 1963),截至同年年末的事例如下所述:10 月 13 日,湖北谘议局(由地方精英组建的一种地方议会)以"守中立、保治安"为目的,在武昌结成"保安社";11 月 11 日,在谘议局局长及同盟会会员的主导下,山东绅、商学界召开"保安会",决议独立;同日,奉天各界在总督衙门召开"保安会",谋求独立;同月 12 日,奉天以总督赵尔巽为会长,改为设立"国民保安会";13 日,山东各界联合保安会以巡抚孙宝琦为大都督并独立;同月 16 日,吉林以巡抚陈昭常为会长,设立"国民保安会";同月 17 日,黑龙江以巡抚周树模为会长,设立"国民保安会";同月 25 日,顺直谘议局及直隶保安会发电报要求清帝退位。如此等等。管见范围内,"市民会"的名称并不常见。各地建立的同类团体不一定都名为"保安会",主导层和政治倾向也未必一样,但多数都是以谘议局中的精英为中心,纠合绅士、工商业者和学界教育界等,宣布省级别的"独立",以求掌握地方政治。此时,清朝地方官占据顶级职位的情形并不少见。

5 三浦周行,《現代史観》, 古今书院, 1922。

6 三浦的这些讨论,可以说就中国与日本间"比较"的方法提出了饶有深意的问题。该文将中国和日本各自的"种族之争"分开进行比较,而若从东亚全体的角度看,日本是中国的周边国家,从 16 世纪末到 17 世纪初,满洲与日本同是明朝周边的新兴势力,对明朝形成压力,如果想到这一点,以不同方式去"比较"也是可能的。不过,这一点与本文讨论的三浦的中心论点未必重合,故在此不加展开。

7 括弧内为引用者所加。以下,引文中的()内的语句皆为引用者的补充与说明。

8 译者注:土一揆即土民一揆的略语,土民大致指中世时期的下层民众,土一揆即以土民为主体的一揆。

9 以下引用《戦国時代の国民議会》时,依据岩波文库版《国史上の社会問題》。

10 译者注:一向指一向宗,即净土真宗。一向一揆指净土真宗僧侣、信徒为主体的起义。

11 葭森健介，《内藤湖南と京都文化史学》，内藤湖南研究会，《内藤湖南の世界：アジア再生の思想》，河合文化教育研究所，2001；等等。

12 《内藤湖南全集》第五卷，筑摩书房，1972年所收《支那論》附录。又，讨论辛亥革命前后内藤湖南中国论的研究很多，在此举出：J. A. 福格尔，《内藤湖南：政治と汉学》，井上裕正译，平凡社，1989；山田伸吾的《内藤湖南と辛亥革命》、吉尾宽的《内藤湖南の中国共和制論》两篇论文，内藤湖南研究会，《内藤湖南の世界：アジア再生の思想》。

13 《内藤湖南全集》第三卷，筑摩书房，1971。

14 对地方自治团体有这样正负两种评价，不是内藤湖南所特有的，梁启超等清末改革派知识人早于内藤已发表了讨论，从中可以看到同样的指摘。参照拙稿：《中国中間団体論の系譜》，岸本美绪编，《岩波講座「帝国」日本の学知　第三卷　東洋学の磁場》，岩波书店，2006，页259—263。

15 据孔飞力（Philip A. Kuhn）著名的研究：*Rebellion and Its Enemies in Late Imperial China: Militarization and Social Structure, 1796-1864*, Cambridge, Mass.: Harvard University Press, 1970。

16 然而，对应于日语的“一揆”、总称清末诸集团的特征性用语并不存在。关于这些诸集团的综合性研究，参见 Philip A. Kuhn, *Rebellion and Its Enemies in Late Imperial China: Militarization and Social Structure*。

17 黄东兰，《近代中国の地方自治と明治日本》，汲古书院，2005。

18 内藤几乎没有涉及“保安会”等团体的历史意义，是因为在他看来，这样的团体属于无关社会基层，而是在表层展开的“政客”的行动。然而，姑且不论对“保安会”等的评价的差别，仅就着眼于应对动乱的人民主体的秩序形成动向这一逻辑而言，二者可以说是共通的。

19 《内藤湖南全集》第五卷，筑摩书房，1972，页372。

20 同上，页519。

21 “国民自主的精神”是从与外国对抗的意识中产生，这种想法在三浦、内藤的同事内田银藏的日本近世论中也可以看到。内田的《日本近世史》（1903）从基督教传来开始讲述“近世史”，其中把与西洋接触当作国民自觉产生的契机。内田认为，伴随着天主教传教，新旧思想的冲突让排外倾向迅速增长，“与此同时，国民举国一致团结，冥冥之中感到有对付外部的必要，强盛国民之元气，鼓舞士气，使日本人的头脑中出现日本的意识……这真的是不得不充分认识到的事情”。内田银藏著，宫崎道生校注，《近世の日本・日本近世史》，东洋文库，平凡社，1975，页212。

22 与其说是“结构性的”不如说是“动态的”，这一说法系借用：胜俣镇夫，《一揆》，岩波书店，1982，页 4。

23 三浦周行，《国史上の社会問題》，页 19。

24 在三浦周行的两篇论文中，被用作指示阶层的词语有“土民”“下级人民”“平民阶级”等。内藤湖南在辛亥革命前后的评论中，不是没有使用“平民”一词。例如《支那論》中讨论欧洲近代工业化和“平民”的进步的部分等。《全集》第五卷，页 387；与乡党论相关，指与官僚层相对的、乡党的首脑时，他专门使用“人民”一词。例如《支那論》中的“对于地方人民所有民政上必要的事情，例如救贫事业、育婴之事、学校之事，所有的事可以说都是以自治团体的力量去做的……救贫、卫生等义务事业，也都是地方人民自行经营的”。《全集》第五卷，页 368。

25 Kuhn, op. cit., p.165.

26 战后关于一揆的研究，管见范围内，“斗争内容”研究的例子，可以举出青木美智男等编的《一揆》系列全五卷（东京大学出版会，1981），表明了“将一揆理解为‘前近代日本固有的阶级斗争’的立场”；关心“秩序形式”方向的例子，可以举出前引胜俣镇夫的《一揆》。就中国的社会集团而言，相对于对阶级斗争的关心占优势的战后日本的研究，从“地域社会的秩序形成”这一明确的视角出发、表现出对“秩序形式”的问题关心的，可以举出山田贤的研究为例，他分析了嘉庆白莲教叛乱前后诸集团的形成和动向（《移住民の秩序》，名古屋大学出版会，1995）。不过，也不能忘记，在类似山田的研究方向的背后，存在着着眼于“秩序形成”的研究潮流，其代表是增渊龙夫的“任侠的结合”研究（增渊龙夫，《中国古代の社会と国家》，弘文堂，1960）。研究的时代虽然不同，但通过对中国古代民间秩序形成的“社会学式”分析，给中国史研究带来了全盘的深刻影响。

27 橘樸，《支那思想研究》，日本评论社，1936。

28 关于这一点，参照岸本美绪，《中国中間团体論の系譜》，页 264—267。

29 限于篇幅，不可能在此介绍关于这个问题的讨论的流变。作为各种立场的示例，在此举出谷川道雄所论对魏晋南北朝时期集结为“共同体”的乡人自发意志的强调（谷川道雄，《中国中世社会と共同体》，国书刊行会，1976），以及仁井田陞所论对旧中国共同体中“一种寡头支配和对此的从属意识”的强调（仁井田陞，《中国社会の“仲间”主義と家族》，《中国法制史研究——奴隶农奴法 · 家族村落法》，东京大学出版会，1962）。又，对这些问题的状况进行确切把握和从新视点出发尝试对之说明的，还有：寺田浩明，《明清法秩序における“约”の性格》，沟口雄三等编，《アジアから考える 4 社会と国家》，东京大学出版会，1994；寺田浩明，《合意と斉心の間》，森正夫等编，《明清時代史の基本問題》，汲古书院，1997。

30 橘樸，《支那人気質の階級的考察》，1925，《支那思想研究》，页 276—278。

31　胜俣镇夫,《一揆》，页 21—23。又，这种多数表决一味同心的逻辑，缺少像在欧洲可以看到的多数表决和“自由的拒绝权”之间的紧张关系。关于这一点，参照：石井紫郎,《中世と近世のあいだ》,《日本人の国家生活》，东京大学出版会，1986。这应该视为“紧张关系的欠缺”，还是视为意识到紧张之上的一种逻辑性突破，这一点还是一个问题。

32　寺田浩明,《合意と齐心の間》，页 437—438。

33　粗看起来像“散沙”一样分裂的中国社会，实际上，注目于拥有通过同族、同业等的羁绊的强结合力，在其延长上展望国家的统合，当时在包含孙文等政治家在内的人中并不是罕见的见解。参照：岸本美绪,《中国中間团体論の系譜》。

34　着眼于中华人民共和国的这些特性，议论的例子有奥村哲,《中国の現代史—戦争と社会主義》，青木书店，1999。

35　参照：增渊龙夫,《中国古代の社会と国家》，特别是序论。又，谷川道雄关于隋唐帝国形成过程的学说，也在魏晋南北朝动乱时期人们追求共同性而集结起来的心情的延长线上，捕捉隋唐帝国的形成。参照：谷川道雄,《隋唐帝国形成史論》，筑摩书房，1971。

36　胜俣镇夫:《一揆》，页 79—80。

37　译者注：指岸本美绪《明清史論集 2　地域社会論再考》，研文出版，2012。

第十二章

中国史研究中的 actuality 和 reality[1]

一、actuality 和 reality

2012 年 9 月，我受到历史学研究会委员会的委托，在本讨论会上[2]进行报告时，设定的题目是“从现在追问历史”。其后，讨论会的主题变成了“历史学的 actuality”，但我想恐怕“追问当代课题与历史学的关系”是一贯的旨趣。在其背后，则是一种危机感——现代历史学在专门化、精致化，而与当代课题之间的联系却在持续失去。

历史研究（应该）根植于“从现在出发的追问”，对于这一点，大概多数历史研究者的意见都是一致的。不过，“只要历史研究者站在正确的实践立场上，扒下意识形态的面纱，就能呈现出客观的历史现实”，这一类过去的乐观信念，在今天的历史学中已经不复存在。对历史研究者而言，现在的问题毋宁说是现实这种东西的存在本身的自明性在动摇。不是问“现实是怎样的”，而是问究竟“现实是什么”。历史研究者还像过去一样在档案馆中搜集史料、撰写论文，但这就像坐着没有底的船去寻找新的岛屿一样，立足处是不安稳的。

本讨论会的主题“actuality”，正是直接关系到“现实是什么”这一问题的概念。与讨论会的旨趣或许稍有错位，本报告不是要讨论具体的现实、实践课题的对策事例，而是将试着以我专攻的中国史研究为例，就我们感受到的“现实”究竟是什么，降低到日常生活的实感层面，讲述若干感想。

在进入正式讨论之前，首先看一看辞典的说明，“actuality”是什么意思。在一般的英日辞典中查“actuality”，大概将出现如下所列的语义：

> 1. a. 现实（性），（现象的）实在（reality）。b. 事实，（描写的）写实性。2.［通例 actualities］实情，现状。3. 纪录片。

同时，《牛津英语词典》记载：

> 1. Capacity of action, 2. The state of being actual or real; reality, existing objective fact, 3. Actual existing conditions or circumstances（pl.）, 4. Realism in description.

除去最初的“capacity of action”，从 2 到 4 的语义，可以说分别与上文英日辞典的 1 到 3 相对应。这些辞典都举出了“reality”作为“actuality”的语义，而与一般对应于“现实（性）”的“reality”相对比，“actuality”有着怎样的不同意义呢？精神病理学者木村敏认为，“reality”来自拉丁语的 res（东西、实物），“actuality”来自 actio（行动）。“虽然同样是说‘现实’，但相对于 reality 是从认识并确认构成现实的事物的存在的立场出发而言，actuality 则是就面向现实发动行为的行动本身而言。”[3]

野家启一基于木村的上述说明，认为“如果说自然科学的目标是阐明‘reality’，人文科学的目标毋宁说是‘actuality’”。[4]但一般而言，能将 reality 和 actuality 的对比与自然科学和人文科学的关系，考虑成这样的重合关系吗？今天，我们看到“reality”一词，联想到的毋宁说是“我们的前提是：当被害者决心开口的时候，只能从这个被害者的压倒性的‘现实’（reality）出发。我称之为‘现实’的东西与‘事实’并不相同”，[5]像这样映入当事者眼帘的现实。像这样的“reality”的概念，未必是在后现代潮流中首次登场。例如谷川道雄在 1971 年的书中，批判了将隋唐帝国作为非人的权力机构进行分析的学界主流态度，认为应该追问“构成这个历史世界的 reality”——即从当时人们的眼睛看到的隋唐帝国的姿态。[6]reality 一词一般是像这样在历史学中使用的。这里所说的“reality”，可以说正是人类科学（或者应该说是人文科学）的研究对象。

二、历史学现在面对的问题

（一）reality 问题和 actuality 问题

大部分研究者都承认，历史学现在在“reality”和“actuality”两个方面都面对困难。说到 reality 问题，这几十年来，拥护语言学转向和历史叙事学立场的专家们往往立足于历史研究者朴素地信仰而不怀疑“事实”的客观存在这个稍有可疑的事实认识，展开了方法上的讨论。现在这般硬性的批评已经稍稍沉寂，变为在实际从事历史学研究的学者也容易接受的论调。关于这个问题，已经有很多的议论，在此不想更多展开。

另一个actuality问题——即对当下问题的关心、参与的问题——与reality问题也有重合的一面。但是这与其说是从新的认识论立场出发的批判，毋宁说是针对过去日本历史学界存在的对当代社会的问题意识在今天已经变得淡薄的状况，批判性地提出问题。卡洛尔·格拉克（Carol Gluck）说：“我相信，历史学家无论是在政治还是方法论上，都应该对自己的前提和倾向有所自觉。在20世纪日本历史学中，这种立场性（positionality）被明确表述，我早就对这一点铭感在心……概括而论，他们的历史学就是伴随着实践的批判性学问。”[7]这样的评价不能说适合当时日本所有的历史研究者，但即使对刚进入大学的一年级学生，也尖锐地诘问“问题意识”和“立场性”，这种气氛直到20世纪70年代都确实是存在的。

与此相对，今天，像羽田正这般用稍显极端的笔致书写的反省屡屡可见。

> 虽然时代在向前发展，但不知道为什么，多数历史研究者还停留在二三十年前站立的位置上。研究题目被细分化，本人以外谁也不读的论文被陆续生产出来。过去曾经重要的研究视点，现在正在失去意义。如果研究框架和问题意识已经是过去的东西了，在此之上积累什么都无法吸引一般人的关心吧。为什么要研究这个题目？研究这个题目在现代的意义是什么？历史研究者对这些点没有足够的自觉是不行的。[8]

在此，羽田不仅指出今天历史研究者中问题意识的淡薄化，而且认为应有的问题意识不是研究者可以任意选择的，而必须是与当下相适应的问题。

reality问题和actuality问题，在从朴素实在论批判、立场性的自觉等观点出发反省历史学的现状上，是有共通点的。但是，从reality问题出发的历史学批判（至少在逻辑上）未必联系着“正确立场”的积极明示，与之相对，从actuality问题出发的历史学现状批判，可以看到存在某种“正确立场”的含义。下一节将以战后中国史研究为例，一窥actuality问题的情况。

（二）中国史研究的情况

说起东洋史学，或许会被视作朴素实证主义的根据地，但在战后日本的东洋史学界，通过对战前、战中研究方法的自我批判的形式，反复进行着具有某种切实性的关于方法论的讨论。在战前、战中研究者对时局、政治性的发言和蔑视亚细亚文明论（中国社会停滞论等）被批判的同时，不要忘记，客观主义的实证研究也成为反省的对象。在此将引用1962年的《历史学研究》中刊载的旗田巍的文章。

> 通过离开现实、舍弃思想，日本的东洋史学尝试在侵略体制中守护学问的纯粹性，取得了与之相应的相当大的成果。然而……离开现实、舍弃思想真的是保持学问的纯粹性、主体性，提高学问内容的道路吗？……东洋史研究者，特别是东京的东洋史家中，爱慕中国文明的人极少。有中国批判者，却缺乏中国爱好者。研究某个国家的事情而喜欢上这个国家，这是自然而然的事，但东洋史家却缺乏这种倾向……舍弃思想实际上是不可能的，以为不受任何拘束，其实是站在近代主义的立场上，从那里眺望亚细亚。因此，认识亚细亚的变革、亚细亚诸民族的解放等重大历史事实都是不可能的。[9]

在此，日本的东洋史学通过“离开现实、舍弃思想”——换句话说，放弃学问的 actuality——来保持“学问的纯粹性”，其结果被认为是认识历史事实的失败，这遭到尖锐的批判。而支撑着这个批判的，是对研究者应该立足的“正确立场”的坚信。中国被作为一个整体来把握，历史上的中国文明和现在的中国人民都被无矛盾地包含其中。而“爱”这个中国才是正确的，这被当成不言自明的、正确认识历史事实的必要条件。当然，这不是说旗田的中国认识是单纯的。在当时的冷战状态中，他受亚洲、福特财团的资金问题[10]触发而写作了这篇文章,因此,描绘了接受美国资金进行的“学问的”研究与站在亚非人民立场上的研究之间的尖锐对立模式，这可以说是当然的事情。

然而，随着此后中国局势的展开，“正确立场”的自明性急速地丧失了。1966 年开始的“文革”以“破四旧”（破除旧思想、旧文化、旧风俗、旧习惯）为口号，大量破坏文化遗产。我读到上述旗田的文章，大概是在 1972 年或 1973 年，对于毫无造作地把“爱慕中国文明”和“爱好中国”等同的写法稍稍感到惊异。喜欢中国的历史和文明，与喜欢现在的中国，难道不是不同的事情吗？从对“学问的纯粹性”意识形态的批判来看，在旗田写作这篇文章的时间点上，他对其后“文革”中“学问”全体被暴露在激烈的攻击之下被打击得体无完肤的状况，应该是完全预想不到的吧。然而，“文革”期间,学问的“主体性”烟消云散,历史学成为政治斗争的工具。即使是对未必“反中”的日本中国史研究者而言，这也不是可以全面肯定的现象。

“文革”结束后，虽然中国采取了改革开放政策，但不能说日本的中国史研究中的“正确立场”的自明性就恢复了。旗田文中“研究某个国家的事情而喜欢上这个国家，这是自然而然的事，但东洋史家却缺乏这种倾向”这一批判，约言之，即亲中国是善、反中国是恶，但如果基于这种想法，迫使现在的中国史研究者在亲中国、反中国之间二者选一的话，这恐怕不是有意义的事情。中国政府、执政党和中国国民不能视同一物，中国国内的政治、经济、阶层、民族复杂性，这些都让“亲中国”或“反中国”这些笼统词语没有了意义。在对这种复杂性的认识的深化中，对战前、战中日本的中国研究的“real”性被重新评价。

从这样的现状出发，关于中国史研究的“正确立场”，要像过去那样给出明确的指引，现在可以说已经不可能了。而像旗田提示的那样的历史学和现实之间连接的理念，今天却反而变得现实性稀薄。说到历史学的 actuality，容易得到这样的印象，即首先对现在的社会问题、政治问题（“帝国主义”“新自由主义”“性别”等）有明确的问题意识（往往伴随着价值判断），从那样的问题意识出发，再面向具体的对象。但在今天的中国研究中，毋宁说与之相反，首先是接触具体的史料或人，再将其中产生的含混的疑问和共感、违和感明确化、自觉化，这样的道路才是现实的。如下一节所述，actuality 是与支撑人类日常生活、几乎没法被意识化的基础相关的概念。而从扎根于这一层面的历史学的观点出发，思考“历史学的 actuality”也是可能的。

三、对历史研究者而言的 actuality 和 reality

（一）日常生活中的 actuality 和 reality

我们一般会以某种现实感去把握自己身处的状况。虽然我们不能保证自己与他人有同样的现实感，但让彼此生活没有障碍这一程度上的共通认识恐怕还是有的。我们为什么能具有那样的现实感呢？

例如，试着以研究室的桌子为例思考。“这里有桌子”这句话，对我而言是作为reality感觉到的。桌子不单是孤立的，而是结合着“去年用学校经费买的”“被淹没在书中间了”等认识，在日常世界中被定位。这张桌子不单是“有”，对我还具有实践的意义。通过“在这张桌子上写文件吧”“要写文件，需要把桌子上边收拾一下”等形式，桌子对我而言是具有actuality的。又通过收拾桌子、书写文件，桌子确实存在于此处的感觉被强化了。reality和actuality在经验中循环地联结起来，形成自然的自明性。然而，不是所有人都能在这样自然的自明性中生活的。“在人格解体障碍的情况下，reality——至少是知觉上的——被保持，但actuality却完全丧失。”[11]在这种情况下，失去了周围事物对自身而言是具有意义的且形成统合的世界的这一感觉，事物成为四分五裂的疏远的存在。“自然的自明性”的感觉是支持我们日常生活的东西，如果失去这一点，连普通的生活本身都会变得极为困难。

不只是“桌子”，而且“研究室”“大学”，甚至“国家”等，对我而言都构成“常识”性的reality的形态。不过，“确定感”的程度是不同的。不是以实在或非实在的二分法，而是像浓淡分布那样，有不确定的部分，也有乍看像确定却在摇摆的部分。不过，在摇摆的时候，每次都作出轻微修正即可，包含着这样一些部分，人们对日常世界建立起某种具有稳定性的感知。精神病理学者沃尔夫冈·布兰肯伯格（Wolfgang Blankenburg）说：“人类的此在[12]之所以应该大书特书，不只是因为具备自然的自明性，也是由于部分被扬弃的可能性。正因为有这部分的扬弃，我们才可能重新将内省的眼光转向自明性……心怀疑问是我们统合此在的一个契机。但是，这只限于分量适度的场合。”[13]（着重号系原文）这篇文章不是简洁而切当地表现了我们常识性认识世界的方式吗？支撑我们的认识世界的“自然的自明性”不是封闭的，而是能够通过“分量适度”的疑问保持安定性，与外部世界交流，扬弃并内部化外部世界，从而慢慢扩大。我们就是这样从幼儿到成人，逐渐扩大认识的范围。

我在此想说的是，带着这样的自然的自明性的 reality，虽然从认识论上说也是不完全的，但对之进行超过“分量适度”的怀疑，会破坏人的生活。换句话说，虽然也可以抽象地主张彻底打破这种自明性的门槛、解放人的精神，但如果展开这种讨论之人在日常生活中没有什么特别的障碍，这必然是因为他（她）能够分割学问和生活，在生活方面能够安居于具有自然的自明性的世界。

(二) 历史学中的 reality 和 actuality

对历史研究者而言的一个问题是，日常生活中我们作为自明的东西去感知的现实感，与通过历史研究感知到的过去世界的现实感之间的关系。日常生活（现在）和历史学（过去）中的 reality 是不同的吗？在“历史叙事论”中特别使用“历史”一词的理由，大概在于这两者的严格区别。野家启一所言如下：

> 历史记述总难免于“事后的”性质……所谓“事后的”，意味着作为记述对象的事情都已经是“不存在”的了……因此，历史记述与将眼前发生的、可以知觉的事情实时地“记述”并“描写”出来这一行为相比，其性质在根本上发生了改变……画家在画室中画肖像画时……如果本人作为模特坐在面前……我们将完成的画与本人对比，就可以“客观”地判定其优劣……与之相对，画家画死去的父亲的肖像画时……即

> 使想要有模特，本人也已经不在了……照片有些人上相有些人不上相，也存在只留下年轻时候照片的情况，即使是照片也不能成为决定性证据……因此，画家需要这样对照证据和证言，综合判断这些而挥动画笔。这种用通常办法解决不了的过程正是“探究”。[14]

H. 怀特（Hayden White）也同样有过如下记述：

> 过去已经不存在了。只能通过留下的东西去研究。明晰复原已经成为历史的事件是不可能的。像在实验室中重复物理现象那样重复历史是不可能的……历史上的事件早已无法感知，因此，以经验主义的形式去研究是不可能的。能够研究这些的是别的、非经验主义的方法。[15]

这些讨论看起来像是在说：“现在的事情因为是在眼前发生的，可以客观地判断其事实性，但过去的事情（历史）已经过去，只残留下痕迹，是经过现代的‘探究’行为被构建出来的东西。”然而，这在我听来，是值得惊异的讨论。即使是现在的问题，人就能够“客观地”认识事实了吗？做着现状分析和实地调查的人们，并不是在“探究”，而只是在“记述”和“描写”吗？“像在实验室中重复物理现象那样重复是不可能的”，不是因为这是过去的历史，而是因为这是关于人类社会的复杂事情和现象吧？（例如，如果是为了探究过去事故的原因而进行的再现实验，那即使是关于过去的实验研究，也是非常可能的吧。）

关于这种“现在”与“过去”之间的实证可能性的区别，“实证的”历史研究者是怎么想的呢？至少就我自己的观点而言，所谓现在的事情有可能被客观判定，而过去的事情不可能，这种严格区别是没有什么意义的。这不是说过去的事实与现在的事实可以同样客观地去尽力实证，而是说现在将我们卷入其中的现实本身包含着暧昧性，因而我们只能抱着问题意识去“探究”，对相对的“确实性”加以判断。虽然可以感觉到日常的生活世界是具备自然的自明性的，但作为常识，我们知道这种自明性并不是普遍的东西。通过与他人接触，我们对自身的自明性的感觉投以内省的目光，一边“部分地扬弃”，一边扩大自己可以理解的世界。如果在空间扩大的同时时间也在扩大，那就成为所谓的历史研究。在这个意义上，虽然说是历史研究，大概也可以说是在日常性的延长上。

换句话说，我们的认知世界的扩大，是经过种种领域的交错、相互作用，不断修正、打开的过程。对我而言自明的领域与对他人而言自明的领域相互接触，由此得到修正。现在的常识通过与过去世界的常识相互对照，得以历史性地相对化。当然，在这里虽然说“过去世界的常识”，历史研究者能不能正确认识它还不知道。不过，通过与其他研究者的不同认知相互切磋，认知或许还会发生变化……

像这种相互作用的连锁，不是要绝对化自己的认知，也不是要绝对化相对主义，而是尝试把人的精神置于暧昧的状况之中。历史学也可以说是这种人类精神活动的一环。关于过去的事物和现象，我们不能像抱着“在这张桌子上写文件吧”或者“收拾吧”之类的实践性志向那般，感受到直接的 actuality。这是因为不能向已经不存在的东西伸出手去。然而，当对过去的认识动摇和改变我们的自明的常识时，这无疑正是历史学的 actual 的意义的一个侧面。

历史研究中的 actuality，往往被认为是对自身研究的现实意义和伦理立场的正确性提供根据的动机。因此，如果是正派的研究者，一定要事先能够明确地说出自己研究的 actuality、自己的立场性（positionality）。但是，果真如此吗？如果把 actuality 的问题放在日常生活中的“发觉”“感到惊讶”的延长线上来把握，那么事先的语言表达、明确化可以说并不是必要的。或许有人认为，既然选择某一个时代、某一个地域为研究对象，就应该有某些理由让其作出判断。这当然有一定的道理。不过，在日常生活中，与他人说话，与外国社会接触，在感觉到自明现实感的动摇时，与其说会事先明确地树立起问题，毋宁说首先会“发觉”“感到惊讶”，而 actuality 和立场性（positionality）都是事后才能觉察到的吧。

这绝不意味着研究者的立场应该是无色透明的中立状态。毋宁说是作为实际问题，事先并不清楚自己的问题意识或者说立场性，这才是一般情况吧。虽然人们有自己特有的关心和喜好，但这到底是什么，不去做研究是不知道的。当然，想法也会因立场而发生偏转，但在被他人指出来之前自己是无法知晓的。

“批判停滞论，证明中国史的发展”，或者“认识亚细亚变革、亚细亚诸民族解放的历史事实”，这样的问题意识在战后的中国史学界确实是 actual 的东西，但是，如果将这些都事先设定好的话，难道不会造成将研究中的发现强行嵌入“预先设想”的框架中的结果吗？当然，“世界史的发展规律”和“革命史观”——借用羽田正的说法——今天“已经成为过去的东西”，大概应该在充分考虑“当代研究该课题的意义何在”的基础上，设立新的课题了。但是，首先明确设定“当代研究该课题的意义”，在此基础上再面向对象的办法，不可否认依旧是外在的研究路径，与过去的研究路径是同型的。实际上，方法的外在性和内在性问题，在中国史研究中已经长期成为被讨论的对象。下一节中将尝试一窥其状况。

四、中国史学中的 actuality 和 reality

(一) 传统历史学的特质

增渊龙夫是很早就对中国史研究中方法的外在性提出问题的研究者。与上述旗田巍的论文大约同时(1963),增渊就写了一篇论文,举津田左右吉和内藤湖南为例,尖锐地指出了日本中国史研究的问题性。[16]这篇文章同样与亚洲、福特财团问题深切相关。在此,我试着举出增渊基于 1971 年的报告撰写的文章《关于历史的所谓内面理解》[17]来说明。

在这篇文章中,增渊把以西洋为基准断言亚细亚社会停滞的亚细亚社会停滞论,以及对停滞论进行批判并论证中国史发展的“世界史基本法则”式的发展阶段论,一并作为外在的研究路径进行了批判。他进而提倡“进入中国史的内部,从那里展开问题”的内面的理解,具体举出的例子是历史学家陈垣在抗日战争中写下的《通鉴胡注表微》一书,该书解说了元初胡三省对宋代司马光《资治通鉴》的注的含义。增渊说:“陈垣在日军占领的黑暗世情之下,一人闭门阅读《资治通鉴》与附于其中的胡三省的注释,注意到胡三省的注不是单纯的史实考证。”胡三省是“在亡国的黑暗世情之下,眼见元朝的残酷统治与阿附或抵抗之人的种种动向,把对现实的严厉批判之心埋入内心去读《资治通鉴》,将全部精神寄托于注释《通鉴》的工作”。然后,陈垣也是在日本军占领下的北京,把抗日意志藏入内心,关上大门,试图重新体验并再现胡三省的现实批判。

> 中国人的历史理解或历史解释的根底,常常是基于现实的问题。过去与现实超越了时间,通过体验他人的体验获得内面

> 的理解，从而进行主体的交流……在此，历史不是作为过去发生的事实本身被意识到的。而且他们的历史意识，不是把所有的价值放在过去的理想社会中，将现实和自己定位于从过去到现在的历史的下降趋势之上，也不是把价值放在未来的理想社会上，将时间的经过当作价值实现的过程。在此，历史的理解就是从历史中看出当下面对的现实问题。基于现实的体验，通过体验他人的体验来理解历史，同时意味着把被局限的现实和生活在其中的自己移到更容易展望的历史舞台上并对象化，从而反向地通过历史确认现实和自己，是这样的一种相互作用。[18]

在此，“历史学和 actuality”的问题以复杂的形态重合在一起。第一，是中国的传统历史学中所谓 actuality 的优越性。“中国的历史解释的根底，常常是基于现实的问题，过去与现实超越了时间，通过体验他人的体验获得内面的理解，从而进行主体的交流。”第二，是去反思，中国史研究者不应把“中国史的发展的验证”这种对自己而言 actual 的课题从外面强加于中国历史，而是必须首先“进入中国史的内部，从那里展开问题”。第三，这种内面的理解的意义在于，这不单纯是“知道”中国的历史学的特质，更是促成对今天历史学的存在方式的内省，具有 actual 的意义。

然而，必须同时注意到，这种“内面的理解”也具有危险性。“常常是基于现实的问题”，这种中国历史学的存在方式，已经接近于让历史学成为政治的从属。而且，现存文献主要是由汉人知识分子写作的，而使用对他们而言切近“现实”（reality）的“内面的理解”的手法，近乎有原样吸收他们认识的偏差的危险。在这篇文章中，未经论证就多处使用了关于蒙古统治的“亡国的黑暗世情”“元朝的残酷统治”等否定性评价，而今天的蒙古史研究者已经屡屡指出，汉族知识分子对元朝的否定性评价多是基于将北方民族视为夷狄的偏见。然后原样吸收这些评价的日本的中国史研究者也难以脱离中国中心主义，蒙古史研究者的这些批判也不是没有道理的。更进一步，今天中国主张蒙古族经过长期的融合过程成为“中华民族”的一部分，由此看来，否定性评价蒙古的统治也不能说是“政治正确”了。当然，从历史学来看，也可以认为“中华民族”论还有更深入的研究之余地，但从以“进入中国史的内部”为目标的“内面的理解”的立场来看，针对今天中国的“中华民族”的民族主义，首先需要追求同情之理解吧。

与旗田所说的“爱”一样，增渊所说的“内面的理解”，也不只是单纯的知识性的理解，而是意味着“站在他们一边”。不过，伴随着 20 世纪 80 年代以来的改革开放政策，日本与中国的学术交流日益兴盛，可以看到这种伦理上的束缚已经逐渐缓解了。

(二)“内面的理解”和“地域社会论”

在明清史研究领域内，自 20 世纪 80 年代以来，被称为“地域社会论”的潮流引人注目。森正夫主办的讨论会成为“地域社会论”潮流的出发点，他说:“如果只是安于一向以来的阶级分析方法，我们作为现在的人类面临的课题和中国前近代史研究难道不是越来越乖离了吗？”基于这种认识，他提倡应该研究“以习俗、伦理、价值观等为媒介构成的秩序意识的统合的场……在人们生活的基本的场中，从意识上规定了这个场的构成成员并且被构成成员所规定的社会秩序的问题”。[19] 森正夫在此表明了这样的姿态：与增渊的“内面的理解”论一样，脱离外在的框架，进入中国史的内部，希望结合对中国人而言的“现实”（reality）来理解中国社会。正是如此，中国前近代史研究才能够恢复到与“我们作为现在的人类面临的课题”有机结合——也就是 actuality 之中。

在这样的潮流中，对明清时代地域社会中的集团形成、纷争及其解决、地方政治、民众暴动等问题的研究一直在积累。这样的研究确实可以说是指向“内面的理解”，但未必一定伴随着所谓“站在民众的立场”这类支持一方的参与意识。倒不如说研究焦点不是“统治阶层对民众”这样单纯的对立模式，而是地域中居民内部展开着抗争和集结等复杂动向的、被称为“场”的地域社会的存在方式。森所说的着眼于“秩序”“秩序意识”，与其说是把找到当时人们所结成的直接的共同性当成我们的目标，毋宁说是试图解读一种潜规则。在充满激烈竞争的当时的地域社会中，人们如何互相争执、谋求自己生活的安定与上升？通过阐明这种游戏的潜规则，我们可以理解当时人们的行为之意义。

针对“地域社会论”的潮流，也出现了严厉的批评。山本进在1992年明清史学界的回顾和展望中，说了如下的话：

> 80年代以来明清史学界的新潮流……不是通过扬弃既存的研究，而是通过把它们当作过时之物抛弃而建立的。这与日本社会环境以70年代末为界发生的结构性变化不无关系。明清时代自明的“国家”是否存在？“国家论”讨论的是什么？开始对国家权力提出这样的疑问，反映的是我们在当下（现代日本）的日常生活中如何逐渐意识不到国家的存在这一状况，打比方说就像是充耳不闻刺耳的军刀声而生活着。今天地域社会论如此流行，以巧妙的修辞进行粗放的讨论，却成为称赞的对象，今天的这一现象，不外是说明日本的大众社会已经高度“成熟”了。[20]

山本认为，怀疑“国家”的自明性的“地域社会论”的论述方法表明，研究者对现在的国家权力及其统治失去了actual的感觉。

我认为，在这里大概存在关于 actuality 的不同的感受方式。一种是站在今天政治、社会问题明确定型化的现实之上，从这个观点出发去看过去的社会的方向；与之相反的另一种是不满足于这种定型化外在于中国研究的状况，而试图从中国社会之中找出其独特逻辑的方向。这是至今为止中国史研究中尚没有解决的课题。

五、从日常生活出发的 actuality

在本讨论会上，本来大概应该取几个现实的 actual 问题的事例，然后介绍中国史研究者是怎样解决这些问题的。但是，从战后至今的中国史研究，不只是随着时间变化逐渐应对不同的 actual 课题，而且还存在相当活泼的讨论，这些讨论令人深思 actuality 究竟是什么这种更为基本的问题。

本报告虽然止步于极为驳杂的素描，但我想说的是，历史学的 actuality 未必一定揭示明确的当代课题，并通过这一观点去看过去。在日常生活中我们接触周围的人和至今为止不知道的事情、现象，注意到自明性的破绽，从而改变自己的认知世界——这也是 actuality 的一种存在方式。历史学也应该在其延长线上去定位。通过研究，渐次明确原本含混的疑问和感觉，模模糊糊地了解自己的位置。以这样的并不显眼的工作作为 actuality 的基础，这或许也是可能的吧。

（毛亦可译）

注释

1 本文原载历史学研究会编,《歴史学のアクチュアリティ》,东京大学出版会,2013。
2 译者注:指 2012 年举行的历史学研究会创立八十周年研讨会。
3 木村敏,《〈偶然性の精神病理〉序論》(1994),《木村敏著作集》7,弘文堂,2001,页 62。
4 野家启一,《物語り行為による世界制作》(2003),《物語の哲学》,岩波现代文库,2005,页 330。
5 上野千鶴子,《ナショナリズムとジェンダー》,青土社,1998,页 173。
6 谷川道雄,《隋唐帝国形成史論》,筑摩书房,1971,页 7。
7 C. 格拉克(Carol Gluck),《歴史で考える》,梅崎透译,岩波书店,2007,页 4。
8 羽田正,《新しい世界史へ——地球市民のための構想》,岩波新书,2011,页 7。
9 旗田巍,《日本における東洋史学の伝統》,《歴史学研究》275 号(1962),幼方直吉等编,《歴史像再構成の課題——歴史学の方法とアジア》,御茶の水书房,1966,页 216—224。
10 1962 年,美国的亚洲、福特两个财团向东洋文库的现代中国研究中心提议大额资金援助时,研究者之间围绕着资金的接受掀起反对运动的事件。
11 木村敏,《〈偶然性の精神病理〉序論》。
12 译者注:日语为“現存在”,翻译自德国哲学家海德格尔的用语 dasein。
13 沃尔夫冈·布兰肯伯格(Wolfgang Blankenburg),《自明性の喪失》,木村敏等译,みすず书房,1978,页 3。
译者注:中译本为《自然自明性的失落》。
14 野家启一,《新·哲学講義 8 歴史と終末論》,岩波书店,1998,页 26—28。
15 《(インタビュー)ヘイドン·ホワイト(Hayden White)に聞く》,《思想》1036 号,2010,页 51。
16 《日本の近代史学史における中国と日本》(Ⅰ)(Ⅱ),《思想》462、468 号,1963,收入增渊龙夫,《歴史家の同時代史的考察について》,岩波书店,1983。
17 收入增渊龙夫,《歴史家の同時代史的考察について》。
18 增渊龙夫,《歴史家の同時代史的考察について》,页 100—101。
19 森正夫,《中国前近代史研究における地域社会の視点》,《名古屋大学文学部研究論集》83 号,1982。
20 山本进,《中国—明·清》,《史学雑誌》,102 编 5 号,《一九九二年の历史学界:回顧と展望》,1993,页 241。

译后记

2016 年 3 月，在参加完御茶水女子大学的博士毕业典礼，以在读学生身份与岸本美绪老师进行最后一次面谈的时候，我表达了希望翻译她著作的热切愿望。除了我有此愿望之外，曾在御茶水女子大学交换留学的学妹毛亦可也对翻译岸本老师的著作充满兴趣。当时,《明清史论集》系列的前两册（即《明清史论集 1 风俗与历史观》《明清史论集 2 地域社会论再考》，研文出版，2012 年）已经出版且其翻译尚未被他人“捷足先登”，故岸本老师应允，此两册书的中文翻译由我们二人承担。

我们与理想国当时的编辑老师沟通，他建议以这两册书的部分论文为基础，辅以少量其他已刊的中文或日文论文，重新“做”一本中文论文集。我们都认为，岸本老师学问精深、视野开阔且思维敏锐，她应该在中文世界拥有更多受众。因此，希望这本中文论文集尽可能扩大受众面，让不同断代、不同领域的学者，乃至专业外的读者都能有所启发，选篇亦可依这一原则进行。随后，岸本老师在百忙之中选定了本书的篇目。这一期间，劳岸本老师帮助，理想国也最终与研文出版敲定翻译版权事宜。可惜的是，因种种状况，本书翻译与编辑工作一度陷于停滞，重启之后各项工作终于步入正轨。

在岸本老师选定的篇目中，若干文章已有优质的中译发表，无需专门另译，还有一些文章本是用中文发表。也就是说，在我与毛亦可之外还有数名原译者，而本书严格来说也不是单纯的译著。由于这些篇目的译稿在不同时间成于不同人之手，加之《明清史论集》系列本就是论文集，收入该书的论文最初均曾刊于他处（已通过在正文标题处加注的方式标记），故原译稿所依据的也未必是《明清史论集》的版本。但是，只要是最终收入《明清史论集》的论文，我与毛亦可在翻译之时均依据该论文集的版本进行，并且译出收入《明清史论集》时岸本老师写作的“补记”。同时，我也依据《明清史论集》的版本，对已刊译稿进行了力所能及的核对，疏通了全书文字，增加了一些译者注，补译了一些章节的“补记”，并且重点修改与校对了我与毛亦可新译的六章。

需要另外说明的是，《明清史论集》第三、四册最近先后在日本出版（即《明清史论集 3 礼教 · 契约 · 生存》、《明清史论集 4 史学史管见》，研文出版，2020 年、2021 年），此前选入本书的两篇文章亦被收入其中，但碍于出版进度，我们已来不及逐一核对，还请见谅。

现在，将本书各部分文章所依据的版本信息与译者情况分别说明如下：

陈永福译：《“时代划分论”的近况》，原文收入《明清史论集 1 风俗与历史观》，译文原刊周宁主编、盛嘉执行主编《人文国际》第 8 辑，2014 年 7 月。

周萍译、余新忠校：《“老爷”和“相公”——由称呼所见之地方社会中的阶层感》，原文收入《明清史论集 1 风俗与历史观》，译文原刊余新忠张国刚主编《新近海外中国社会史论文选译》，天津古籍出版社，2010年。

李济沧译：《“中国”的抬头——明末文章书式所见国家意识的一个侧面》，原文收入《明清史论集2 地域社会论再考》，译文原刊《日本中国史研究年刊　二〇〇九年度》，上海古籍出版社，2011年。

毛亦可译：《买卖土地与买卖人口——围绕“所有”的比较的尝试》，原文收入《明清史论集2 地域社会论再考》；《动乱与自治——日中历史形象的交错》，原文收入《明清史论集2 地域社会论再考》；《中国史研究中的actuality与reality》，原刊历史学研究会编《歴史学のアクチュアリティ》，东京大学出版会，2013年。又，该文收入《明清史论集4 史学史管见》。

梁敏玲译：《序》；《名片的效用——明清时代士大夫的交际》，原文收入《明清史论集1 风俗与历史观》；《明末清初的暴力与正义问题》，原文收入《明清史论集2 地域社会论再考》；《18世纪的中国与世界》，原文收入《明清史论集1 风俗与历史观》。

本书原文为中文的有三篇文章：《发展还是波动？——中国“近世”社会的宏观形象》，原刊台湾师范大学历史学系，《近世中国的社会和文化（900—1800）》，台湾师范大学历史学系，2007年；《“风俗”与历史观》，原刊《新史学》第13卷第3期，2002年；《礼教、契约、生存——试析明清民事审判中的衡平原则》，《法制史研究》第27期，2015年。又，该文日文版收入《明清史论集3 礼教·契约·生存》。

另外，需要特别感谢的是：陈永福老师专门根据本书格式调整了《“时代划分论”的近况》的译文；此外，由于无法联系上第五章译者周萍女士，我们与该文校译者余新忠老师沟通后，仍将译作收入。倘若周萍女士看到本书，也请与出版方联系。

在书稿大致疏通完毕后，岸本老师拨冗通读了全部内容，指出了数处错漏并进行了一些改动，还对难以敲定文意的几处文字进行了细致的改写。本书的翻译出版一再延宕，面对恩师一如既往的温暖关怀，我满怀感激又倍感歉意，一直担心我的工作质量不能让老师完全满意。

在本书的翻译与校对过程中，理想国的编辑老师与我有多次沟通。罗丹妮学姐在编辑出版的相关工作上多有指导。黄霄龙与商兆琦二位学友，以及豆瓣网友回回馆の巴图鲁分别对日本史与伊斯兰史的相关专业知识有所指教。李佳德、王天卫、李文哲同学帮助核对了部分史料。谨此一并致谢。当然，书中可能出现的舛误，当由译者负责。

梁敏玲

2022 年 5 月 4 日